한 가지만 바꾸기

학생이 자신의 질문을 하도록 가르쳐라

한 가지만 바꾸기

학생이 자신의 질문을 하도록 가르쳐라

댄 로스스타인 · 루스 산타나 지음

정혜승 · 정선영 옮김

사회평론아카데미

한 가지만 바꾸기

학생이 자신의 질문을 하도록 가르쳐라

2017년 10월 30일 초판 1쇄 펴냄
2024년 5월 31일 초판 7쇄 펴냄

지은이 댄 로스스타인·루스 산타나
옮긴이 정혜승·정선영

책임편집 정세민
디자인 김진운
본문조판 토비트
마케팅 김현주

펴낸이 윤철호
펴낸곳 ㈜사회평론아카데미
등록번호 2013-000247(2013년 8월 23일)
전화 02-326-1545
팩스 02-326-1626
주소 03993 서울특별시 마포구 월드컵북로6길 56
이메일 academy@sapyoung.com
홈페이지 www.sapyoung.com

ISBN 979-11-88108-32-9 93370

* 일러두기
1) 저자가 강조하기 위해 이탤릭체로 표기한 부분은 고딕체로 표시하였다.
2) 본문에 언급된 책, 문학·예술 작품 가운데 국내에 번역되거나 소개된 것은 독자에게 친숙한 제목으로 번역하고 원어를 병기하였다.
3) 각주는 모두 한국 독자의 이해를 돕기 위해 역자가 달아놓은 주석이며, 다양한 자료를 종합하여 내용을 구성한 경우
   출처를 특정하여 표시하지 않았다. 또한 원서의 주석은 책의 뒷부분에 미주로 제시하였다.

우리에게 매우 많은 것을 가르쳐준
미국 전 지역과 다른 나라에 살고 있는 사람들에게
그리고 앞으로 우리에게
더 많은 것을 가르쳐줄 사람들에게

이 책이 한국어로 번역되어 기쁩니다. 우리는 한국의 교육자들과 학생들이 질문형성기법을 사용함으로써 무엇을 배웠고 무엇을 이해하게 되었는지 알기를 고대합니다. 그리고 학생들에게 자기 자신의 질문을 하는 방법을 가르치는 전 세계 교육자 공동체에 오신 것을 환영합니다.

우리 책이 처음 출판된 이후 지난 6년 동안 전 세계의 250,000명 이상의 교육자들이 '한 가지만 바꾸기'라는 계획을 채택하고, 학생들의 질문 능력을 계발하기 위해 의식적으로 노력해왔습니다.

우리는 수많은 교사들이 질문형성기법을 이렇게 빨리 도입할 것이라고 기대하지 않았습니다. 이 책을 집필할 당시, 자신들의 수업에서 질문형성기법(Question Formation Technique: QFT)을 완전히 수행하는 교사들의 예는 소수에 지나지 않았습니다. 그러나 몇 년이 지난 지금, 우리의 바른질문연구소(Right Question Institute) 홈페이지(www.rightquestion.org)에는 초등학교와 중학교, 고등학교뿐만 아니라 고등교육과 전문학교에 이르는 수많은 예들이 올라와 있습니다.

교사들이 질문형성기법를 사용할 때, 학생들에게는 어떤 일이 일어날까요? 이제 수백만 명의 학생들이 더 많은 질문을 하고 있고, 이를 통해 더 나은 사색가와 문제 해결자로, 그리고 그 과정에서 더 열성적인 학습자로 변화하고 있습니다. 그리고 많은 교사들은 질문형성기법 사용이 어떻게 자신들의 교수에 더 큰 즐거움을 가져다주었는지를 이야기합니다. 질문형성기법을 통해, 그들의 학생들이 새로운 호기심과 자신의 학습에 대한 더 큰 주인의식을 가지게 되었기 때문입니다.

우리는 교사들로부터 질문형성기법의 실행 요강을 엄격하게 준수하는 것이 얼마나 중요한지를 배울 수 있었습니다. 이 책의 각 장에는 학생들이 질문형성기법을 처음부터 마지막까지 완전하게 경험할 수 있도록 돕기 위해 질문형성기법의 모든 단계가 상세하게 묘사되어 있습니다. 여기에는 자신의 질문을 하는 경험을 통해 새롭게 알게 되거나 이해하게 된 것이 무엇인지 말할 수 있는 기회를 학생들에게 제공하는 것이 포함됩니다. 또한 학생들이 더 깊이 그리고 더 엄격하게 사고하는 방법을 배울 수 있는 기회를 극대화하기 위해 질문형성기법을 단계별로 세밀하게 제시하였습니다. 미국 국립과학재단(National Science Foundation)은 이 과정의 엄격함을 인정하였고, 현재 질문형성기법이 박사 과정 학생들의 질문하기 능력 개선에 어떻게 도움을 줄 수 있는지를 조사하는 연구를 지원하고 있습니다.

질문형성기법을 사용하는 교육자들은 또한 이 과정의 '예술적인' 측면을 보여주었습니다. 교사들은 교수·학습 목표를 달성하기 위해 자신들의 수업에서 질문형성기법을 활용하는 학습 계획을 개발하는 방법을 빠르게 습득합니다. 또한 새로운 단원 소개하기, 실험 설계하기, 연구 의제 정하기, 도전적인 생각이나 주제에 대한 이해 높이기 등 학생들이 다양한 목적을 위해 자기 자신의 질문을 하는 방법을 배울 수 있도록 도울 수 있는 전문성을 계발합니다.

만약 우리가 지금 이 책을 집필하게 된다면, 현재의 9장을 이 책의 도입부에 놓도록 추천할 것입니다. 이 장은 학생들에게 그들 자신의 질문을 하도록 요구하는 변화가 처음에는 얼마나 생소할 수 있는지에 대해 한 교사가 동료 교사들에게 보내는 간단한 메모입니다. 그러나 일단 당신이 이 변화에 익숙해지면, 모든 학생들과 함께 이를 수행하는 일은 어렵지 않습니다.

또한 질문형성기법은 학생의 호기심을 자극할 수 있는 소중한 자원입니다. 2016년 미국 매사추세츠주 보스턴 인근 한 작은 마을의 9학년 학생은 "호기심은 그들이 깨닫지 못할 때조차도 아이들과 청소년의 배움에 대한 욕구를 불러일으키는 요소이다. … 질문은 예기치 않은 모험과 새로운 방식의 사고로 우리를 이끈다. … 당신이 깨닫지 못할지라도, 모든 것은 질문에서 시작된다"라고 말했습니다.

2017년 지구의 반대편 일본에 살고 있는 학생들도 질문형성기법의 힘에 대해 유사한 통찰을 보여주었습니다. 한 10학년 학생은 "나는 내가 얻을 수 있는 정보가 내가 어떻게 질문하는지에 의해 결정된다는 것을 알았다"라고 말했고, 한 대학생은 "흥미롭지 않았던 분야가 질문하기를 통해 흥미롭게 변할 수 있다"라고 언급했습니다.

배움과 지식의 가파른 사다리를 오르고 있는 이 학생들은 사실 이 사다리의 정점에 오른 노벨 물리학상 수상자 리처드 파인먼(Richard Feynman)의 격언을 반복하고 있습니다. 그는 "모든 학습은 질문을 하는 것에서 시작된다"고 주장했습니다.

질문을 하는 것과 배움 사이에는 중요한 연관성이 있습니다. 존 해티(John Hattie) 교수는 수백 건의 연구를 분석하였는데, 학생이 자기 자신의 질문을 형성하는 행위는 가장 효과적인 초인지 전략 중 하나로, 학생이 수업 전 자신의 질문을 던지는 행위를 했을 때 학생의 학습률은 거의 50퍼센트 정도 상승한다는 사실을 증명하였습니다.[1]

이렇게 수많은 증거들이 보여주는 바와 같이, 자기 자신의 질문을 하는 방법을 배우는 것은 더 큰 호기심뿐만 아니라 더 큰 지식으로 우리를 인도합니다.

질문을 하는 방법을 배우는 것은 내용에 대한 학습과 시험에 대비한 공부로부터 멀어지는 '우회로'가 아닙니다. 그것은 더 나은 이해와 배움으로 다가가는 지름길일 수 있습니다.

위에서 인용한 노벨상 수상자 리처드 파인먼과 학생들의 정신을 이어받아 질문을 던진다면, 이 책을 읽기 시작하기 전에 이 책을 통해 답을 얻고자 하는 당신의 질문은 무엇입니까?

댄 로스스타인 · 루스 산타나
미국 매사추세츠주 케임브리지
2017년 9월

교사라는 일이 언제나 쉬운 일은 아니었지만 격변하는 사회 속에서 요즈음은 특히 교사의 일이 더욱 고되고 힘들게 느껴집니다. 사회가 변화하고 있고, 학생은 예전과 더 크게 달라지고 있습니다. 국가와 사회는 미래를 걱정하면서 교육에 변화를 요구하고 교사가 달라져야 한다고 강조합니다. 교사들은 빈번하게 개정되는 교육과정에 적응도 해야 하고, 교육당국의 정책 변화에 맞춰 이것저것 바꿔야 할 것이 많습니다. 바꾸자는 말이 넘쳐나니 무언가를 바꾸기도 전에 피곤하고 지치게 됩니다.

『한 가지만 바꾸기—학생이 자신의 질문을 하도록 가르쳐라』역시 무언가를 바꾸자고 주장합니다. 역시 피곤한 일을 말하려는 게 분명하다고 짐작됩니다. 그런데 이 책이 주장하는 '바꿈'은 조금 달라 보입니다. 많이 바꾸자는 것이 아니라 '한 가지만' 바꾸자고 하네요. 무언가를 크게 개혁하자는 것이 아니라 작게, 하나만 바꾸자는 것이니 조금 마음이 놓입니다. 그렇다면 무엇을 바꾸자는 걸까요? 부제에 따르면 '학생이 그들 자신의 질문을 하도록' 가르치는 변화를 하자는 것 같은데, 질문을 가르치다니 쉽게 이해가 가지 않습니다.

질문은 말을 배운 아이면 따로 가르치지 않아도 저절로 합니다. 졸졸 따라

다니며 '이게 뭐야?', '왜?'라는 질문을 쉼 없이 하는 어린 자녀를 둔 부모라면 질문을 가르친다는 것이 더 의아할 수 있습니다. 그런데도 이 책의 저자들은 학생들이 질문을 하도록 가르치자고 하고 있고, 그렇게 바꾸는 것이 그리 어렵지 않은 일이라고 주장하고 있습니다.

질문은 정말 배움의 대상일까요? 교육에서 질문은 언제나 중요한 교육적 수단이자 도구였습니다. 소크라테스가 제자의 무지를 일깨우고 배움을 얻도록 하기 위하여 질문을 사용한 것도, 많은 연구자들이 학생의 학업 성취와 사고력 계발을 위해 높은 수준의 질문을 해야 한다고 주장한 것도 교육 도구로서 질문의 가치와 유용성에 주목했기 때문이었습니다. 질문은 배움의 대상이 아니라 배움을 위한 유용한 도구였던 것이지요. 그런데 이 책의 저자들은 질문을 하도록 가르치자고 합니다. 그 근거로 저자들은 많은 사람들—특히 교육적, 경제적, 사회적, 정치적으로 어려움에 처해 있는 사람들—이 질문을 해본 경험이 없을 뿐만 아니라 질문을 하는 방법을 모르며, 심지어 질문을 통해 자신의 문제를 해결할 수 있다는 사실조차 알지 못한다는 것을 들고 있습니다. 더 잘 배우기 위하여, 자신과 세계를 이해하기 위하여, 자신과 공동체의 문제를 해결하기 위하여 질문을 만들고, 그 질문이 효과적으로 소통되고 공유되게 하기 위해서 질문하는 방법을 배울 필요가 있다는 것입니다.

그런데 저자들에 따르면 질문하도록 학생을 가르치는 이러한 일이 어렵지 않으며—그래서 '한 가지만 바꾸기'이지요—일단 학생들이 질문하는 방법을 배우면 이를 수업에 적용하는 일도 그리 힘들지 않다고 합니다. 학생들이 질문을 잘할 줄 알게 되면, 학생들이 생성한 질문으로 토론도, 글쓰기도, 과학 실험도 할 수 있습니다. 토론이나 글쓰기의 주제나 실험의 연구 문제를 교사가 일일이 만들어 제시할 필요가 없기 때문에 교사의 일이 줄어듭니다. 반면 학생들은 자신들이 생성한 질문이기 때문에 그에 대한 답을 찾는 토론, 글쓰기, 실험에 더 많은 관심을 갖게 되어 결과적으로 수업과 배움에 대한 흥미와 참여 정도가 높아집니다.

저자들은 학생이 질문하도록 가르치는 방법을 '질문형성기법(Question Formulation Technique: QFT)'이라는 일종의 수업 전략으로 개발하였습니다. '질문 초점 제시하기 – 질문 생성 규칙 안내하기 – 질문 분류하기 – 질문 개선하기 – 질문의 우선순위 정하기 – 질문 사용하기 – 성찰하기'라는 7단계의 과정을 거치면서 교사는 학생들에게 질문을 하는 능력을 길러줄 수 있습니다. 그런데 질문형성기법은 단지 질문하는 기능만 숙달시키는 것이 아닙니다. 그 기법에는 학생이 용기를 가지고 자신의 질문을 할 수 있도록 북돋워주고 자율성을 인정하는 교수 전략이 포함되어 있습니다. 그래서 저자들로부터 질문형성기법을 통하여 질문하는 법을 배운 학생들이 질문을 능숙하게 할 뿐만 아니라 즐겨 할 수 있게 되는 것이지요.

저자들은 책상에 앉아서만, 머리로만 이 책을 쓴 것이 아닙니다. 저자들은 미국의 빈곤하고 낙후된 지역에 사는 학생과 성인의 교육을 위하여 20년 이상 봉사하면서 질문의 중요성을 깨닫고 질문형성기법을 개발하고 적용하고 수정해왔습니다. 책의 곳곳에는 저자들, 그리고 그들과 협력한 교사들이 질문형성기법을 사용하여 학생을 가르치고 변화시킨 사례가 생생하게 소개되어 있습니다. 이 책의 힘은 어려운 환경 속에서 힘겹게 공부하는 학생들이 질문으로 공부하는 즐거움을 알게 되고, 문제 발견자와 해결자로서 자신의 가능성을 깨닫고 사회 발전에 기여하는 사람으로 성장하도록 돕는 저자들의 헌신과 실천에 있습니다. 역자로서 저는 독자들이 이러한 책의 힘을 함께 느끼실 수 있기를 원합니다.

이 책은 사회평론아카데미의 '미래교육 디자인' 총서 중 세 번째 책입니다. 첫 번째 책은 2015 개정 교육과정의 기반 이론인 이해 중심 교육과정(Understanding by Design)을 창안한 제이 맥타이(J. McTighe)와 그랜트 위긴스(G. Wiggins)가 지은 『핵심 질문—학생에게 이해의 문 열어주기』였습니다. 이 책은

'무엇을 질문해야 하는가?'라는 물음에 대한 답을 하고 있습니다. 두 번째 책은 로버트 마르자노(R. J. Marzano)와 줄리아 심스(J. A. Simms)가 쓴 『학생 탐구 중심 수업과 질문 연속체』입니다. 미국 사고력 교육의 대가인 마르자노 박사가 저술한 이 책은 '질문을 어떻게 할 것인가?'란 물음에 대한 답을 하고 있습니다. 이 두 책은 어떤 질문을, 어떻게 할 것인가에 대한 답을 설득력 있게 제시하여 교사가 해야 할 질문에 대해 많은 것을 가르쳐줍니다. 그런데 세 번째 책인 『한 가지만 바꾸기―학생이 자신의 질문을 하도록 가르쳐라』는 앞의 두 책과 달리 교사가 아닌, 학생 질문을 다룹니다. 교사가 질문을 잘하도록 안내하는 것이 아닌, 학생이 질문을 잘하도록 가르치는 방법을 다루는 것이지요. 교사는 학생들이 중요하고 의미 있는 질문을 탐구할 수 있도록 체계적으로 제시하고, 학생은 스스로 질문을 생성하고 해결하는 교실. 이러한 교실을 만드는 데 이 세 권의 책들이 기여할 수 있으리라 기대합니다.

마지막으로 질문으로 성장하는 교사와 학생이 있는 미래 교실을 함께 꿈꾸며 역자의 번역 작업을 지원해주신 사회평론아카데미의 윤철호 사장님과 고하영 부장님, 꼼꼼하게 편집해주신 정세민 선생님께 깊이 감사드립니다.

정혜승

　　모든 세대의 미국인들은 미국 아이들의 교육이라는 과제와 씨름해왔습니다. 현재 대부분의 미국인들은 모든 아이들에게 높은 수준의 교육을 제공해야 할 필요성을 인정합니다. 세계화, 급변하는 인구 구성, 이주, 국내 및 국제 정책 간의 상호작용과 같은 사회적·정치적·경제적 압력을 고려할 때, 우리 학생들이 민주주의적 삶의 방식이 제공하는 경제적인 혜택과 시민으로서의 권리를 완전히 누리기 위해서는 이제 그 어느 때보다 높은 수준의 지식과 기능을 보유해야 합니다.

　　모든 아이들의 교육을 개선하기 위해 애쓰고 있는 미국 전 지역의 시민들과 함께 활동하면서, 저는 두 가지에 대한 갈망을 보았습니다. 아이들이 성장하는 장소인 학교의 담대하고 의욕적인 비전과 이것이 가능하도록 도울 수 있는 실용적인 도구에 대한 갈망이 그것입니다. 이 둘을 조합하는 것은 어려운 일입니다.

　　『한 가지만 바꾸기(Make Just One Change)』에서 댄 로스스타인(Dan Roth-stein)과 루스 산타나(Luz Santana)는 우리에게 이 조합의 이례적인 예를 제공하고 있습니다. 최고 수준의 영감을 주는 교육적 비전과, 이 비전을 현실로 바꿀 수 있는 놀랍도록 명확하고 단순한 실용적인 지적 도구를 말입니다. 그들의 기본적인 주장은 매우 간단합니다. 우리는 모든 학생에게 질문 형성 기능을 지도해야 한다는 것입니다. 우리는 수월성을 증진하기 위해, 그리고 평등성을 증진하기 위해 이 기능을 가르쳐야 합니다. 우리는 둘 다 성취할 수 있습니다.

요지는 매우 분명해 보입니다. 질문 형성 기능은 보편적 관련성을 지닌 사고 능력으로, 모든 학습을 가능하게 합니다. 이 책에 제시된 많은 예에서 저자들은 질문을 하는 능력이 어떻게 새로운 아이디어와 새로운 발명 그리고 더 나은 해결책을 도출할 수 있는지를 보여줍니다. 우리는 또한 질문을 하는 법을 배우는 것이 학습 결과를 개선하고, 학생의 참여를 증진하고, 학습 과정에 대한 주인 의식을 높이는 결과로 이어지는 것을 목격할 수 있습니다. 이 책은 교사들에게 그들의 일상적인 활동에 한 가지 단순한 변화를 더할 것을 요구합니다. 바로 의도적으로 학생들에게 그들 자신의 질문을 하는 방법을 가르치는 것입니다. 아마도 이 책의 가장 큰 공헌은 이러한 도전적인 생각을 제시하고, 왜 그것을 해야 하는지만이 아니라 어떻게 그것을 할 수 있는지를 명확하게 제시하고 있다는 것입니다. 이 책은 수년간의 철저한 시험과 실천, 개선을 거쳐 개발된 질문형성기법이라는 단계적 과정을 제공합니다.

『한 가지만 바꾸기』에 제시된 예들을 통해 우리는 학교가 어떻게 학생의 성취를 높이고, 학습자와 교사 간의 새로운 관계를 형성하고, 대화와 탐구의 새로운 장을 열 수 있는지를 이해할 수 있습니다. 이 책은 또한 질문하는 방법을 배우는 교실에서 일어나는 일이 우리 사회 전체와 민주주의를 이롭게 하는 생산적인 관계를 형성하는 진정한 토대가 될 수 있다는 희망을 줄 수 있습니다.

바른질문연구소가 이 새로운 기법을 창조했다는 것은 놀라운 일이 아닙니다. 상호 보완적인 기능, 경험, 견해의 조합을 토대로 저자들은 지난 20년간 미국 전 지역의 부모와 학생, 교사, 지역 주민들과 함께 일하면서 교육과 사회 개선이라는 영역을 연구했습니다. 로스스타인은 하버드에서 교육박사학위를 취득했지만, 권력과는 거리가 멀고 제한된 교육을 받은 사람들로부터 배우는 일에 전념하고 있습니다. 푸에르토리코에서 이주한 후 복지 수혜자에서 공장의 노동자로 그리고 석사학위 취득자로 변신한 산타나는 다른 사람을 위한 대변인이 되는 대신 그들에게 스스로 설 수 있는 방법을 가르치는 데 전념하고 있습니다. 이 책은 그들이 첫 번째로 이룬 중대한 발전이 아니라, 하나의 획기적인 발견입니다. 그들은 수년간의 연구와 경험을 바탕으로 혁신적인 생각과 기법을 적용한 방법론을 도출했습니다.

우리가 이 책을 읽어야 할 이유는 많습니다. 그 중 하나는 강력한 과제가 무수히 제기되는 세상에서 우리에게 필요한 것, 즉 희망을 이 책은 매우 강렬하게 선사한다는 것입니다. 희망은 우리가 이러한 과제들—세상에 평화를 가져오는 것 혹은 가난의 사슬을 끊는 것—을 해결할 수 있는 방법을 계속해서 찾게 만드는 동력입니다. 우리는 북서항로와 같이 문제를 해결할 수 있는 또 다른 방법, 새로운 길을 찾기를 원합니다. 저는 희망이 우리 마음속에 존재하고, 그 마음이 다른 마음과 사려 깊은 대화를 나누면서 성장한다고 믿습니다. 그리고 때때로 희망은 우리가 무엇을 물어야 하는지를 알아냈을 때 솟아납니다. 그러므로 이 책은 우리에게 질문 생성을 가르치는 방법을 제시할 뿐만 아니라, 모든 학생을 위한 교육 개선이라는 힘든 작업에서 앞으로 나아갈 힘과 희망을 줍니다. 모든 학생이 이 혜택을 받을 것이고, 여기에는 질문에 답하는 것에는 뛰어나지만 질문을 하는 것에는 그렇지 않았던 학생들도 포함됩니다.

질문형성기법은 이미 잘하고 있는 학생들에게 도움을 주는 것을 넘어, 어려움을 겪고 있는 학교와 지역의 학생들의 교육 개선이라는 절실한 필요를 해결할 수 있는 강력한 도구입니다. 우리는 모든 학생이 더 명확하고 깊이 있게 사고하고, 더 많은 것을 배우고, 자신의 학습에 더 높은 주인의식을 가지는 능력을 기르는 데 투자해야 합니다. 이러한 능력은 성공적인 학습자에게 나타나는 기능 및 사고방식으로, 엘리트 기관에 속한 학생들에게만 제한되어서는 안 됩니다. 이 책은 또한 의도적인 질문 형성 기능의 지도가 미국 공통 핵심성취기준(Common Core State Standards)이 설정한 더 높은 학문적 성취라는 목적을 달성하게 한다는 주장을 입증하는 데 도움을 줄 수 있습니다.

『한 가지만 바꾸기』를 통해 학생들은 질문하기가 자신의 학습을 이끄는 유력한 방법이라는 점을 발견할 수 있습니다. 이 책에 제시된 학생과 교사의 예는 제게 제 자신의 질문을 던지도록 자극했습니다. 왜 우리는 이 본질적이고 유력하고 중요하고 견고한 기능을 모든 학생들에게 가르치지 않는가? 왜 우리는 학생들이 이 기능을 습득하지 못하게 하는가? 미국의 힘은 우리 국민의 지적 역량과 능력에 결부되어 있습니다. 만약 우리가 모든 학생이 자기 자신의 질문을 하는 방법을 배우는 것을 비전으로 한다면, 그리고 그렇게 함으로써 더 자기주도적이고 성공적인 학습자가 되는 것을 비전으로 한다면, 우리는 지금 그 비전을 현실로 바꾸어줄 방법을 제시하는 책을 가지고 있습니다.

웬디 D. 퓨리포이(Wendy D. Puriefoy)
공교육연합(Public Education Network) 회장

차례

서문

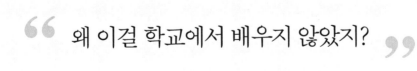

" 왜 이걸 학교에서 배우지 않았지? "

이 책은 당신에게 한 가지 변화를 요구한다. 당신은 학생들이 당신이 묻는 질문에 반응하는 것이 아니라 그들 자신의 질문을 던짐으로써 스스로 생각하고 활동하게 되는 과정을 이끌 것이다.

우리는 이 책에서 두 가지 단순한 주장을 한다.

✔ 모든 학생은 자기 자신의 질문을 형성하는 방법을 배워야 한다.
✔ 모든 교사는 일상적인 활동의 일부로 이 기능을 쉽게 가르칠 수 있다.

첫 번째 주장에 대한 영감은 흔치 않은 곳에서 시작되었다. 우리가 20년 전 함께 일했던 매사추세츠주 로렌스의 저소득층 지역의 부모들은 자신들이 "무엇을 물어야 할지조차 모르기" 때문에 자녀의 교육에 참여하지도, 그리고 자녀의 학교에 가지도 못한다고 말했다.

그들은 실제로 대부분의 정규 및 비정규 교육기관에서 분명하게 빠뜨리고 있는 것을 지적하고 있었다. 다양한 질문을 생성하고 어떻게 그 질문을 효과적으로 사용할 것인가에 대한 전략을 짤 수 있는 기능을 우리는 의도적으로 거의 가르치지 않았다. 사실 이 기능은 엘리트 교육에 접근할 수 있는 학생들에게만 국한되어 왔다. 우리의 목적은 매우 중요한 민주주의의 기능이기도 한 핵심적인 사고와 학습 기능에 대한 교육을 대중화하는 것이다.

이 문제를 분명하게 말해주었던 부모들 덕분에 우리의 긴 여정은 시작되었다. 그들은 '옳은 질문'이 있는 것이 아니라, 모든 사람이 자신에게 알맞은 질문을 제대로 이해할 기회를 가져야 한다는 것을 우리에게 명확히 보여주었다. 많은 시행착오를 거쳐 마침내 우리는 다양한 교육 및 소득 수준을 가진 사람들에게 가르칠 수 있는 매우 정교하고 고차원적인 사고 기능, 즉 현재 다양한 영역에서 사용되고 있는 교육 전략을 도출했다. 우리는 또한 질문을 하는 능력을 계발할 기회를 가질 때 사람들은 질문을 더 잘 던지고, 보다 생산적인 질문을 생성하며, 그 결과 자신이 하고 있는 알맞은 질문을 정확히 이해한다는 사실을 발견했다. 지난 몇 년 동안 우리는 미국의 다양한 지역에서 일하고 있는 학급 교사들과 이 전략을 공유하기 시작했다.

우리의 두 번째 주장은 다양한 학교에서 일하고 있는 이 교사들과 그들의 학생들에 의해 영감을 받았다. 그들은 질문 형성 기능을 가르치는 것이 정규 수업 활동의 일부가 될 수 있다는 것을 성공적으로 증명했다. 질문 형성 기능은 사고와 학습을 위한 친숙한 방법으로 자리 잡았고, 학생이 자기 자신의 학습에 대해 더 높은 주인의식을 가지고 새로운 발견을 할 수 있는 변화의 순간을 제공했다.

이 책에서 당신은 다양한 연령과 배경, 학업 성취 수준을 가진 매우 다양한 그룹의 학생들을 만나게 될 것이다. 그들 중 일부는 교외 지역에서 대학 교수나 소프트웨어 기술자인 부모와 함께 살고 있고, 일부는 인구 밀도가 높은 도시 지역에서 가족과 함께 살고 있으며, 심지어 일부는 혼자 살면서 일과 공부를 병행하고 있다. 배경이나 사회·경제적 지위와 관계없이 이 학생들은 모두 질문 생성의 힘과 이 기능이 자신의 삶과 학업에 미치는 영향을 발견하고 공유한다.

교사들 또한 다양한 배경을 가지고 있다. 일부는 수십 년의 경력을 갖고 있고, 일부는 교사로서 첫 해를 보내고 있지만, 경험 많은 교사와 새내기 교사 모두 질문형성기법(Question Formulation Technique: QFT™)이라는 이 믿을 수 없이 간단한 실행 요강을 자신들의 수업 활동에 통합시켜왔다. 이 책에서 우리는 다양한 교과, 학년 및 학교에서 교사들이 이 실행 요강을 어떻게 사용하는지에 대한 사례를 제공할 것이다. 교사들은 이 기능을 가르치는 것이 교수 목적을 더 빠르고 효과적으로 달성하는 데 얼마나 도움이 되는지를 보면서 느꼈던 흥분과 놀라움을 이야기한다. 그들은 또한 학생들이 빠른 속도로 확산적, 수렴적, 초인지적(metacognitive) 사고 능력을 계발하고 더 자신감 있는 학습자로 성장하는 것을 보고 깊은 만족감을 느낀다.

1 학생이 질문하는 법을 배우면?

보스턴 공립학교에서 3년간의 경력을 쌓은 인문학 교사 링-스 피트(Ling-Se Peet)는 9학년 여름학교 수업에서 가르친 경험을 우리와 공유했다. 14~15세인 그녀의 학생들은 그 해 F학점을 받아 다음 학기에 10학년으로 진급하는 데 실패했다.[1] 그렇게 된 이유에는 질병이나 가정의 위기 또는 단순히 수업과 과제에서 뒤처진 것 등이 있겠지만, 그것이 무엇이든지 간에 그녀의 임무는 이들이 다른 친구들과 함께 진급하도록 돕는 것이었다.

프로그램의 첫 주 동안 피트는 학생들에게 읽기 과제와 관련해 질문을 하는 엄격한 과정을 강행했다. 7월의 무더운 아침, 많은 학생들은 자신들이 기억하는 한 어느 때보다 더 열심히 생각할 것을 요구받았다. 거기에는 분명 흥미와 참여의 징후도 있었지만, 고통스러운 모습도 있었다. 그 고통은 팔을 천천히 좌우로 흔들던 15세의 삐쩍 마른 소년의 표정에서 가장 잘 드러났다. 그 소년은 "피트 선생님! 피트 선생님!"이라고 몇 번을 부른 후에 마침내 선생님의 시선을 끌었다. "선생님, 이 모든 질문들 때문에 제 뇌가 터질 것 같아요."

그날 피트는 학생들에게 정말 많은 고통을 주었다. 단지 몇 개의 명료한 지시만으로 자신의 질문을 생성하고, 생성한 질문을 개선하고, 질문의 우선순위를 정하고, 이 질문을 어떻게 사용할 것인지에 대한 다음 단계를 설계하는 힘겨운 과정을 익히도록 했으니 말이다.

9년간의 정규 교육 동안, 이 학생들은 질문형성기법과 비슷한 것을 한 번도 배운 적이 없었다. 그들은 이것이 힘들지만 동시에 도전적이고 고무적인 과정이라고 생각했다. 그들은 가파른 학습 곡선에 꽤 빨리 올라탔고, 이는 많은 학생들에게 강한 인상을 주었다. 다른 때에는 오로지 자신의 손거울에만 관심을 쏟던 로자는 수업이 끝났을 때 "이 모든 질문을 던지면서 내가 똑똑하다고 느꼈다"라고 적었다. '똑똑하다'는 로자가 학교에서의 경험을 이야기할 때 사용하던 단어가 아니었다.

피트의 학생들에게 나타난 이러한 유형의 변화는 학교에서 지속적으로 좋은 성과를 내온 학생들에게도 나타난다. 캘리포니아주 팰로앨토 지역의 공립 학교인 J. L. 스탠퍼드 중학교의 한 사서는 이 변화를 목격했다. 그녀는 헤일리 뒤퓌(Hayley Dupuy)의 과학 수업과 케이티 슈람(Katie Schramm)의 사회 수업을 듣는 학생들이 자신의 질문을 생성하는 방법을 배우면서 많은 것을 얻고 있다는 사실을 확실히 인지했다. 그녀는 이 교사들에게 "선생님 수업의 학생들은 독립적인 학습자로 연구를 수행하고 스스로 공부할 준비가 매우 잘 되어 있어요"라고 말했다.

총 21년의 교육 경력을 가진 헌신적이고 유능한 베테랑 교사 뒤퓌와 슈람은 최근 학생들에게 자신의 질문을 형성하는 방법을 가르치기 시작했다. 그들, 학생들, 심지어 일부 학부모들까지 이 차이를 감지했다. 한 부모는 뒤퓌에게 "제 막내아들에게서 차이가 느껴져요. 자기 자신의 질문을 하는 방법을 배우면서, 형들이 그 나이였을 때보다 프로젝트 수행에서 앞서게 되는 것 같아요"라고 말했다.

질문을 개발하고 묻는 방법을 배우는 이 엄격한 과정을 통해 학생들은 독립적으로 사고하고 자기주도적으로 학습할 수 있는 소중한 기회를 얻게 된다.

이 기능을 정확하게 가르치고자 열망하는 많은 교사들은 과밀 학급과 자원이 부족한 학교, 관리부서의 많은 지시 사항 그리고 학교생활에 진지하게 참여하는 데 어려움을 겪거나 너무 멀어진 학생들로 인해 자주 어려움에 부딪친다. 그러나 우리가 함께 일한 교사들은 질문형성기법을 사용함으로써 실제로 자신들의 부담은 낮아지는 반면, 더 좋은 결과에 이르고 학습에 대한 학생의 주인의식은 높아진다는 사실을 발견한다.[2]

2 질문형성기법

우리는 지난 20년에 걸쳐 질문형성기법을 개발하고, 시험하고, 간소화하고 개선했다. 이 실행 요강은 여섯 개의 핵심 요소로 이루어진다.

질문형성기법의 핵심 요소

- 보통 교사에 의해 개발되어 학생 질문의 출발점으로 작용하는 **질문 초점**
- 학생이 간단한 일련의 네 가지 규칙을 사용해 질문을 생성하는 **과정**
- 학생이 **폐쇄형 질문과 개방형 질문**을 연습하는 활동
- 학생의 **우선순위 질문 선정**
- 다음 단계를 위한 교사와 학생의 **계획** ― 우선순위 질문을 어떻게 사용할 것인가
- 학생이 무엇을 배웠는지, 어떻게 배웠는지 그리고 배운 내용을 어떻게 사용할 것인지에 대해 말하는 **성찰 활동**

질문형성기법은 교사가 가진 명시적·암묵적 교수 지식과 쉽게 융화될 수 있는 매우 간단하지만 단계적이고 엄격한 과정을 제공한다. 우리가 이 책의 제목을 『한 가지만 바꾸기』로 정한 이유도 질문형성기법 사용에 포함되는 활동의 90퍼센트는 이미 교사가 수행하고 있는 활동—학습 계획안 설계하기, 학생이 새로운 자료를 학습하도록 돕는 활동 계획하기, 개별·소모둠·전체 학습활동 지도하기, 학습 과정에서 발생하는 문제 해결하기, 토의 촉진하기—이기 때문이다.

그러나 이 책은 당신에게 한 가지 변화를 요구한다. 당신은 학생들이 당신이 묻는 질문에 반응하는 것이 아니라 그들 자신의 질문을 던짐으로써 스스로 생각하고 활동하게 되는 과정을 이끌 것이다. 처음에는 당신과 학생들 모두 이러한 변화에 불편함을 느낄 수 있다. 이것은 당신이 하는 모든 활동을 대체하는 것이 아니라, 당신의 교수에 단순히 한 가지 새로운 요소를 더하는 것일 뿐이다. 일단 교사와 학생이 질문형성기법을 일상적인 활동의 일부로 받아들이면, 질문형성기법은 교사의 교수 목록과 학생의 학습 목록에 재생 가능한 자원으로 자리 잡는다.

『한 가지만 바꾸기』는 다양한 지역사회와 학교에서 그리고 다양한 연령과 학업 성취 수준을 가진 학생들에게 이 과정을 어떻게 적용할 것인지를 보여줄 것이다. 여기에는 자신의 수업에서 질문형성기법을 사용하는 개별 교사의 예도 있고, 학교 내에서 다양한 교과 영역에 걸쳐 다양한 목적을 위해 질문하기 기능을 계발하고 강화하고자 협동하는 교사들의 예도 있다. 학생들은 에세이를 작성하고, 어려운 텍스트를 읽고, 연구 문제를 찾아 다듬고, 실험을 설계하고, 수학 공식을 분석하고, 소크라테스식 문답 수업을 계획하고, 심지어 스스로 숙제를 만들기 위해 자신들이 배운 이 새로운 기능을 사용한다.[3] 이러한 예들을 통해 교사는 자신의 학습 계획을 강화하고 풍부하게 하며, 자신이 가장 갈망하는 수업과 교육과정의 목표를 달성하기 위해 질문형성기법을 어떻게 쉽게 사용할 수 있는지를 빠르게 이해할 수 있다.

1) 질문형성기법의 기원

우리의 이상과 실천은 이 책에서 소개된 목소리뿐만 아니라 많은 지역에서 교육자로 활동한 수년간의 경험에 의해 형성되었다. 질문형성기법은 학교 기반 연구 프로젝트나 대학 연구회 혹은 두뇌 집단(think tank)에 의해 개발되지 않았다. 질문 형성 기능의 중요성에 대한 최초의 통찰은 서문에서 소개했던 매사추세츠주 저소득층 지역의 부모들로부터 유래했다. 우리 중 한 명(루스 산타나)은 복지 수혜자였던 자신의 경험을 토대로 부모들이 복잡한 절차를 처리할 때 직면하는 어려움을 잘 알고 있었다. 우리 중 다른 한 명(댄 로스스타인)은 자신들에게 영향을 미치는 의사 결정에서 소외되어온 사람들이 목소리를 낼 수 있도록 돕는 다양한 지역 및 시(市) 차원의 노력에 참여한 경험이 있었다.

1980년대 후반 우리는 애니 케이시 재단(Annie E. Casey Foundation)의 지원을 받는 중퇴 방지 프로그램에 일부 참여했다. 이 프로그램 기간 중 우리는 부모들이 자녀의 교육을 염려하면서도 "무엇을 물어야 할지조차 모르기" 때문에 학교 모임에 가지 못한다는 이야기를 반복적으로 들었다. 한 번, 두 번, … 아니 수천 번 그 말을 듣고서야 비로소 거기에 무언가가 있을 수 있다는 것을 깨달았다. 우리는 물론 즉시 행동에 나섰고, 그들에게 물을 질문을 제공함으로써 그 문제를 '해결'했다. 만약 그들이 한 주 동안 특수교육 위탁 문제를 걱정하면, 우리는 이에 대한 질문을 제공했다. 만약 다음 주에 문제가 성적표나 훈육 정책 혹은 졸업 요건으로 바뀌면, 그들은 새로운 질문 목록을 받기 위해 우리에게 돌아왔다.

그러나 이것은 분명 잘못된 행동이었다. 부모에게 각 상황에 맞는 질문을 제공하는 것은 그들이 언젠가 자신의 아이들을 보다 효과적으로 지원하고, 교직원들과 더 생산적인 협력 관계를 형성하며, 주제나 상황에 관계없이 자신이 알기를 원하고 알아야 하는 것을 분명하게 파악할 수 있도록 하는 자신감이나 능력을 키우는 데 아무런 도움이 되지 않았다. 단지 의존성만을 높일 뿐이었다.

우리는 결국 부모들이 말한 문제가 특정한 질문에 관한 필요가 아니라 그들 자신의 질문을 생성하고 이를 사용하는 방법을 알 필요성과 관련된 것임을 깨달았다. 돌이켜보면 이는 자명해 보이지만, 이 문제는 이전에 한 번도 명백히 언급된 적이 없었다. 이러한 통찰은 중요한 것이었지만, 우리에게는 여전히 과제가 남아 있었다. 고등 교육을 받지 않은 사람들, 특히 일부는 고등학교도 마치지 못했고, 일부는 극복해야 할 낮은 문식성(literacy)과 언어적 장벽을 지닌 사람들에게 어떻게 질문 형성 기능을 가르칠 것인가?

그리하여 우리는 바로 20년간의 여정을 시작했고, 그 여정은 우리를 예기치 못한 전문가의 영역으로 이끌었다. 그리고 여기에서 우리가 말하는 전문가란 노벨상을 수상한 물리학자 닐스 보어(Niels Bohr)에 의해 다음과 같이 정의된다. "전문가란 한 영역에서 가능한 모든 실수를 범해 이제 더 이상 할 실수가 남아 있지 않은 사람이다." 우리는 정말 많은 실수를 했고, 그 실수를 통해 제한된 교육과 소득 수준을 가진 사람들에게 어떻게 정교한 사고 및 표현 기능을 지도해야 하는지를 정확히 배울 수 있었다. 우리는 우리가 배운 것을 미국 전 지역과 다른 나라의 다양한 분야와 공동체에 속한 사람들에게 가르치는 것을 주요 목적으로 하는, 현재는 바른질문연구소로 알려진 바른질문프로젝트(The Right Question Project)를 창설한 핵심 그룹의 일원이었다.[4]

바른질문연구소에서 활동하면서 우리는 사람들이 직면하고 있는 어려움의 깊이를 발견하고, 핵심적인 사고와 자기변호 기능을 가르칠 수 있는 간단하면서도 효과적인 방법을 개발해야 할 필요성을 깨닫게 되었다. 우리는 두 가지 핵심 기능을 가르치기 위해 바른질문전략(Right Question Strategy)을 만들었다. 하나는 질문을 하는 능력이고, 다른 하나는 효과적으로 의사 결정에 참여하는 능력이다. 우리는 생계를 잃을 위험에 처한 하와이 사탕수수 농장의 노동자들이 중요한 의사 결정에 초점을 맞추고, 영세기업을 위한 경제적 지원 기회를 어떻게 얻을 수 있는지, 지금까지 회사가 제공해온 의료 및 주거를 대체할 집과 서비스를 어떻게 확보할지에 대해 질문을 던지는 법을 배우는 것을 보았다. 우리는 북부 캘리포니아 시골 지역의 복지 수혜자가 생활보호 대상에서 벗어나기 위해 더 나은 직업훈련을 주장하는 법을 배우는 것을 보았다. 우리는 뉴멕시코주와 멕시코의 국경지대에 사는 이민자 부모들이 중학교에서 총격 사건이 발생한 후 처음으로 학교를 방문해 폭력 방지 활동을 요구하는 것을 보았다.

우리는 또한 보스턴과 뉴욕 지역의 의과대학 교수들이 우리의 전략을 사용해 수행한 의료 연구 프로젝트에서 많은 것을 배울 수 있었다. 그 연구는 저소득층 지역의 환자들이 자신의 병과 치료에 대해 질문하는 법을 배웠을 때, 의료 제공자에게 더 효과적으로 협력하기 시작한다는 사실을 보여주었다. 이 프로젝트의 결과로 바른질문전략이 환자의 자기 관리*를 얼마나 현저히 증가시키는지를 증명하는 논문이 의료 관련 문헌에 발표되었다.[5]

2) 성인 문식성 프로그램에서 질문형성기법의 가치를 발견하다

1990년대 후반 뉴햄프셔 성인교육부의 아트 엘리슨(Art Ellison)과 퍼트리샤 넬슨(Patricia Nelson)이 바른질문전략을 주(州) 전반의 성인 문식성(adult literacy), GED,** ESOL*** 프로그램에 도입했을 때, 우리는 이 전략이 교실 환경에서 지니는 가치를 더 많이 인식하기 시작했다. 강사들은 성인 학습자가 질문을 하는 방법을 배우면서 수업에 더 큰 자신감을 갖게 되었다고 보고했다. 고등학교를 마치지 못한 성인 문식성 학습자와 GED 학생들은 새로 발견한 능력을

....

* 환자가 자신의 건강관리를 위해 지식, 기술, 자신감 등을 얻는 것.
** 'General Educational Development'의 약자로, 미국과 캐나다에서 고등학교 졸업 학력을 인정하는 자격시험.
*** 'English for Speakers of Other Languages'의 약자로, 영어를 모국어로 사용하지 않는 학생들을 위한 영어 프로그램.

이용해 더 많이 이해하고, 더 잘 쓰고 읽으며, 자신의 학습에 대해 더 높은 책임감을 보임으로써 그들 자신뿐만 아니라 교사들에게도 깊은 인상을 주었다. 한 성인 문식성 프로그램의 학생은 강사에게 "질문을 하는 활동은 어려운 일이에요. 나는 지금껏 어느 때보다 더 많이 생각해야 했어요"라고 말했다. 그리고 그는 잠깐 말을 멈춘 후 "내일 또 이 활동을 할 수 있을까요?"라고 물었다.

학교에서 한 번도 성공하지 못했고 아주 기본적인 학습 과제에서조차 자주 어려움을 겪는 젊은 성인을 가르치는 교사들은 질문하는 법을 배운 자신의 학생들에게 나타나는 엄청난 변화에 대해 증언한다. 자신의 GED 수업에서 질문형성기법을 가르친 한 경험 많은 교사는 "제 학생들은 질문을 형성하는 법을 배우는 것이 자신의 학습에 도움이 되는 것을 보며 매우 충격을 받았어요. 그들은 '왜 이걸 고등학교에서 배우지 않았지?'라고 궁금해했죠"라고 언급했다.[6]

이것은 좋은 질문이었고, 어떻게 더 많은 교사들이 이 전략을 사용하도록 독려할 수 있을까를 고민하게 만들었다. 우리는 먼저 이 전략을 뉴잉글랜드주의 다른 성인 문식성 프로그램으로, 그리고 나서 미국의 다른 지역으로 확대하는 데 초점을 맞추었다. 예일 사회정책연구소(Yale's Institution for Social and Policy Studies)의 도널드 그린(Donald Green)과 샹 하(Shang Ha)는 성인 문식성 수업에서의 바른질문프로젝트가 학생의 적극적인 시민 참여와 투표에 대한 생각에 어떻게 도움이 되는지를 조사하는 연구 프로젝트를 주도했다. 연구의 일부였던 펜실베이니아 중부 지역의 한 프로그램 참가자는 "질문을 하는 법을 배운 것은 지금까지 내가 배운 것 중 가장 중요한 것이다. 이것은 나의 학습을 돕는다"라는 결론을 내렸다.

우리는 또한 많은 성인 문식성 프로그램의 학생들이 일상적으로 접촉하는 공공기관의 의사 결정 과정에 거의 참여하지 않는다는 사실을 발견했다. 우리는 이들이 이러한 미시적 수준에서 참여하지 않는다면, 민주주의의 거시적 수준에서 행동하기—예를 들어, 투표나 시 의회 회의에 참여하여 선출직 관료와 의사소통하는 것 또는 정책 변화를 위해 단체를 만들거나 로비 활동을 하는 것—를 기대하는 것은 타당하지 않다는 것을 깨달았다. 우리는 자신에게 직접적으로 영향을 주는 의사 결정에 효과적으로 참여하는 방법에 관심을 갖게 하기 위해 서퍽대학교(Suffolk University)의 애그니스 S. 베인(Agnes S. Bain)과 협력해 마이크로 민주주의(microdemocracy)*라는 개념을 개발했다. 사람들은 핵심적인 민주주의의 기능이기도 한 자기변호 기능—질문하기와 의사 결정에 참여하기—을 배우고 사용함으로써 민주적인 행동의 첫 걸음을 내디딜 수 있다. 일단 첫 걸음을 내디디면, 개별적인 접촉이 다른 형태의 민주주의적 행동으로 가는 새로운 통로가 될 수 있다. 바른질문연구소는 많은 분야와 공동체에서 마이크로 민주주의를 실현하기 위해 계속 노력하고 있다.

3) 질문형성기법을 유치원~12학년 교육으로 확대하다

수업 활동을 개선하고 학생의 요구를 충족하기 위해 보스턴 공립학교들과 협력한 작업에서, 하버드교육대학원의 리처드 머네인(Richard Murnane) 교수는 교사, 교장, 관리자들에게 학생 성취 자료 분석을 위한 자원으로 바른질문 전략을 소개했다.[7] 우리는 학교 개선을 위한 이러한 작업과 성인 문식성 프로그램에서의 경험에 자극을 받아, 이 전략을 유치원~12학년** 수업의 교사들과 더 직접적으로 공유할 수 있는 방법을 연구했다.

우리는 2003년 하버드교육대학원에서 열린 애스크위드 강연(Askwith Lecture)***에서 이 전략을 더 많은 교육자들에게 소개했다. 한 참가자는 강의가

....

* 개개인의 시민이 민주적으로 행동하고 자신에게 영향을 주는 의사결정에 효과적으로 참여할 수 있는 기회로서 공공기관과의 일상적인 접촉을 제안하는 새로운 아이디어.
** 유치원에서부터 고등학교를 졸업할 때까지의 교육기간을 말한다. 12학년은 우리의 고등학교 3학년에 해당한다.
*** 하버드교육대학원에서 개최하는 일련의 공개 강의로, 광범위한 주제를 다룬다.

끝난 후 "왜 더 많은 사람이 이것에 대해 알지 못하죠? 믿기지 않아요"라고 적었다. 이 익명의 응답자의 반응은 몇 년 전 로렌스 지역의 부모들의 반응과 유사했다. 질문형성기법을 유치원~12학년 학생들에게 가르쳐야 한다는 것, 그리고 이 전략을 더 많은 교육자에게 제공해야 한다는 것은 분명해졌다. 우리는 전국적인 학회에 참석한 교사들에게 질문형성기법을 소개하기 시작했고, 교사들이 질문형성기법을 열심히 배우고 자신의 수업에 빠르게 적용하는 모습을 보고 감동을 받았다.

처음 이 전략을 배운 교사들은 학생이 자기 자신의 질문을 던지는 이 믿을 수 없이 간단한 변화에 자주 충격을 받았다. 뉴욕의 휴머니티즈 사립학교 (Humanities Preparatory Academy: Humanities Prep)에서 일하는 경험 많은 역사 교사인 로리 고크랜(Laurie Gaughran)은 다음과 같이 언급했다.

> 나는 학생들이 '질문하는 방법을 알기'를 바랐지만 그렇게 하는 과정은 전혀 알지 못했다. 또한 나는 학생들이 내게 제출한 과제에 대해 좀 더 생각해보기를 원할 때, 이를 돕기 위해 과제물의 여백에 모든 유형의 질문을 열거한다. 그러나 질문형성기법을 배우면서, 학생들이 자신의 과제물을 보고 내가 묻는 질문과 내가 생각지도 못한 질문을 하는 방법을 배울 수 있다면 더 좋을 것이라는 생각이 들었다.

고크랜의 발견은 질문형성기법이 작지만 매우 중요하고 의미 있는 변화를 가져온다는 것을 깨달았을 때 많은 교사가 보이는 반응을 대변한다. 교사들은 그들이 여백에 적는 제안으로서의 질문이 아니라, 학생들이 스스로 이해하도록 안내하고 자극하는 학생 자신의 창조물로서의 질문을 상상하기 시작한다. 메릴랜드의 한 고등학교 교사는 질문형성기법이 "자기 자신의 학습에 책임을 지도록 학생에게 자율권을 줄 뿐만 아니라 일상에서 실질적으로 작용하고 직접적으로 적용할 수 있는 기능을 연마하도록 그들을 도와준다"라고 말했다.

오리건주 포틀랜드의 다른 고등학교 교사는 "학생이 자기 자신의 질문을 생성할 수 있다고 생각하지 않았던" 동료 교사들의 의심을 극복한 이야기를 해 주었다. 그녀가 수업에서 이 과정을 실시한 후(그리고 이는 뒤이어 12주간의 학생 활동이 이루어지는 데 일조했다)에 그녀의 동료들은 "그들이 틀렸고 … 이제, 그들의 아이들이 질문을 던지기를 원한다"는 것을 깨달았다.

우리는 이 책을 집필하는 데 필요한 자료를 수집하는 과정에서, 각기 다른 학생 구성을 가진 다양한 교실과 학교 환경에서 수업하는 교사들과 함께 작업할 특별한 기회를 가졌다. 초등학교 교사들 또한 학생들에게 효과적으로 질문형성기법을 사용했지만, 당신은 이 책에서 주로 중학교와 고등학교 교사가 학생 자신의 질문을 형성하는 방법을 성공적으로 가르친 사례를 접하게 될 것이다. 또한 지난 해 우리는 보스턴 지역의 다른 고등학교에서 전학을 오거나 수학 연령이 지난 학생들을 받는 공립 고등학교인 보스턴 주야간학교(Boston Day and Evening Academy: BDEA)와 긴밀하게 협력할 기회를 가졌다. 이 학교에 다니는 청년들은 다양한 어려움을 겪고 있었기에, 이들을 학업에 참여시키고 동기를 부여하는 것이 교사들의 지속적인 과제였다. 교사들은 수업에서 질문형성기법을 사용한 뒤 그들이 본 어느 때보다 학생들이 자신의 학습에 훨씬 더 큰 주인의식을 갖게 되었다고 보고했다. "그들은 자신의 질문에 대한 답을 찾으려는 동기를 부여받는다"라고 과학교사 마시 오스트버그(Marcy Ostberg)는 말한다. 그녀는 학생들이 눈의 진화에 대한 단원을 학습할 때 "자신의 연구에 주인의식을 가지고 실험을 설계하고 연구 논문을 작성"할 뿐만 아니라, "더 완전한 연구 질문과 후속 질문을 제시하는 것"을 가능하게 하는 "질문에 대한 언어와 이해를 습득"하는 것을 관찰했다. 또한 학생들이 그녀에게 덜 의존하게 되면서 그녀는 개별 학생이 "더 깊이 사고하도록 촉진"하는 데 더 많은 시간을 할애할 수 있었기 때문에 더 쉽게 가르칠 수 있었다.

보스턴 주야간학교의 많은 학생들은 다양한 수업과 과목에서 교사들이 질문형성기법을 사용하는 것에 익숙해졌다. 고등학교를 마치려 할 때 찾아온 가정의 위기와 잦은 이사로 힘겨워하던 한 학생은 또 다른 수업들도 그녀가 스스로 생각하고 자신의 질문을 하도록 요구할 것이라는 것을 알았다. 인문학 수업에서 그녀는 교사 야나 민첸코(Yana Minchenko)와 레이철 진-마리(Rachel Jean-Marie)에게 자신이 이렇게 많은 생각을 해야 하는 것이 항상 좋은 것은 아니지만 그럴만한 가치가 있다고 생각하는 이유를 최대한 간결하게, 그러나 분명하게 표현했다. "우리는 질문하는 법을 배울 필요가 있어요. 왜냐하면 교사가 우리에게 무엇을 생각해야 하는지를 말해줄 때 우리는 아무것도 배울 수 없기 때문이죠."

질문하는 법을 아는 것의 가치에 대해 더 많은 견해를 원한다면, 41쪽의 '질문하기의 중요성'을 참고하라.

우리는 지난 수년간에 걸친 교육 활동을 바탕으로 이 기능을 가르치기를 원하는 많은 교사들에게 확실히 도움이 될 수 있도록 이 책을 구성했다.

3 이 책의 구성

1장에서는 하나의 과정으로 복합적인 사고 능력과 학습 기능을 계발하기 위해 질문형성기법을 어떻게 활용할 수 있을지에 대해 논의한다. 우리는 교사와 학생들이 질문형성기법의 각 단계에서 어떤 행동을 수행할 것인지에 대한 간략한 개요를 제공하고, 각 단계가 특정 사고 능력과 어떻게 연관되어 있는지를 보여주고, 교수의 '예술'적 측면에 의존하는 질문형성기법의 부분과 교수에 '과학'—반복 가능한 결과를 생산하는 실행 요강 및 특정 규칙—을 제공하는 질문형성기법의 부분에 대해 살펴본다.

2장부터 8장까지 우리는 미국의 다양한 지역의 교사들과 학생들의 도움을 받아 당신을 질문형성기법의 각 측면으로 안내할 것이다. 각 장에서는 해당 단계에 대한 개요와 그 단계를 학생들에게 어떻게 사용할 것인지에 대한 사례, 그리고 교실에서 이 단계를 사용할 때 발생하는 문제들에 대한 조언을 제공한다.

2장에서는 전통적인 자극 제시문(prompt)과 학생 질문을 자극하기 위한 질문 초점(QFocus) 사이의 유사점과 차이점을 살펴볼 것이다. 우리는 교사가 학생들을 위해 설정한 교육과정의 목적과 수업을 염두에 두고 질문 초점을 설계하는 방법에 대한 예를 제공할 것이다. 3장에서는 한 번도 질문을 생성해본 적이 없는 학생이 자신의 질문을 생성하는 것을 가능하게 하는 네 가지 질문 생성 규칙을 제시한다. 우리는 질문 형성이라는 '테이블'이 스스로 서 있기 위해 필요한 네 개의 다리의 기능을 하나하나 상세히 살펴보면서 각 규칙을 심도 있게 분석한다. 4장에서는 다양한 학교, 연령, 과목에 속한 학생들이 그들 자신의 질문을 생성하기 시작할 때 어떤 일이 발생하는지에 대한 몇 가지 예를 제시한다.

5장에서는 폐쇄형 질문과 개방형 질문의 중요성과 학생들이 필요에 따라 자신의 질문을 하나의 범주에서 다른 범주로 바꾸는 것을 배우는 방법에 대해 논의한다. 6장에서는 다양한 수업에서 학생들이 질문의 우선순위를 정하는 방법과 우선순위 결정 과정에 수반되는 사고에 대해 개괄적으로 설명한다. 7장에서는 학생 질문이 특정 교수 및 학습 결과를 달성하기 위해 어떻게 사용되는지, 교사와 학생이 즉각적인 과제 및 장기적인 프로젝트를 위해 학생 질문을 어떻게 사용할 수 있는지에 대한 예들을 제시한다. 8장에서는 학생에게 자신이 무엇을 배웠고, 어떻게 그것을 배웠으며, 배운 것을 지금 그리고 미래에 어떻게 사용할 수 있는지에 대해 말하게 함으로써 이전 단계의 경험을 강화할 수 있는 기회를 제공하는 마지막 단계, 즉 성찰을 살펴보면서 질문형성기법에 대한 분석을 마무리한다.

9장에서는 학생에게 자신의 질문을 하는 방법을 어떻게 지도하는지에 대해 그리고 수업에서 질문형성기법을 사용할 때 맞닥뜨리는 어려움과 놀라움에 대해 교사들이 서로에게 전하는 조언들을 메모 형식으로 제시한다. 10장에서는 질문형성기법을 사용할 때 수업 활동에서 나타나는 변화뿐만 아니라 학생에게 나타나는 변화들을 분석하고 분류한다. 또한 질문형성기법이 사회적으로 불리한 환경에 놓인 학생들의 교육 성과를 개선하는 데 효과적인 도구가 될 수 있다는 것을 발견한, 저소득층 지역의 많은 교사들에게서 들은 내용을 공유한다. 우리는 모든 학생이 질문형성기법을 익혔을 때 얼마나 많은 것을 이룰 수 있을지에 대한 다음과 같은 비전으로 이 책을 마친다. 학생이 자기 자신의 질문을 하는 법을 배울 때 그들은 즉각적으로 더 나은 학습자가 될 수 있고, 장기적으로는 더 튼튼한 경제를 만드는데 기여하며, 더 사려 깊고 참여적인 민주 시민으로 성장한다.[8]

4 한 가지만 바꾸기—그리고 큰 차이 만들기

보스턴 주야간학교의 주도적인 리더십과 이 학교의 많은 교사들 덕분에 많은 학생들이 스스로 사고하고, 그들 자신의 학습에 대해 더 높은 주인의식을 가지며, 더 성공적인 학습자가 될 수 있는 방법을 배우고 있다. 앞에 언급된 뉴햄프셔의 GED 학생과 달리 그들은 "왜 학교에서 이걸 배우지 않았지?"라는 질문을 할 필요가 없을 것이다. 당신이 이 책에서 만나게 될 고등학교 교사들은 학생들이 고등학교를 졸업하기 전에 반드시 이 기능을 익히도록 하고 있다—일부 대학 총장들은 4년의 대학 교육을 통해 이 기능을 반드시 배우기를 제안한다('질문하기의 중요성' 참조). 예를 들어, 로리 고크랜의 고등학교 역사 수업에 참여한 학생들은 "질문을 하는 것이 매우 간단한 일이지만 배울 수 있는 많은 기회를 열어준다는 것을 알게" 되었고 "질문하기는 내게 더 깊이 사고하는 방법을 가르쳐주었다"라고 말했다.

그들의 이야기는 헤일리 뒤퓌와 케이티 슈람의 학생들의 이야기와 일치한다. 이 교사들은 학생들이 반드시 질문하는 법을 익히고 6학년을 마치도록 하고 있다. 수업을 들은 일 년 후 여러 학생이 뒤퓌의 교실을 다시 찾아왔고, 그녀로부터 무엇을 배웠는지 그리고 그것이 그들에게 어떤 의미였는지에 대해 열정적으로 말했다. 한 7학년 학생은 질문이 자신에게 준 영향을 다음과 같이 묘사했다. "질문은 우리에게 경계를 주고, 새로운 경계를 향해 계속 탐구하도록 하며, 그 후 우리가 필요한 곳에 초점을 맞추게 한다." 그녀의 친구 중 한 명은 질문을 생성하는 법을 아는 것이 학습과 공부에 대한 생각에 영향을 주었다고 말했다. "그것은 당신을 더 흥미롭게 만들고, 그렇지 않았다면 결코 통과하지 않았을 문들을 완전히 열어준다."

우리는 학생들에게 스스로 문을 여는 방법을 가르치고 있는, 이 책에 나오는 교사들의 모임에 당신을 초대한다. 학생들은 스스로 사고하고 교실과 사회에 기여하는 과정에서 새로운 경지를 개척하며 새로운 지적 경계를 향해 나아갈 것이다. 학생들이 전에 학문적인 성공을 경험했든 실패를 경험했든 그들은 질문하기라는 이 엄격하고 규범적이며 정교하게 연마된 기능을 통해 놀라운 일들을 해낼 수 있다.

학생들은 자신이 배운 것을 교사의 수업에서 한 번 사용하는 것으로 그치지 않을 것이다. 그들은 이 능력을 가지고 나아갈 것이고, 학교나 직장, 수업이나 삶 어디에서든 자기 자신의 질문을 할 것이다. 그들은 성공적인 학습자, 자기주도적인 학습자 그리고 평생의 학습자로 준비될 것이다. 그들은 시대를 초월하여 여전히 답을 요구하는 질문과 아직 아무도 묻지 않은 새로운 질문을 연구하고 창조하고 개발하고 문제를 해결하고 사고할 것이기에, 우리는 그들로부터 배우게 될 것을 기대할 수 있다.

질문하기의 중요성

학생들에게 자기 자신의 질문을 하는 방법을 가르치는 것이 정말 그렇게 중요할까? 여기에서는 질문의 중요성을 주장하는 많은 탁월한 견해 중 일부를 소개한다.

유아

"아이들은 선천적으로 질문자이다. 그들은 복잡하고 변화하는 세상에 적응하는 방법을 배워야 한다. 그러나 그들이 질문하기를 계속하느냐의 여부는 … 상당 부분 어른들이 그들에게 어떻게 반응하느냐에 달려 있다." (로버트 스턴버그)[1]

초등학교~고등학교 학생

"우리가 가진 모든 지식은 우리가 질문을 던진 결과이다. 정말 … 질문하기는 인간이 가진 가장 중요한 지적 도구이다. 그렇다면 인간이 이용 가능한 이 가장 중요한 지적 기능을 학교에서 가르치지 않는다는 것이 이상하지 않은가? 나는 다시 반복하지 않을 수 없다. 인간이 이용 가능한 이 가장 중요한 지적 기능을 학교에서 가르치지 않고 있다." (닐 포스트먼)[2]

대학생

2002년 『뉴욕타임스(New York Times)』는 여러 명의 대학 총장들에게 학생들이 4년간의 대학 교육에서 무엇을 배워야 하는지 물었다. 바드대학(Bard College)의 리언 밧스타인(Leon Botstein) 총장은 "해석과 탐구라는 분석 기능을 주요 기능으로 배워야 한다. 다시 말하면, 질문을 어떻게 구성하는지를 알아야 한다"라고 응답했다. 시러큐스대학(Syracuse College)의 현 총장인 낸시 캔터(Nancy Cantor)는 세상은 너무 복잡하기 때문에 "우리가 학생들을 위해 할 수 있는 가장 좋은 교육은 그들이 바른 질문을 하도록 돕는 것이다"라고 말했다. (케이트 저니크)[3]

지적 노동과 천재성

"어느 누구도 이전에 제기하지 않았던 질문을 제기하고, 그 후 과학자들이(그리고 종국적으로 일반인들이) 우주를 이해하는 방식을 완전히 바꾸어놓을 해답에 도달하는 것은 가장 위대한 과학자들의 임무이다. 아인슈타인의 천재성은 시간과 공간의 절대성에 대한 그의 집요한 질문에 있었다." (하워드 가드너)[4]

기업 리더십

"경영상의 실수를 초래하는 가장 흔한 원인은 바른 답을 찾는 데 실패했기 때문이 아니다. 그것은 바른 질문을 하는 데 실패했기 때문이다." (피터 드러커)[5]

의료

"환자는 의사가 아니다 [그리고] 의사가 받는 훈련이나 경험을 가지고 있지 않다. 그리고 많은 일반인들은 질문을 하는 것을 어색하게 느낀다. 그러나 환자의 질문은 지극히 정당하다. 환자는 의사가 하는 방식으로 사고하고 생각하는 법을 배울 수 있다." (제롬 그루프먼)[6]

1. Robert J. Sternberg, "Answering Questions and Questioning Answers: Guiding Children to Intellectual Excellence," *Phi Delta Kappan* 76, no.2 (1994), http://www.jstor.org/.
2. Neil Postman, *Building a Bridge to the 18th Century: How the Past Can Improve Our Future* (New York: Random House, 1999), 171.
3. Kate Zernike, "Tests Are Not Just for Kids," *New York Times*, August 4, 2002.
4. Howard Gardner, *Frames of Mind: the Theory of Multiple Intelligences* (New York: Basic Books, 1993), 149. (하워드 가드너 지음, 김동일 옮김, 『지능이란 무엇인가』, 사회평론, 2016)
5. Peter Drucker, *The Practice of Management* (1954) 1. (피터 드러커 지음, 이재규 옮김, 『경영의 실제』, 한국경제신문, 2006)
6. Jerome Groopman, *How Doctors Think* (Boston: Houghton Mifflin, 2007), 23. (제롬 그루프먼 지음, 이문희 옮김, 『닥터스 씽킹』, 해냄, 2007)

1 장

질문형성기법

하나의 과정으로 복합적인 사고 능력 가르치기

> " 나는 질문을 할 때 실제적으로
> 더 많이 배울 수 있다는 것을 알았다. "

학생은 질문형성기법을 통해 제한된 시간 내에 확산적 사고, 수렴적 사고, 초인지라는 세 가지 사고 능력을 계발하고, 핵심 내용 및 교육과정 자료를 깊이 있게 이해할 수 있다.

질문형성기법이란 질문을 촉진하기 위해 고안된 단계적 과정이다. 그러나 이 기법은 질문을 촉진하는 것 이상의 의미를 지닌다. 즉, 이 기법은 학생들을 엄격한 과정으로 안내하고 학생들이 그 과정 속에서 자신의 질문에 대해 더 깊이 생각하고 질문을 개선하고 질문 사용의 우선순위를 정하게 한다. 학생들은 질문형성기법의 단계를 거치면서 질문 형성과 더불어 본질적으로 중요한 세 가지 사고 능력을 실천하게 된다. 바로 확산적 사고와 수렴적 사고 그리고 초인지이다.[1]

이 장에서는 위의 세 가지 사고 능력과 질문형성기법의 각 단계에서 이 사고 능력들이 서로 어떻게 연관되는지에 대해 간략하게 살펴볼 것이다. 또한 질문형성기법이 어떻게 예술—교사와 학생 간의 행동과 사고에 의해 끊임없이 형성되는 열린 과정—이자 과학—엄격하게 실험적으로 검증된 단계적 절차이자 사용될 때마다 유사하고 반복적인 결과를 일관성 있게 도출하는 실행 요강—인지에 대해서도 살펴볼 것이다.

1 세 가지 현명한 사고 능력

여러분의 학생들이 다음을 할 수 있다고 상상해보자.

- ✓ 자유롭게 새로운 아이디어 생성하기
- ✓ 텍스트 분석하기
- ✓ 연구 종합하기
- ✓ 자신이 공부하는 것의 의미를 구성하기
- ✓ 자신이 아는 것과 자신이 아는 것을 어떻게 사용할 수 있는지를 분명하게
  설명하기

위에 언급한 모든 것을 하기 위해서, 학생들은 세 가지 구별되는 사고 능력을 필요로 한다.

세 가지 사고 능력

- ➤ **확산적 사고**: 광범위한 아이디어를 생성하고 창조적이고 폭넓게 사고하는 능력
- ➤ **수렴적 사고**: 답이나 결론을 향해 나아가면서 정보와 아이디어를 분석하고 종합하는 능력
- ➤ **초인지**: 자신의 사고와 학습에 대해 생각하는 능력

이 능력들은 각각 그 자체로 학생에게 중요한 자원이다. 그러나 이 능력들이 합쳐졌을 때 개별적인 효과는 몇 배로 증가한다. 먼저 각 능력에 대해 살펴보자. 그 후에 이 능력들이 질문형성기법에서 어떻게 통합되는지에 대해 살펴볼 것이다.

1) 확산적 사고: 새로운 가능성에 대한 마음 열기

확산적 사고는 광범위한 아이디어, 선택지, 가설 및 가능성을 생성하는 능력이다.[2] 이것은 학생이 "나는 벽에 부딪쳤어"라고 말할 때나 가능한 연구 주제에 대한 아이디어를 생성하지 못할 때 혹은 창조적으로 생각하기를 기피할 때 학생에게 필요한 능력이다. 학교에서 보낸 시간이 많은 학생일수록 확산적 사고를 하는 데 불편함을 느끼는 것으로 보인다.

예술가와 작가, 음악가와 같은 '창조적인 영혼들'은 인습에 얽매이지 않는 새롭고 창의적인 아이디어들을 독창적으로 생각해내는 확산적 사고 능력을 가졌기 때문에 존경을 받는다. 확산적 사고는 대개 습득되고 계발되는 기능이라기보다는 하나의 재능으로 간주되어 왔다. 그러나 이러한 관점은 사실과 거리가 멀다. 확산적 사고는 모든 연령의 모든 학생에게 가르칠 수 있는 명확한 형태의 고차원적인 사고이다. 연구 결과에 따르면, 확산적 사고를 연습한 유치원생들은 능력 면에서 향상을 보였고, 낮은 학업성취를 보인 상급 학생들 또한 확산적 사고를 학습할 수 있는 능력을 가지고 있고 확산적 사고를 연습할수록 전반적인 능력 면에서 더 큰 자신감을 갖는 것으로 나타났다.[3] 확산적 사고를 사용하는 학생은 더 많은 아이디어와 더 유연한 사고를 생성하는 능력을 개선하고 강화했다.[4] 가장 중요한 것은 이러한 이점이 여기에서 끝나지 않는다는 것이다. 높은 확산적 사고 기능을 겸비한 학생은 도전에 대처하고 스트레스를 다루는 능력 면에서 더 큰 자신감을 보이고, 이 사고 기능을 실제 상황에 적용하는 경향이 있다.[5]

2) 수렴적 사고: 종합, 분석 및 의미 구성하기

확산적 사고를 증진하고자 하는 욕구는 지적인 열망일 뿐만 아니라 사업과 상업을 위한 새로운 아이디어를 만들어내는 강력한 동력이다(웹 2.0과 소셜 미디어와 같은 창의적인 세계를 생각해보라). 그러나 창의성—확산적 사고의 기대되는 결과—이 전 세계적으로 위축되고 있다는 우려가 있다. 『뉴스위크(Newsweek)』는 2010년 "창의성 위기(Creativity Crisis)"라는 표지 기사를 싣고, 창의성은 확산적 사고뿐만 아니라 수렴적 사고도 필요로 한다는 것을 입증하는 학교 중심 프로그램과 연구진들을 소개했다.[6]

수렴적 사고는 다양한 아이디어를 종합하는 것과 관련되는데, 이를 통해 학생들은 수집한 사실과 사례의 의미를 모두 이해할 수 있게 된다. 이러한 유형의 사고는 학생이 설명, 해석, 요약, 비교, 대조 등 자료를 종합할 목적으로 수행하는 모든 형태의 지적 활동을 할 때 발생한다.[7]

연구에 따르면, 진정한 창의성은 "새로운 정보와 이미 잊힌 오래된 아이디어를 결합하기 위해 확산적 사고와 수렴적 사고의 리듬을 끊임없이 혼합하고 변화시킬 것을 요구한다. 창의성이 뛰어난 사람은" 이 두 유형의 사고를 모두 활용하기 위해 "자신의 뇌를 통제하는 데 매우 뛰어나다." 학교에서 학생의 창의성을 고취하는 데 성공한 프로그램들은 실제로 "최대한의 확산적 사고와 일련의 강렬한 수렴적 사고를 번갈아 사용"하는 것으로 나타났다.[8]

3) 초인지: 사고에 대해 사고하는 방법 배우기

확산적 사고 능력과 수렴적 사고 능력의 결합은 학생의 강력한 자원이지만, 여기에 한 가지 능력을 추가할 필요가 있다. 바로 자신의 학습과 사고 과정에 대해 생각하는 능력인 **초인지**이다. 초인지는 매우 오래된 개념이지만, 최근에야 비로소 모든 학생의 교육을 개선하는 데 필수적인 요소로 대두되기 시작했다. 발달 심리학자이자 초인지 분야의 저명한 연구자인 고(故) 앤 브라운(Ann Brown)은 뛰어난 학생들이 자신이 읽은 자료에 자연스럽게 질문을 제기하고,

예측하며, 이야기의 인상과 의미를 생각하고, 더 나아가 이후에 무슨 일이 발생할지 궁금해하고 질문하는 과정을 성공적으로 수행한다는 사실에 주목했다. 그녀는 학업에 어려움을 겪는 학생들은 글을 읽을 때 이러한 방법을 적용하지 못한다는 사실도 깨달았다. 그녀는 남편 요셉 캠피온(Joseph Campione)을 포함한 동료들과, 어려움을 겪는 학생들에게 이러한 사고 양식을 가르치는 전략을 개발하는 작업에 착수했다. 그녀의 아이디어는 학습에서 성찰적이고 탐구적인 방법을 강조하는 '학습자 공동체'를 초등학교 교실에 구현하는 것이었다.[9]

가족 중 가장 먼저 대학에 진학했던 브라운은 열세 살이 되어서야 비로소 유창하게 글을 읽는 방법을 배울 수 있었다. 그녀는 배우는 방법을 알아야 할 필요성을 절실히 느끼면서, "효과적인 학습자는 자기 자신의 강점과 약점을 이해하고 학습에 대한 자신만의 전략을 가지고 있을 때 가장 잘 학습한다"라고 주장했다.[10] 그녀의 연구는 학습자가 초인지를 통해 자신이 무엇을 배웠는지 이해하고, 어떻게 그것을 배웠는지 말하며, 배운 내용을 다른 상황에 어떻게 적용할 수 있는지에 대해 생각한다고 주장하면서, 초인지의 중요성에 초점을 맞추었다.

미국 국립연구위원회(National Research Council)의 보고서인 「학습과학: 뇌, 마음, 경험 그리고 교육(How People Learn: Brain, Mind, Experience, and School)」에서는 초인지를 학습의 핵심 요소이자 모든 학생이 체계적이고 계획적으로 계발해야 하는 요소로 인식했다.[11] 위원회의 위원들은 특히 초인지가 학습 전이를 증진시키는 데 중요한 역할을 한다고 강조했다. 자기 자신을 학습자로 인식하고 자신의 학습 전략을 설명하고 관찰할 수 있는 학생은 하나의 맥락에서 획득한 지식을 더 쉽게 다른 맥락에 적용할 수 있다.[12]

대부분의 학생들은 초인지 기능을 배우지 못한 채 교실에 들어오고, 여전히 이를 배우지 못한 채 고등학교 교실을 떠난다. 이 문제는 고등 교육까지 이어진다. 연구는 많은 대학생들이 내용과 자료에 대한 자신의 이해를 평가하는 초인지 기능과 습관이 부족하다는 것을 보여준다.[13] 결과적으로 제한된 초인지 능력은 내용에 대한 불충분한 이해와 시간과 관심의 비효율적인 사용, 자신의 지식에 대한 과신, 새롭거나 모순되는 정보로부터 학습하려는 시도의 부재를 초래할 수 있다.[14]

국립연구위원회가 주장하는 바와 같이, 초인지는 확산적·수렴적 사고 능력과 마찬가지로 의도적으로 계발될 필요가 있다.[15] 이 세 가지는 매우 중요한 사고 능력으로, 현재 당신의 학생들에게 분명하게 나타나지 않을 수도 있지만 그들이 획득할 수 있는 능력이다. 이제 우리는 하나의 간결한 과정을 통해 어떻게 이 세 가지 능력을 육성, 계발, 숙달할 수 있는지에 대해 살펴볼 것이다.

2 질문형성기법

질문형성기법(QFT)은 하나의 과정과 구조를 제공하며, 학생은 그 안에서 제한된 시간 내에 이 모든 세 가지 능력을 계발하고 핵심 내용 및 교육과정 자료를 깊이 있게 이해할 수 있다. 또한 질문형성기법을 통해 학생은 자신의 질문을 만들고 그 질문을 개선하고 질문의 우선순위를 정하는 능력을 기를 수 있다. 이 장의 부록에는 이러한 과정을 위한 참조 카드가 제시되어 있다.

서문에서 살펴본 바와 같이, 질문형성기법의 사용은 작지만 매우 중대한 실천상의 변화를 요구한다. 교사는 질문을 하지 않는다. 대신 학생이 모든 질문을 할 것이고, 교사는 이 과정을 도울 것이다. 교실에서 이 기법을 처음 사용할 때 교사는 전 과정을 위해 최소 45분 정도의 시간이 필요할 것이다. 그러나 교사와 학생들이 이 기법을 경험할수록, 교사는 10분에서 15분 내의 짧은 시간 내에 질문형성기법을 수행할 수 있다는 사실을 알게 될 것이다. 심지어 학생들이 모둠으로 활동할 때도 말이다. 또한 학생이 단독으로 이 과정을 사용하기를 원할 수도 있고, 교사가 학생 스스로의 힘으로 이 과정을 수행하도록 요구할 수도 있다.

[표 1-1]은 질문형성기법의 단계와 각 단계에서의 교사와 학생의 역할 그리고 학생이 계발하는 사고 능력을 보여준다. 이제 질문형성기법의 각 단계에 대해 간략하게 살펴본 뒤(다음 장에서 각 단계에 대해 자세하게 설명할 것이다), 각 단계에서 계발되는 특정 사고 능력에 초점을 맞출 것이다.

질문형성기법의 첫 번째 단계에서는 질문 초점(Question Focus: QFocus)을 개발하고 선택한다. 질문 초점은 언어적 진술이나 시청각 자료의 형태를 띠는 자극으로, 학생의 관심을 끌고 정확하게 집중시켜 학생이 자신의 질문을 형성하도록 촉진한다. 질문 초점은 우선적으로 학생의 확산적 사고를 촉진하기 위해 설계되지만, 이와 동시에 교사의 최종 목적을 염두에 두고 학생이 수렴적 사고를 연습할 수 있도록 설계된다. 질문 초점은 자극 제시문과 유사하나 한 가지 중요한 차이점이 있다. 질문 초점은 교사의 질문이 아니라 학생 질문을 위한 초점이라는 것이다. 2장에서는 질문 초점을 어떻게 설계하는지에 대해 자세히 설명하고, 교사가 이를 설계하고 효과적으로 사용하는 사례를 제공할 것이다.

두 번째 단계에서 제시되는 네 가지 질문 생성 규칙은 엄격한 구조―실행 요강―를 제공하며, 학생은 이 구조 내에서 자신의 질문을 생성할 수 있다. 이 규칙을 따름으로써 학생은 교사의 도움 없이도 자신의 질문을 생성하는 과정에 착수할 수 있다.

질문 생성 규칙

1. 가능한 한 많은 질문을 한다.
2. 어떤 질문이라도 토의, 판단, 답하기 위해 멈추지 않는다.
3. 진술된 대로 정확하게 모든 질문을 적는다.
4. 진술은 질문으로 바꾼다.

[표 1-1] 바른질문연구소(RQI)의 질문형성기법

	교사 역할	학생 역할	학생 사고 능력
질문 초점	질문형성기법 사용의 목적을 정하고 질문 초점을 개발한다.	해당 없음	해당 없음
질문 생성 규칙	질문 생성 규칙을 소개하고, 토의를 촉진한다.	질문 생성 규칙 사용에 수반되는 어려움에 대해 토의한다.	**초인지:** '질문으로 생각'할 때 발생하는 어려움에 대해 서로 듣고 생각한다.
개방형 질문과 폐쇄형 질문 분류하기	과정을 시작하기 위한 지시를 제공하고, 학생의 질문 생성 규칙 사용을 관찰하고 지원한다.	모둠으로 질문 초점에 관한 질문을 던진다.	**확산적 사고:** 질문 생성 규칙을 따르면서 자신의 질문을 생성한다.
질문 개선하기	개방형 질문과 폐쇄형 질문에 대한 토의를 촉진한다.	개방형 질문과 폐쇄형 질문의 장단점에 대해 토의한다. 질문을 한 유형에서 다른 유형으로 바꾸는 것을 연습한다.	**초인지:** 정보를 얻기 위한 다양한 유형의 질문의 목적과 사용에 대해 생각한다. **수렴적 사고:** 탐구의 범위를 분명하게 하기 위해 질문을 바꾸는 것을 연습한다.
질문의 우선순위 정하기	질문의 우선순위를 어떻게 정할지에 대한 지시를 제공하고, 학생의 우선순위 결정 과정을 관찰하고 지원한다.	질문을 토의, 비교 및 평가하고 우선순위를 정한다. 세 개의 우선순위 질문을 선정하고 선정 이유를 설명한다.	**수렴적 사고:** 모든 질문을 분석, 비교 및 평가하고, 다음 단계의 초점이 될 세 개의 질문을 선택한다.
다음 단계	질문 사용에 대한 방향을 제시한다.	교사가 정한 목적을 위해 질문을 사용한다.	**수렴적 사고:** 특정 목적과 학습 목표를 위해 질문을 사용한다.
성찰	성찰 과정을 촉진한다.	무엇을 배웠고, 어떻게 배웠으며, 지금은 이전과 비교해 무엇을 다르게 알거나 느끼는지에 대해 토의한다.	**초인지와 수렴적 사고:** 사고 과정과 학습 과정에 대해, 그리고 이 과정을 시작했을 때와 비교해 현재 자신의 위치에 대해 생각한다.

　　교사는 규칙을 소개하고, 학생들이 규칙을 따를 때 직면하게 될 가능한 어려움들에 대해 생각하고 토의하게 한다.

이 규칙들은 질문의 빠른 생성을 촉진하기 위해 공식적으로 학생의 토의를 차단함으로써 학생 행동의 변화를 요구한다. 그러므로 학생은 자신이 개별적으로 그리고 모둠으로 활동할 때 보통 어떻게 행동하는지를 생각할 필요가 있다. 학생은 자신의 일상적인 행동방식에 대해 말하고 자신이 보통 아이디어를 어떻게 떠올리는지를 인지하게 된다. 그리고 나서 학생은 자신의 현재 학습 습관과 이 규칙이 자신에게 요구하는 것 사이의 차이를 인식해야 한다. 다시 말해서, 학생은 초인지―즉, 자신의 사고에 대해 그리고 질문을 하기 위해 자신이 어떻게 요구받고 있는지에 대해 생각하는 것―를 연습해야 한다. 학생은 이 구조화된 과정을 새롭고 강렬하게 인식하게 된다. 또한 제공된 정해진 틀 안에서 사고의 흐름을 멈추지 않고 질문으로 생각할 것을 직접적으로 요구받는다. 이는 확산적 사고를 위한 도전이자 기회이다.

다음 단계는 질문을 생성하는 과정이다. 교사는 학생에게 질문 초점을 제시하고, 정해진 시간 내에 질문 생성 규칙을 준수하면서 자신의 질문을 생성할 것을 요구한다. 학생은 모든 유형의 질문을 던질 것을 요구받는데, 이는 확산적 사고를 위한 연습이다. 교사는 학생이 규칙 중 하나 혹은 그 이상을 위반하려 할 때 학생을 지도할 수 있다.

다음 단계는 질문을 개선하는 작업이다. 학생이 자신의 질문을 생성하는 작업을 마치면 폐쇄형 질문과 개방형 질문의 정의와 이에 대한 토의가 이어진다. 교사는 폐쇄형 질문과 개방형 질문의 정의를 소개하고, 학생은 이를 토대로 자신이 방금 생성한 질문 목록을 분류하게 된다. 그리고 나서 교사는 반 전체가 두 가지 유형의 질문의 장점과 단점에 대해 토의하도록 이끈다. 이 단계를 마무리 짓기 위해 교사는 학생이 최소한 한 개의 개방형 질문을 폐쇄형 질문으로, 한 개의 폐쇄형 질문을 개방형 질문으로 바꾸도록 한다.

각 질문 유형의 장단점을 분석하는 과정은 학생이 질문의 역할과 목적, 질문의 특정 구조 그리고 질문의 표현을 조절하는 것이 어떻게 특정 정보를 차단하거나 생성할 수 있는지에 대해 생각하도록 하기 때문에, 다른 수준의 초인지를 촉진한다. 이처럼 질문의 특성을 발견하면서 학생은 탐구 과정을 새로운 방식으로 생각할 수 있게 된다. 이후 질문을 하나의 형태에서 다른 형태로 바꾸는 작업을 할 때 학생은 자신이 어떤 답을 얻을 것인지, 이 표현이 자신의 필요를 어떻게 충족할 수 있는지, 순수하게 확산적 훈련으로 시작된 탐구 과정을 어떻게 강화할 수 있을지에 대해 고민해야 한다. 그들은 수렴적으로 사고하기 시작한다.

폐쇄형 질문과 개방형 질문의 특성에 대한 탐구가 끝나면, 학생들은 질문의 우선순위를 정하기 시작한다. 질문의 우선순위는 다양한 기준을 토대로 정할 수 있다. 교사는 학습 계획안을 염두에 두고 안내를 제공하고, 학생들에게 그들의 질문을 보고 서로 합의하에 우선순위 질문을 정하도록 한다. 늘 그런 것은 아니지만 교사는 보통 세 개의 우선순위 질문을 선정하게 한다.

학생들은 선택한 질문의 상대적인 장점과 이 질문이 필요한 정보를 얻는 데 얼마나 도움이 될 것인지를 살펴보기 시작한다. 또한 다른 질문에 답하거나 심지어 다른 질문을 고려하기 전에 어떤 질문에 먼저 답해야 할지를 고민하면서 질문의 순차적인 문제를 고려하기 시작한다. 학생들은 다시 질문의 특성과 질문이 가져올 정보 그리고 자신들이 스스로 생성한 질문을 효과적으로 사용하는 방법을 생각하게 된다.

이러한 초인지 과정을 거친 후, 학생들은 수렴적으로 생각하고 질문의 우선순위를 정하며 우선순위 과정에 근거한 다음 단계로 넘어갈 준비를 하게 된다. 교사와 학생들은 이전 단계에서 개발된 질문을 어떻게 사용할 것인지에 대한 계획을 논의한다. 교사가 우선순위 질문을 가지고 이제 무엇을 할 것인지에 대한 지침을 내릴 수도 있다.

마지막 단계인 성찰은 내용과 과정을 모두 포함한다. 교사는 자신이 묻고 학생이 답하는 친숙한 영역으로 다시 돌아가 이제 학생들에게 몇 가지 질문을 던질 것이다. 이러한 질문은 무엇을 학습했는지, 어떻게 그것을 학습했는지, 자신이 현재 알거나 이해하거나 혹은 알기를 원하는 것이 처음 시작했을 때와 비교해 어떻게 달라졌는지 그리고 자신이 배운 것을 내용과 기능 면에서 어떻게 사용할 수 있을지에 대해 생각하고 설명할 것을 학생들에게 요구하면서 과정의 모든 영역을 다룰 수 있다.

이 단계에서 학생은 자신의 사고와 학습 과정에 대해 생각할 기회를 갖는다. 그들은 자신이 배운 내용뿐만 아니라 어떻게 그것을 배웠는지에 대해 설명한다. 이러한 초인지는 내용과 기능의 모든 면에서의 학습을 강화한다. 학생은 자신의 경험을 말로 표현할 것을 요구받기 때문에, 이에 대해 폭넓게 생각할 수 있다. 또한 교실에서 다른 친구들의 말을 들으면서 다양한 학생들로부터 다양한 교훈을 얻기 때문에, 그 과정에서 배울 수 있는 모든 것에 대해 확산적으로 사고하기 시작한다. 마지막으로, 학생들은 자신에게 가장 중요한 것이 무엇인지 개별적으로 결론내리고 이에 대해 말하면서 자신의 아이디어를 통합해 결론을 도출하는 수렴적 사고를 하게 된다.

3 질문형성기법의 예술과 과학

수업에서 질문형성기법의 사용은 예술인 동시에 과학이다. 이는 교사의 암묵적 지식과 정교하게 연마된 기능에 의존하여 학생의 다양한 개별적 학습 경험과 모둠 및 반 전체의 학습 경험을 창조적으로 촉진시키기 때문에 예술이다. 또한 이는 교사가 실행 요강, 즉 '학생은 새롭고 심오한 방식으로 생각하고 이 변화를 스스로 설명할 수 있다'는 결과를 일관성 있게 보여주는 시험적으로 입증된 일련의 절차를 사용하기 때문에 과학이다.

여기에서는 예술과 과학이 질문형성기법 내에서 어떻게 나타나는지에 대해 소개한다.

- 질문 초점의 설계: 이 작업은 무엇이 효과가 있는지를 시험하고 탐구하려는 의지뿐만 아니라 창의성과 상상력을 필요로 한다. 이는 전통적인 자극 제시문의 사용처럼 지속적인 개선을 가져오는 것을 목적으로 한다.

- 학생 모둠 활동: 이는 항상 예술이었고 과학인 적이 거의 없다. 상호작용과 모둠 구성의 역할은 학생 활동에 영향을 줄 수 있다. 이러한 상호작용은 모둠에 따라 시시각각으로 변화하기 때문에 모둠 과정을 운영하는 것은 과학이라기보다는 언제나 예술에 가깝다.

- 질문 생성 그리고 폐쇄형 질문과 개방형 질문 바꾸기: 이는 학생이 연습할수록 더 잘할 수 있는 과정이다.

- 우선순위 정하기: 교사의 안내와 학생의 흥미, 지식, 선호 및 역할은 모두 우선순위 질문을 만드는 데 영향을 준다. 이러한 성장과 변화의 과정은 창의성을 요구한다. 학생이 질문의 우선순위를 정하고 우선순위 질문을 선정한 이유를 정당화하는 것을 연습할수록, 이 활동을 더 잘 수행할 수 있다.

- 다음 단계: 교사가, 학생이, 또는 교사와 학생이 함께 어떻게 질문을 사용할 것인가를 구성하고 계획한다. 이 과정은 매 질문, 매 과제에 따라 다양하다.

과학

- 가장 중요한 실험 규칙의 고수: 학생은 자기 자신의 질문을 던진다. 그들은 교사의 질문에 반응하지 않는다. 이는 엄격한 실행 요강을 사용해 자신의 질문을 생성하고, 개선하고, 우선순위를 정하는 교실 겸 실험실에서 반복적인 결과를 생산한다.

- 질문 초점의 사용: 단순히 학생 질문의 초점을 제시하는 것만으로도 수업에서의 역할은 변한다. 학생은 이제 질문을 하고 있다. 학생이 단지 몇 개의 질문밖에 생성하지 못할 수도 있지만, 이는 분명 질문 초점을 사용하는 변화가 없었을 때 그들이 생성해냈을 결과에 비해 현저히 나아진 것이다.

- 질문 생성 규칙: 이것은 무언가 다른 것—학생이 자기 자신의 질문을 생성하기 시작하는 것—을 시도하기 위해 필요한 최소한의 규칙이다. 각각의 규칙은 다른 규칙들과 함께 그리고 모든 규칙들이 다 함께 작용하면서, 학생에게 자신의 질문을 생성할 수 있는 창의적이면서도 통제된 구조를 제공한다.

- 폐쇄형 질문과 개방형 질문의 특성에 관한 지식: 이는 대개 학생에게 새로운 지식이며, 질문 조작을 통해 어떻게 다양한 정보를 얻을 수 있는지를 깨달았을 때 학생을 변화시키는 힘을 가질 수 있다.

- 성찰: 이는 오히려 예술 영역에 속하는 사고로의 열린 초대처럼 보인다. 그러나 성찰의 규칙적 사용은 자신이 무엇을 배웠는지, 어떻게 그것을 배웠는지 그리고 그것을 어떻게 사용할 것인지에 대해 말할 이례적인 기회를 학생에게 제공함으로써 일관성 있고 반복적인 결과를 생성할 수 있다.

이어지는 장에서는 질문형성기법의 예술과 과학이 교사와 학생의 활동에서 어떻게 나타나는지에 대해 상세하게 살펴볼 것이다.

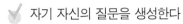 RQI 질문형성기법™

✔ 자기 자신의 질문을 생성한다
✔ 자신의 질문을 개선한다
✔ 자신의 질문의 우선순위를 정한다

자신의 질문을 생성한다

➔ 자신의 질문을 생성하기 위한 네 가지 핵심 규칙

> 1. 가능한 한 많은 질문을 한다.
> 2. 어떤 질문이라도 토의, 판단, 답하기 위해 멈추지 않는다.
> 3. 진술된 대로 정확하게 모든 질문을 적는다.
> 4. 진술은 질문으로 바꾼다.

자신의 질문을 개선한다

➔ 질문을 폐쇄형 또는 개방형 질문으로 분류한다.

> 폐쇄형 질문: 이 질문은 예/아니요 또는 한 단어로 답할 수 있다.
> 개방형 질문: 이 질문은 설명을 요구하며, 예/아니요 또는 한 단어로 답
> 할 수 없다.

➔ 폐쇄형 질문을 찾아, C로 표시한다.

➔ 다른 질문은 개방형 질문일 것이다. O로 표시한다.

➔ 각 유형의 질문의 가치를 설명한다.

> 폐쇄형 질문하기의 장점과 단점
> 개방형 질문하기의 장점과 단점

◑ 각 유형의 질문을 다른 유형으로 바꾼다.

폐쇄형 질문을 개방형 질문으로 바꾼다.
개방형 질문을 폐쇄형 질문으로 바꾼다.

질문의 우선순위를 정한다

◑ 가장 중요한 질문 세 개를 선택한다.

1.

2.

3.

이 세 가지를 가장 중요한 질문으로 선정한 이유는 무엇인가요?

다음 단계

◑ 당신의 질문을 어떻게 사용할 건가요?

2 장

질문 초점 선택하기

학생 질문을 위한 출발점

> 나는 질문을 하는 것이 매우 간단한 일이지만
> 배울 수 있는 많은 기회를 열어준다는 것을 알았다.

티치 포 아메리카(Teach for America)*에서 2년째 일하고 있는 로스앤젤
레스의 한 젊은 고등학교 과학 교사는 우리에게 쓴 편지에서, 수업을
운영하는 방법을 배우면서 자신이 새해에 세운 목표는 학생이 스스로 생각하
게 하는 것이라고 말했다. 그녀는 '어떻게 하면 학생들이 자신의 비판적 사고
기능을 적용하도록 독려할 수 있을까?'라고 자문했다. 그녀의 대답은 질문을
하고 학생을 주제 탐구에 더 많이 참여시키는 것이었다. "안타깝게도, 저는 이
기능을 계발하지 못했어요. 저는 바로 이 영역에서 여러분의 지도가 필요합니
다"라고 그녀는 적었다.

....

* 미국 내 대학의 졸업생들이 미국 각지의 교육 곤란 지역에 배치되어 2년간 학생들을 가르치는 프로그램을 운영하는
비영리 단체.

1 자극 제시문으로서의 교사의 질문: 유서 깊은 전통

이 젊은 교사는 학생 사고를 자극할 수 있는 완벽한 질문을 찾는 데 전념해 온 교사의 오랜 전통을 그대로 받아들였다. 자극 제시문은 교사가 매일 수업에 가져오는 필수 어휘와 핵심 도구의 일부이다. 그리고 전통적 자극에서는 학생의 사고를 촉발하기 위해 교사의 질문만큼 중요한 것은 없다. 실제로 교사의 질문은 소크라테스가 자신의 학생들에게 질문을 던짐으로써 삶을 성찰하도록 요구한 이래로 지난 2500년간 현명한 가르침을 측정하는 기준으로 자리 잡았다. 소크라테스가 만든 모델은 교사가 질문 과정 전반을 엄격히 통제하는 것이었고, 이 모델은 수천 년 동안 지속되었다. 교사로서 소크라테스는 질문을 던져야 했고, 학생들은 그 질문이 어디로 향하든 간에 일련의 질문에 답해야 했다.

그리고 그 이후에도 이 전통은 계속되고 있다. 교사들은 그들의 경력이 시작되는 가장 초창기부터 학생 사고를 촉진하기 위한 자극 제시문을 설계하는 방법을 훈련받는다. 유치원부터 고등 교육까지 수업 토의를 계획하는 모든 교사는 그날의 핵심 단원이나 주제에 대한 말하기와 사고(이 두 가지가 항상 함께 일어나지는 않는다)를 촉발하기 위해 일련의 선택지를 준비하고 검토하고 평가하면서 시간을 보낸다. 학생 안에 내재하는 열정과 호기심에 불을 붙일 방법을 필사적으로 찾고자 하는 교사는 학생의 호기심과 문제 해결 능력을 촉발시킬 자극 제시문을 찾으려고 노력하면서 이미 과중한 업무량을 증가시킨다. 일부 교사는 학생의 새로운 사고를 자극하고 일 년 동안 공부할 만한 가치가 있는 학습을 안내할 수 있는 완벽한 '핵심 질문(essential question)'이 무엇인지 고민하면서 여름 전체를 보냈다고 말하기도 했다. 애틀랜타의 한 중학교 교사가 말한 바와 같이 교사들은 분명 주요 연구 과제를 시작할 때 학생 스스로의 사고를 촉발시킬 수 있는 정확한 질문을 생각해내기 위해, 여름 전체는 아닐지라도, 많은 주말과 저녁 시간을 할애한다. "이 그림에는 무언가가 잘못되어 있어." 자신의 질문을 생각해내기 위해 열심히 연구할 기회를 가져야 하는 사람은 교사가 아니라 학생이라는 사실을 깨달으면서 그녀는 이렇게 결론 내렸다.

2 전통적인 자극 제시문에서 새로운 질문 초점으로

당신이 질문형성기법을 사용할 때 교실의 전통적인 역할에 한 가지 중대한 변화가 일어난다. 즉, 학생 사고와 활동을 촉발하기 위한 방법이 교사의 질문을 사용하는 것에서 학생 스스로 그들 자신의 질문을 생각하도록 요구하는 것으로 변화하는 것이다. 실천상의 핵심적인 변화는 우선 명칭의 변화에서 시작된다. 자극 제시문이라는 용어가 사라지고, '질문 초점'이라는 용어가 사용된다. 이 명칭은 교사에게 학생 질문을 위한 초점을 제공하는 것이 그들의 역할이라는 점을 상기시킨다. 또한 학생에게는 교사의 질문 초점이 그들이 답해야 할 질문이 아니라, 오히려 그들이 만들어야 할 질문의 초점이라는 것을 인식하게 한다.

질문 초점

학생 질문에 시동을 걸기 위한 자극. 이것은 학생 질문을 통해 표출되는 학생 사고를 자극할 수 있는 것으로, 모든 매체나 형식으로 구현된 짧은 진술이나 시청각 자료가 될 수 있다. 이것은 학생 사고를 자극하기 위해 교사의 질문을 사용하는 것과는 상반된다.

당신은 난관에 부딪친 학생들을 돕기 위해 즉석에서 질문형성기법을 사용함으로써 질문 초점을 활용할 수도 있고, 한 과나 단원 혹은 전체 교육과정을 위해 완전히 개발된 계획의 일부로 질문 초점을 사용할 수도 있다. 그러나 당신이 질문 초점을 사용하고 처음으로 질문형성기법을 수행할 때조차도—그리고 이로 인해 발생하는 실천상의 변화를 발견할 때조차도—당신은 매우 친숙한 역할을 수행하고 있다. 당신은 여전히 교수에 책임을 진다. 당신은 여전히 당신의 목적과 목표를 염두에 두고 교육과정을 지도하고 있다. 당신은 언제, 어디서 그리고 어떤 목적으로 학생들이 자신의 질문을 개발하도록 할 것인지를 결정하고 있다.

3 효과적인 질문 초점이란?

아마도 경험으로 알고 있겠지만, 효과적인 자극 제시문 설계는 지속적으로 학습이 필요한 과정이다. 당신이 자극 제시문을 더 많이 설계할수록, 그리고 자극의 표현과 시점이 학생 반응에 미치는 영향—어떤 자극이 어떤 학생에게 교육과정의 어느 부분에서 더 효과적인지—을 더 많이 경험할수록 당신은 더 효과적으로 자극을 설계할 수 있다. 자극을 사용하는 능력은 효과적인 자극이 무엇일지에 대한 깊은 암묵적 지식을 반영한다.

당신은 학생 질문을 자극하기 위해 질문 초점의 설계와 사용을 연습할수록 이와 유사한 수준의 암묵적 지식을 계발할 것이고, 이 지식을 당신 자신과 동료들에게 명시적인 것으로 만들 수 있다. 질문 초점을 설계한 경험이 거의 없는 교사들도 학생과 가르치는 단원의 요구에 맞게 어떻게 질문 초점을 생성하고 세부적으로 조정할 것인지를 빠르게 학습할 수 있다. 그들의 경험에 따르면 효과적인 질문 초점을 생성하기 위해 기억해야 할 몇 가지 기본적인 기준이 있다.

① 명확한 초점이 있다

초점이라는 단어의 중요성을 기억하라. 쟁점, 주제, 관심 영역, 주안점은 간략하고 단순하게 진술되어야 한다. 질문 초점이 명확하게 기술될때 학생은 더 쉽게 질문을 생성할 것이다.

② 질문이 아니다

질문 초점의 목적은 학생이 자기 자신의 질문을 던지기 시작하도록 하는 것이다.

이 두 가지 지침만으로도 교사는 효과적인 질문 초점을 설계할 수 있다. 일부 교사는 추가적인 두 가지 지침이 도움이 된다는 사실을 발견했다.

③ 새로운 방식의 사고를 자극하고 촉발한다

자극적인 질문 초점은 강렬한 반응과 쏟아지는 질문들을 촉발할 수 있다.

④ 교사의 선호나 성향을 드러내지 않는다

질문 초점은 학생이 교사의 견해라고 인식하는 내용을 다시 진술한 것이 아니다. 질문 초점은 학생에게 자유롭게 사고할 수 있는 기회를 제공해야 한다.

당신은 이러한 요점들을 매우 당연하게 여길지도 모른다. 특히 ①, ③, ④는 효과적인 전통적 자극 제시문의 요소이기도 하기 때문이다. 당신이 인식한 바와 같이, 사실 이 모든 것은 질문을 하는 주체가 당신이 아니라 학생이라는 지침 ②에 관한 것이다. 그런데 이것은 또한 ①, ③, ④ 역시 이 중요한 지침의 맥락 안에서 고려되어야 한다는 것을 의미한다. 이어지는 부분에서는 각 지침이 교사의 수업 경험에 반영되는 상황을 자세하게 살펴본 뒤, 자신의 질문 초점을 설계하는 과정을 설명할 것이다(이 과정에 따르는 일련의 단계는 71쪽의 [표 2-1]에 제시되어 있다).

1) 명확한 초점이 있다

초점이 명확하지 않으면 학생은 그 뜻을 이해하는 데 너무 많은 지적 에너지를 소비할 것이다. 사소한 세부사항이 너무 많거나 다른 요점을 언급하는 것은 학생을 혼란스럽게 할 가능성이 높다. 질문 초점은 다음과 같을 때 더 효과적이다.

☑ 간략하고 단순하게 진술한다

교사는 짧은 진술 혹은 단순한 어구나 주제로 이루어진 질문 초점을 성공적으로 사용한다.

- 눈(eye)의 진화
- 분수(fraction)의 구조
- 우리의 권리는 헌법에 의해 보호된다

☑ 분명하게 초점을 맞춘다

교사는 특정한 방향으로 학생의 주의를 끌기를 원한다. 또한 학생이 구체적인 영역에 대해 질문을 하거나 절박감을 가질 만큼 학생을 몰입시키고 자극하기를 원한다. 때로 질문 초점이 너무 광범위하거나 모호하면 학생은 질문을 형성하는 데 어려움을 느낄 것이다.

다음 예는 일부 교사들이 어떻게 명확한 질문 초점을 개발했는지를 보여준다. 보스턴 주야간학교의 생물 교사인 리사 온썸(Lisa Onsum)은 입문 수준의 과학 수업을 맡고 있다. 수업은 세포 생물학 단원으로 시작했고, 그녀는 일부 학생은 이 주제에 이미 친숙해서 복습 정도만 필요한 반면, 다른 학생들은 전체적으로 자세한 설명이 필요하다는 것을 알고 있다. 그녀는 다음과 같은 질문 초점을 생각했다.

세포

그러나 그녀는 이 표현이 너무 광범위해서, 학생이 자신의 질문 과정을 시작할 만큼 명확한 자극을 제공하지 못할 것이라는 사실을 깨달았다. 다른 선택지들을 고려한 후, 그녀는 다음과 같은 질문 초점을 사용하기로 결정했다.

세포의 내부

질문 초점은 보다 세밀해졌고, 다양한 수준의 지식을 가진 학생들이 자신의 관점에서 특정 질문을 던지는 것을 가능하게 했다.

보스턴 주야간학교에서 수학을 가르치는 찰스 해리스(Charlese Harris)는 수학을 할 수 없을 거라고 확신하면서 수학을 공부하는 것을 두려워하는 학생들을 자주 만났다. 그녀는 학생들이 수학에 대한 두려움을 다른 방식으로 생각할 수 있도록 매우 단순한 질문 초점을 생각했다.

수학 불안

그러나 이 질문 초점을 가지고 학생들이 어떤 질문을 할 수 있는지를 시험해본 후, 그녀는 이 표현이 너무 일반적이라는 사실을 깨달았다. 그녀는 질문 초점을 다음과 같이 바꾸었다.

수학 불안 물리치기

물리치기라는 단어를 추가하자 학생들은 자신의 두려움을 극복하기 위해 실제로 무엇을 할 수 있는지에 대해 주도적으로 생각하기 시작했다. 해리스의 질문 초점 수정은 행동을 드러내는 단어(동사나 동명사)를 삽입함으로써 질문 초점이 얼마나 효과적으로 바뀔 수 있는지를 잘 보여준다.

보스턴 주야간학교의 인문학 교사인 야나 민첸코(Yana Minchenko)도 비슷한 경험을 했다. 그녀는 한 십대 청소년의 선택과 그것이 그의 삶에 미치는 영향을 다루고 있는 단편소설을 읽으면서 한 단어로 이루어진 질문 초점을 사용했다.

선택들

민첸코는 학생들이 이 질문 초점을 가지고 질문을 생성하는 데 어려움을 느낀다는 사실을 발견했다. 그녀가 "질문 있나요?"라고 묻자 학생들은 평소대로 반응했다. 몇몇 질문이 있었지만, 활동은 쉽게 이어지지 않았다. 그래서 그녀는 질문 초점을 다음과 같이 수정했다.

우리가 하는 선택들

질문 초점의 표현을 새롭게 바꾸자 민첸코는 즉각적이고 눈에 띄는 변화를 볼 수 있었다. 학생들은 뒤가 아니라 앞으로 몸을 숙였다. 학생들은 기록되고 있는 질문을 주의 깊게 쳐다보았다. 그리고 이전의 질문 초점으로는 끌어내지 못했던 많은 질문을 생성했다.

2) 질문이 아니다

당신은 질문으로 학생을 자극하는 데 익숙할지도 모른다. 그러나 학생들은 자신의 질문을 생성하는 것보다는 질문에 반응하는 것에 훨씬 익숙하기 때문에, 만약 당신이 질문 초점으로 질문을 사용한다면 매우 혼란스러울 수 있다.

이는 더 많은 질문을 자극하기 위해 절대 질문을 사용하지 말아야 한다는 것이 아니다. 질문은 효과적으로 작용할 수 있다. 그러나 교사가 질문 형식의 질문 초점을 사용하기 전에, 우선 학생들이 자기 자신의 질문을 던지는 데 더 많은 경험과 자신감을 가질 필요가 있다.

3) 새로운 방식의 사고를 자극하고 촉발한다

당신은 자신의 가정에 도전하고 주제나 당면한 과제를 다른 관점으로 바라보도록 학생을 자극하는 질문 초점을 생성할 수 있다. 이러한 자극적인 요소는 학생이 질문을 더 빨리 생성하도록 돕는다. 예를 들어, 마시 오스트버그(Marcy Ostberg)는 보스턴 주야간학교의 생물 수업에서 하나의 핵심 단어를 삽입함으로써 매우 밋밋한 질문 초점을 자극적으로 바꾸어놓았다. 그녀의 학생들은 보통 그들이 무언가를 해야 한다는 말을 듣기 싫어했다. 그녀가 학생들에게 다음 질문 초점에 대한 질문을 생성하게 하자, 그녀의 학생들은 과학적 방법을 더 깊이 탐구하고 이해하게 되었다.

과학적 방법은 지켜져야 한다

다른 고등학교의 역사 교사인 아리엘라 로스스타인(Ariela Rothstein)은 이민자와 시민권에 대한 단원을 가르치면서 미란다 대 애리조나 사건*을 사용해 질문 초점을 개발했다.

미란다 권리**는 항상 피고의 권리를 보호한다

이 질문 초점에서 항상이라는 단어는 즉각적으로 의문을 제기한다. 이 단어를 삭제했을 때 당신의 생각이 어떻게 변하는지 생각해보라. 그 진술은 여전히 효과적인 질문 초점으로 작용할 수 있겠지만, 빠른 시간 내에 많은 질문을 생성하는 것을 보장하지는 못할 것이다.

....

* 1963년 3월, 미국 애리조나 주 피닉스 시 경찰이 당시 21세였던 멕시코계 미국인 에르네스토 미란다를 납치·강간 혐의로 체포했다. 경찰서로 연행된 미란다는 피해자에 의해 범인으로 지목되었고, 변호사도 선임하지 않은 상태에서 2명의 경찰관에 의해 조사를 받았다. 미란다는 처음에는 무죄를 주장했으나 약 2시간 정도 심문을 받은 후 범행을 인정하는 구두 자백과 범행 자술서를 제출했다. 그러나 재판이 시작되자 미란다는 자신의 자백을 번복하고, 진술서를 증거로 인정하는 것에 이의를 제기했다. 애리조나 주법원은 그의 주장을 받아들이지 않고 원심에서 최저 20년, 최고 30년의 중 형을 선고했다. 그러나 연방대법원에선 결국 5:4의 표결로 변호사 선임권을 고지하지 않고, 강압적 조사로 받은 자백은 증거로 채택될 수 없다며 무죄를 선고했다. (출처: 두산백과)

** 수사기관이 범죄 용의자를 체포할 때 용의자에게 체포의 이유를 들을 권리, 변호인의 도움을 받을 수 있는 권리, 진술을 거부할 수 있는 권리 등이 있음을 미리 알려주어야 한다는 원칙이다. 1966년 선고된 미국 미란다 대 애리조나 판결에서 유래한다.

4) 교사의 선호나 성향을 드러내지 않는다

질문 초점의 목적은 학생에게 생각할 자유를 주는 것이다. 그러므로 당신이 선호하는 것을 학생이 알게 하거나 학생에게 너무 많은 지시를 주지 않도록 주의해야 한다. 여러분은 학생들이 자기 자신의 생각을 하기보다는 교사가 원하는 답을 찾으면서 시간을 보내는 모습을 많이 목격했을 것이다. 이와 같은 이유로 인해 당신은 질문 초점의 표현에 주의해야 한다. 당신이 바라는 질문이 무엇인지 찾느라 학생들은 너무 많은 지적 에너지를 소모할 수 있다.

예를 들어, 에머슨(Emerson)과 소로(Thoreau) 그리고 초월론자들*을 미국 역사상 가장 심오한 사상가라고 설명하며 한 단원을 가르친 후 자극적인 질문 초점을 제시하기 원한다면, 당신은 다음과 같은 질문 초점을 사용할 수 있다.

> **초월주의는 중요하지 않은 철학 운동이었다**

이것이 비록 당신의 견해가 아닐지라도 학생들은 당신의 마음을 읽어낼 것이고, 따라서 이 질문 초점은 새로운 확산적 사고를 자극하기보다는 오히려 혼란을 초래할 가능성이 높다. 대신 당신은 다음과 같은 질문 초점을 사용함으로써 학생들이 이미 당신의 입장으로 알고 있는 것에 대해 질문할 수 있게 하는 안전한 공간을 확보할 수 있다.

> **미국 역사에서 초월주의의 중요성**

이 질문 초점에 대해 역사적 영향, 기준, 표준, 관점, 흥미, 편견, 관련성 등의 측면을 살펴보게 하는 질문을 던짐으로써, 학생들은 당신의 입장으로 알고 있는 것을 탐구하고 질문할 권한을 부여받는다. 다른 방법으로는, 초점을 특수

---

* 18세기 이성주의에 반발하여 이성보다 직관과 감각을 이용하여 진리를 추구할 것을 주장하는 19세기 미국의 사상가들.

한 것에서 좀 더 일반적인 것으로 전환할 수 있다.

철학자의 중요성을 평가하기 위한 기준

단원의 끝에 제시되는 이러한 질문 초점을 통해 학생들은 배운 내용을 흡수하고 자신의 생각을 일반화할 수 있다. 학생에게 자극 제시문(예로, "철학자의 중요성을 평가하기 위한 기준에는 무엇이 있을까요?")에 반응하기보다 질문을 생성할 기회를 주는 것은 그들이 새로운 방식으로 사고할 가능성을 열어준다. 그 새로운 방식에는 당신의 방식과는 다른 방식도 포함된다.

네 번째 지침은 따르는 데 어려움이 있을 수 있다. 만약 질문 초점이 당신의 선호를 반영한다면 당신은 무의식적으로 질문의 방향을 이끌 수 있고, 어쩌면 그렇게 하기를 원할 수도 있다. 결국 질문 초점을 설계함으로써 학습 의제를 설정하는 것은 당신이다. 당신은 교육과정이 어디로 가야 할지, 곧 있을 시험에서 학생에게 무엇을 요구할 것인지를 알고 있다. 당신은 학생 사고를 특정한 방향으로 안내하는 것을 자제하는 것이 교사로서의 책임을 포기하는 것이라고 느낄 수도 있다. 그러나 교육적 방향에서 개인적 성향으로 가는 선을 넘는 것은 학생의 독립적인 사고를 제한할 것이다.

이번 장의 나머지 부분에서는 질문 초점의 목적 규정과 평가까지의 모든 단계를 소개하고, 다른 교사들이 이 도전 과제를 어떻게 다루었는지를 보여주는 예시를 제공할 것이다.

4 질문 초점 설계하기

질문 초점을 만드는 과정은 효과적인 자극 제시문을 생성하는 것만큼 익숙한 일이지만, 자극 제시문을 이용한 접근법에서 질문 초점으로의 변화는 처음

에는 일정 부분 연습을 필요로 한다. 교사는 다양한 아이디어를 시도해볼 수 있
지만, 모든 질문 초점의 설계는 다섯 가지 기본적인 단계로 구성된다([표 2-1]
참조). 질문 초점은 목적을 명료화하는 것으로 시작된다.

[표 2-1] 질문 초점 설계를 위한 단계

1. 목적을 정의한다	질문 초점을 사용함으로써 무엇을 달성하기를 원하는가? 당신의 교수 목적과 학습 결과를 항상 기억하라. · 흥미를 일으킨다. · 새로운 사고를 자극한다. · 이해를 심화한다. · 학생 이해에 대한 정보를 수집한다.
2. 가능한 아이디어를 생성한다	가능한 질문 초점에 대해 여러 개의 아이디어를 열거한다. 당신의 목적과 학생들이 이 질문들을 가지고 무엇을 할 것인지를 기억한다. 모든 유형의 아이디어를 진술, 그림 등 다양한 형식으로 열거한다. 다양한 아이디어를 적는 것이 효과적인 초점을 발견하기 위한 열쇠이다. 때로 처음으로 떠오른 아이디어는 당신의 목적을 달성하기 위한 최고의 아이디어가 아닐 수 있다. 여러 개의 아이디어가 있을 때, 평가 과정을 통해 당신의 목적에 부합하고 기준을 충족하는 하나의 아이디어를 선정할 수 있을 것이다. 동일한 아이디어를 제시하는 다양한 방법에 대해 생각하라. · 진술, 시각 자료 및 다른 전략을 열거한다. · 단순한 아이디어를 찾는다. · 진술은 가능한 간결하고 단순하게 유지한다.
3. 각 아이디어의 장점과 단점을 확인한다	열거된 각 질문 초점 아이디어를 보면서 이의 장점과 단점에 대해 생각한다. 기준을 염두에 두고 장점과 단점을 확인한다. · 명확한 초점이 있다 · 질문이 아니다 · 새로운 방식의 사고를 자극하고 촉발한다 · 교사의 선호나 성향을 드러내지 않는다 이 부분을 통해 당신은 초기 평가를 할 수 있고, 당신의 목적에 부합하는 아이디어로 좁힐 수 있다.
4. 하나의 질문 초점을 선정하고, 네 가지 기준을 토대로 평가한다	목록에서 당신의 목적에 가장 부합하는 아이디어 하나를 고르고, 이것이 단계3에 열거된 네 가지 기준을 충족하는지 살펴본다. 만약 선정한 질문 초점이 이 기준을 충족하지 못하면, 해당 질문 초점을 수정하거나 다른 아이디어를 선정하고 평가한다. 만약 이것이 기준을 충족하면, 설계의 다음 단계로 넘어간다.
5. 학생이 생각해낼 수 있는 질문을 상상한다	당신은 이제 당신의 목적에 맞는 질문 초점을 가지고 있다. 마지막 단계로, 학생들이 물을 가능성이 있는 질문들을 생각한다. 이 단계의 목적은 당신의 초점이 학생의 질문 생성을 도울 가능성과 그 질문이 흘러가는 방향을 평가하기 위함이다. 당신은 이 질문들을 사용하지는 않을 것이다.

1) 학생이 왜 질문을 형성하기를 원하는가?

질문 초점의 선정이나 설계는 목표를 염두에 두고 시작해야 한다. 학생에게 자기 자신의 질문을 던지도록 하는 목적은 무엇인가? 학생은 자신이 생성한 질문을 어떻게 사용할 것인가?

교사는 다양한 목적을 가지고 동일한 단원 내에서 한 번 혹은 여러 번 이 기법을 사용할 수 있다. 단원이 시작될 때 흥미를 유발하기 위해, 주제를 소개하기 위해, 학생의 현재 수준을 평가하거나 단원 중간에 더 깊은 이해를 촉발하기 위해, 새로운 방식의 탐구를 자극하기 위해, 장기 과제를 준비하기 위해, 더 연구가 필요한 부분에 대해 질문하면서 한 단원을 마무리 짓기 위해 등의 목적이 있다. 질문 초점을 설계할 때 교사는 학생이 자신의 질문을 생성한 후에 그것을 가지고 무엇을 할 것인지를 고려해야 한다. 학생이 연구 과제를 수행하도록 할 것인가, 에세이를 쓰도록 할 것인가, 실험을 수행하도록 할 것인가, 읽기를 위한 안내로 질문을 사용하도록 할 것인가? 아니면 학생의 사고를 자극하거나 교사의 수업 계획에 사용하기 위해 단지 질문을 생성하게만 할 것인가?

일단 이 목적이 분명하면 교사는 남은 네 가지 단계, 즉 가능한 질문 초점 아이디어 생성하기, 각 아이디어의 장점과 단점 확인하기, 사용할 질문 초점을 선정하고 좋은 질문 초점 기준을 토대로 질문 초점 평가하기, 선정한 질문 초점이 촉발할 거라 예상되는 질문의 유형 상상하기를 진행할 수 있다. 다음 두 가지 사례 연구를 통해 우리는 질문 초점을 설계하는 두 교사의 생각을 볼 수 있다.

2) 도시 지역 고등학교 인문학 수업에서 질문 초점 설계하기

보스턴의 한 고등학교에서 인문학 교사로 근무하고 있는 링-스 피트가 질문 초점을 개발하는 과정을 살펴보자. 그녀의 수업에서는 줄리아 알바레즈(Julia Alvarez)의 소설 『나비들의 시절(In the Time of the Butterflies)』*을 읽고 있는데, 이 소설에서 도미니카 공화국의 악랄한 트루히요(Trujillo) 정권은 고문을 사용한다. 그녀는 학생들이 이 소설을 읽으면서 고문의 목적과 실행이라는 문제를 고민하고, 이를 현재 일어나고 있는 관련 사건들과 연관시켜 생각하기를 원했다.

그녀는 테러 용의자에게 고문을 사용하는 것에 대한 미국인의 태도를 다룬 자료를 발견하고, 다음과 같은 질문 초점을 작성했다.

> 퓨 연구소(Pew Research Center)가 최근 시행한 여론조사에 따르면, 미국인—미국 성인—의 71퍼센트가 고문은 자주, 가끔 혹은 드물게 정당화될 수 있다고 답했다. 오직 25퍼센트만이 절대 정당화될 수 없다고 답했다.

이것은 효과적인 질문 초점인가? 이에 대한 답은 질문형성기법을 사용하는 목적에 따라 달라질 수 있다. 만약 피트가 주요 쟁점에 대한 미국인의 태도 변화나 여론조사 기법에 관한 수업을 가르치고 있다면, 학생들이 특정한 태도를 분명히 결정하는 것에 대한 어려움을 고려하기를 원할 것이다. 또한 여론조사가 어떻게 형성되고 수행되는지, 어떤 유형의 결론이 도출될 수 있는지를 탐구하기를 바랄 것이다. 이것들이 그녀의 목적이거나 그녀가 가르치는 내용이라면, 위의 조사 자료는 그 목적에 잘 부합한다. 이 질문 초점이 이러한 다양한 방향으로의 사고를 자극할 수 있기 때문이다.

그러나 이 질문 초점은 너무 많은 정보를 제공한다. 학생들은 다양한 통계 정보와 특정 여론조사 기관의 명칭, 응답의 단계적인 척도에 정신이 팔릴 수 있고, 이는 고문의 도덕적 의미와 정치적 의미에 대한 집중을 방해할 수 있다.

....

* 이 소설은 아직 국내에 번역 출간되지 않았으며, 이를 각색한 영화가 '도미니카의 붉은 장미'라는 제목으로 2001년에 개봉되었다.

피트는 대신 이 질문 초점을 선정했다.

고문은 정당화될 수 있다

이 표현은 그녀의 목적에 잘 부합한다. 학생들은 고문의 목적과 관련된 주요 주제에 집중할 수 있고, 처벌 대 고문 그리고 정당한 행동 대 비인간적인 행동에 대한 질문을 생성할 수 있다.

3) 도시 지역 고등학교 과학 수업에서 질문 초점 설계하기

마시 오스트버그는 오염에 관한 단원을 가르치고 있다. 그녀는 학생들이 이 주제를 공부하는 것이 왜 중요한지를 이해하고, 이 주제에 관심을 가지고 이해를 심화하며, 이에 대한 연구 프로젝트를 개발하기를 원했다. 그녀는 앨 고어(Al Gore)의 한 연설에서 학생들이 오염에 관한 연구의 중요성을 이해하는 데 도움이 될 것 같은 인용문을 발견했다.[2]

> 여전히 많은 사람들은 지구온난화가 문제라고 전혀 생각하지 않는다. 이 것은 신기한 일이 아니다. 그들은 오염을 일으키고 있는 사람들로부터 후한 자금 지원을 받고 있는 거대하고 잘 조직된 허위 정보 캠페인의 대상이기 때문이다. 이 오염 유발자들은 대기에 너무 많은 오염 물질을 버리는 행위를 중단하는 것이 그들의 이익에 영향을 줄 것을 두려워하면서, 지구온난화를 야기하는 온실가스 배출을 감축하고자 하는 모든 행동을 막으려고 안간힘을 쓰고 있다.

오스트버그는 이 인용문을 중심으로 자신의 수업을 계획했다. 이후 이 인용문이 학생들이 더 많이 배울 수 있도록 하는 흥미로운 사례인지 확인하기 위해 인용문을 다시 검토했다.

이 인용문은 일부 목적에 부합할 수 있다. 학생들이 환경 문제에 관한 앨 고어의 입장이나 지구온난화에 대해 경고하는 그의 역할을 알기를 원한다면, 혹은 지구온난화에 대한 허위 정보를 좀 더 자세하게 조사하기를 원한다면 말이다. 그녀는 자신이 선택한 질문 초점을 평가하기 위해 잠시 멈춰서 이의 장점과 단점에 대해 생각했다([표 2-2] 참조). 이 인용문은 분명 단순하지 않았다. 학생들은 앞으로 수행하게 될 과제와 직접적인 관련이 없는 일부 세부 사항을 쫓아가며 쉽게 다른 방향으로 빠질 수 있었다. 그리고 앨 고어에 대한 언급은 진술 이면에 있는 과학이 아니라 이 인물에 관심을 집중시킬 수 있었다. 오스트버그는 계획했던 과제로부터 학생들의 주의가 분산되는 것을 원하지 않았다. 그녀는 학생들이 연구 논문이나 실험 주제에 대해 생각하기 시작하고, 이를 찾아내기를 원했다. 고어의 정치적 분석은 학생들에게는 너무 광범위하게 느껴질 것이었다. 그녀는 학생들이 더 분명하게 집중할 수 있도록 도와야 했다.

[표 2-2] 제안된 질문 초점 평가하기

장점	단점
· 학생은 고어의 의견에 대해 배울 수 있다. · 질문이 아니다.	· 단순하지 않다. · 분명한 초점이 없다. · 세부 사항이 향후 과제와 직접적인 관련이 없다. · 인용된 인물이 너무 많은 관심을 끌 수 있다. · 진술 이면에 있는 과학에 대해 질문을 하는 활동으로부터 학생의 주의를 분산시킬 수 있다.

오스트버그의 경험은 학습 목표를 설정하고 전체 교육과정에 맞추어 수업을 계획하거나 특정 주제에 대한 학생의 흥미를 유발시켜야 하는, 질문 초점의 설계자로서 교사의 책임이나 권한을 어떻게 포기하지 않는지를 보여준다. 그녀는 비록 질문을 던지는 권한을 일시적으로 학생에게 위임하고 있지만, 질문 초점 설계에 있어서 교육적인 리더십 역할을 유지하고 있는 것이다.

오스트버그는 고어의 인용문 대신 다음과 같은 가능한 질문 초점 아이디어 목록을 새롭게 생성했다.

1. 오염.

2. 오염은 보스턴 주민들에게 피해를 준다.

3. 지구의 날(Earth Day)이 모든 오염 문제를 해결했다.

4. 오염이 유해하다면, 이를 증명하라.

5. 오염은 지구를 파괴하고 있다.

6. 오염을 보여주는 2~3개의 이미지.

이후 그녀는 각 초점 아이디어의 장점과 단점을 확인했다([표 2-3] 참조).

[표 2-3] 질문 초점 아이디어의 장점과 단점 확인하기

질문 초점 아이디어	장점	단점
1. 오염.	짧고 매력적이다. 학생들은 이를 토대로 생각을 확장할 수 있는 많은 배경지식을 가지고 있다.	너무 넓다. 초점이 부족하다.
2. 오염은 보스턴 주민들에게 피해를 준다.	우리 지역사회에 대해 더 많이 생각하도록 자극한다.	좁을 수 있다.
3. 지구의 날이 모든 오염 문제를 해결했다.	어제 이와 다른 견해를 보여주는 지구의 날에 대한 사진을 보았다.	너무 넓다.
4. 오염이 유해하다면, 이를 증명하라.	무엇이 실험적으로 증명될 수 있고 그 이유는 무엇인지 생각하도록 돕는 실험 한정적인 질문들이다.	너무 빨리 학생들에게 과제를 제시한다. 오염은 유해하다 혹은 오염은 유해하지 않다는 질문 초점이 더 효과적일 수 있다.
5. 오염은 지구를 파괴하고 있다.	가능한 연구 초점이다. 학생들에게 우리가 이야기해온 내용 중 일부를 상기시킨다.	아이디어를 좁히지 못한다. 또한 학생들이 우리 지역의 바깥을 생각하게 만든다.
6. 오염을 보여주는 2~3개의 이미지.	다른 교수 매체이다.	선택지가 너무 많다. 어떤 이미지가 적합한지를 어떻게 알 수 있는가?

각 아이디어의 장점과 단점을 고려한 후, 그녀는 '오염은 보스턴 주민들에게 피해를 준다'를 초점으로 사용하기로 결정하고, 앞서 논의된 네 가지 기준을 토대로 질문 초점을 평가했다([표 2-4] 참조). 이 초점은 기준 중 두 가지를 분명

하게 충족했으며, 동시에 이 쟁점이 절박한 것으로 느끼게 했다.

[표 2-4] 네 가지 기준을 토대로 질문 초점 평가하기

제시된 질문 초점: 오염은 보스턴 주민들에게 피해를 준다

Q-Focus는 기준을 충족하나요?

질문 초점 평가를 위한 기준	그렇다	아니다	그런 편이다
명확한 초점이 있다	X		
질문이 아니다	X		
새로운 방식의 사고를 자극하고 촉발한다			X
교사의 선호나 성향을 드러내지 않는다			X

설계 과정의 마지막 단계로, 오스트버그는 학생들이 물을 가능성이 있는 질문에 대해 생각했다. '어떤 유형의 오염이 주민들에게 피해를 주나요?', '오염은 어떻게 피해를 주나요?', '보스턴에서 가장 오염된 지역은 어디인가요?', '오염은 어떻게 해결될 수 있나요?' 등이다.

오스트버그는 교통 체증, 공장, 부영양화* 등 특정 유형의 오염을 살펴봄으로써 자신의 질문 초점을 한 단계 더 진전시키기로 결정했다. 학생들은 동일한 초점을 사용해 이 모든 영역을 탐구할 수 있다. 4장과 6장에서는 이 학생들이 생성한 질문들을 살펴볼 것이다.

5 질문 초점 설계하기의 문제 해결하기

효과적인 자극 제시문을 생성하는 과정과 마찬가지로, 당신은 더 많이 연

....

● 　강 · 바다 · 호수 등 수중 생태계의 영양 물질이 증가해 조류가 급속히 증식하는 현상. (출처: 두산백과)

습할수록 더 쉽게 효과적인 질문 초점을 개발할 수 있을 것이다. 여기에서는 이를 위한 몇 가지 조언을 제시한다.

- 하나의 목적을 정하고, 질문 초점은 가능한 한 단순하게 유지하려고 노력하라. 이 기법은 융통성 있게 활용할 수 있으므로 교사는 다양한 질문 초점 진술을 가지고 한 단원 내에서 여러 번 이 과정을 사용할 수 있다.

- 가능한 한 많은 아이디어를 생성하거나, 질문 초점 아이디어를 브레인스토밍하라. 생성된 아이디어들을 기준을 토대로 평가하는 단계를 건너뛰지 말라.

- 당신이 어떤 질문을 할 수 있는지를 상상해보라. 당신의 질문 초점을 가지고 동료들이 어떤 질문을 할 수 있는지 시험하라. 두 개나 세 개의 예를 시험해보라.

- 대안을 준비하라. 제시할 질문 초점에 대한 대안을 미리 계획하라. 교사가 선정한 질문 초점이 학생의 질문 생성을 돕는 데 실패한다면 이 대안이 문제를 해결하는 데 도움이 될 것이다.

- 네 가지 기준 중 당신의 선호나 성향을 질문 초점에서 배제하는 것이 가장 지키기 어려울 수 있다. 이를 명심하되, 너무 과도하게 신경 쓰지는 말라. 대신 질문 초점을 사용한 후, 자신이 너무 많은 또는 너무 적은 지시를 준 것이 아닌지 생각해보고, 다음 질문 초점을 사용할 때 이를 반영하라.

- 사진이나 다이어그램 또는 등식을 질문 초점으로 사용할 때는 이를 어떻게 명확하게 말로 표현할지를 생각해야 한다. 또한 시각 자료나 특정 자료를 질문 초점의 일부로 제시할 때에도 제시하는 것을 말로 표현하는 진술을 준비해야 한다. 그렇지 않으면 학생들은 무엇에 초점을 맞춰

야 할지 알지 못하고, 질문을 생성하지 못할 것이다. 자료에 동반되는 진술도 효과적인 질문 초점 기준을 충족해야 한다.

6 결론

이제 당신의 학생들은 질문을 던질 준비가 되었다. 그러나 학생들은 먼저 질문 생성 규칙의 중요성과 자기 자신의 질문을 생성하기 시작할 때 지켜야 할 것이 무엇인지에 대해 생각할 필요가 있다.

요점

- 효과적인 질문 초점의 설계는 효과적인 자극 제시문을 설계하는 작업과 매우 유사하다.
- 질문 초점은 학생의 질문을 자극하도록 설계되어야 한다.
- 질문 초점의 설계는 한 단원이나 수업에서 질문형성기법을 사용할 시점뿐만 아니라 교사의 목적에 따라서 달라질 것이다.
- 효과적인 초점을 개발하기 위한 과정의 일부로, 가능한 한 많은 질문 초점 아이디어를 생성해야 한다.

3 장

질문 생성 규칙 소개하기

초인지 연습

> " 자기 자신의 질문을 할 때 우리는
> 근본적으로 자신에게 도전하는 것이다. "

이 지점까지 당신은 왜 질문형성기법을 사용하는지, 이 기법이 당신의 학습 계획안에 어떻게 들어갈지에 대해 많이 고민해왔다. 그리고 당신은 학생의 질문 과정에 시동을 걸 질문 초점을 설계했다. 이제 어디에서 시작해야 할까? 새로운 아이디어와 폭넓은 사고―생산적인 확산적 사고의 바람직하지만 달성하기 어려운 결과―로 통하는 문을 열어주는 이 엄격하게 구조화된 과정을 실현하기 위해 무엇이 필요할까? 오랜 시행착오의 과정을 통해 우리는 확산적 사고의 모범 사례에서 네 가지 규칙을 추출했다. 일단 질문 초점이 준비되면, 다음 단계는 우리가 소위 질문 생성 규칙(Rules for Producing Questions)이라

질문 생성 규칙

1. 가능한 한 많은 질문을 한다.
2. 어떤 질문이라도 토의, 판단, 답하기 위해 멈추지 않는다.
3. 진술된 대로 정확하게 모든 질문을 적는다.
4. 진술은 질문으로 바꾼다.

고 부르는 것을 학생들에게 소개하는 것이다.

이 규칙들은 학생이 질문을 하기 시작하도록 만드는 강력한 도구이다. 이 규칙들은 믿기 힘들 정도로 간단하다. 학생들은 이 규칙들을 힐끔 쳐다보고 별로 중요하지 않은 것으로 간주한 후 어깨를 으쓱하며 교사의 다음 지시를 기다릴 수도 있다. 그러나 보이는 것이 다가 아니다. 이 규칙들은 오랜 시간에 걸쳐 만들어졌다. 규칙을 네 개로 좁히는 데 7년이 걸렸다. 이 7년 동안 우리는 확산적 사고 과정을 촉발하기 위해 적용 가능한 수십 개의 지침을 시도하고 내던졌다. 우리의 목적은 아인슈타인이 말한 바와 같이 "가능한 한 간단하지만, 지나치게 간단하지 않은" 무언가를 만드는 것이었다. 물론 카를 융(Carl Jung)도 이에 대해 "간단함이 모든 것 중 가장 어려운 일만 아니었어도, 간단해서 해볼 만했을 텐데"라고 말했다.[1] 아마도 네 가지 규칙을 만드는 우리의 작업을 가장 잘 묘사한 것은 (첼리스트 요요마의 스승인) 현대 작곡가 얼 킴(Earl Kim)의 격언을 따랐다는 말일 것이다. 그는 목적이란 "모든 것을 최대한으로 압축하는 것이다"라고 말했다.[2] 최종적으로 우리는 이 네 가지 규칙이, 학생과 교사에게 너무 많은 규칙으로 부담을 줬을 때와 동일하거나 보다 나은 결과를 일관되게 도출할 수 있는 구체적인 공식이라는 것을 발견했다.

이 네 가지 규칙은 각각 효과적인 질문 형성을 도와주는 행동을 촉진한다 ([표 3-1] 참조). 그리고 이 규칙들이 함께 사용되었을 때 그 결과는 대단하다. 교사는 학생의 참여와 사고의 깊이가 극적으로 개선되는 것을 목격한다. 가능한 한 간단한 규칙을 만들기 위해 우리는 때때로 이 규칙 중 어느 것을 삭제하려고 시도하기도 했지만, 곧 그럴 수 없다는 사실을 깨달았다. 이 네 가지 규칙 중 어느 하나가 사라지면 질문형성기법의 기반이 허물어진다. 마법은 사라지고 사고 과정은 멈춰 선다.

[표 3-1] 질문 생성 규칙의 사용이 가져오는 변화

규칙	무엇을 달성하는가?
1. 가능한 한 많은 질문을 한다.	질문할 권한을 부여한다.
2. 어떤 질문이라도 토의, 판단, 답하기 위해 멈추지 않는다.	안전한 공간과 보호를 제공한다.
3. 진술된 대로 정확하게 모든 질문을 적는다.	모든 질문과 목소리가 존중받을 수 있는 공정한 경쟁의 장을 조성한다.
4. 진술은 질문으로 바꾼다.	진술이 아닌 질문으로 표현하고 묻고 생각하는 규율을 요구한다.

1 질문 생성 규칙에 대한 토의의 어려움과 가치 발견하기

규칙과 확산적 사고는 잘 어우러질 수 있는가? 이 둘은 정반대처럼 보인다. 하나는 제약과 한계를 요구하고, 다른 하나는 가정과 추측 그리고 다양한 방향으로의 열린 탐구를 장려한다.

그러나 당신이 학생에게 새로운 지적 과제, 다시 말해 완전히 새로운 방식으로 많은 부담을 지울 수 있는 과제를 요구할 때, 학생은 그 과정에서 자신을 이끌어줄 구조가 필요할 것이다. 학생이 자신이 경험했던 모든 일 중에서 가장 자신 없는 작업, 즉 교사의 질문에 반응하는 것에서 자신의 질문을 생성하는 것으로의 역할 전환에 착수할 때, 질문 생성 규칙은 열린 사고 과정으로 이끌어주는 형태와 구조를 제시하여 학생의 불안감을 덜어준다.

질문 생성 규칙은 서로 정교하게 연결되어 있다. 각 규칙은 다른 규칙의 도움을 받아 학생의 질문 생성을 돕는 더 강력한 자원이 된다. 여기에서는 학생의 확산적 사고를 끌어내기 위해 각 규칙이 수행하는 역할에 대해 차례대로 살펴볼 것이다.

규칙 1: 가능한 한 많은 질문을 한다

이 규칙은 충분히 분명해 보인다. 시작하라. 질문하라. 무엇이 이보다 더 간단할 수 있겠는가?

그러나 지혜와 힘든 경험은 많은 교사들에게 이것이 그리 간단하지 않다는 사실을 가르쳐주었다. 우리를 자동차 정비사, 변호사, 하얀 가운을 입고 청진기를 든 사람 앞에 데려가 보아라. 그러면 갑자기 이보다 더 어려운 일은 없는 것처럼 느껴질 것이다. 자신의 분야나 전문 지식과 관련이 없는 환경에서 질문을 생성하는 것은 어려운 지적 작업이다. 질문 생성은 수년간의 전문적인 훈련과 경험으로 연마하고 시험해야 하는 능력이다. 어떠한 환경에서든 전문가가 될 수 있는 사람은 더 많은 지식을 소유한 사람—답을 줄 수 있는 능력이 있는 사람—이며, 동시에 무엇을 질문해야 할지 아는 사람이다.

바로 이러한 이유 때문에 첫 번째 규칙이 단독으로 제시되었을 때 일부 학생은 멍한 표정이 될 수 있다. 그런데 이러한 멍한 표정은 당신이 볼 수 있는 가장 좋은 표정일 수도 있다. "나한테 질문을 생각하라니 무슨 말이야?! 그건 당신 일이잖아!"라고 말하는 어리둥절하고 혼란스러워하고 실망하고 짜증난 표정보다는 다루기가 쉽기 때문이다.

학생들의 말이 옳을지도 모른다. 질문 생성은 그들이 정규 교육을 받는 동안, 그리고 당신도 알다시피 당신이 가르치는 동안 줄곧 교사의 일이었다.

이와 같이 '가능한 한 많은 질문을 한다'는 규칙은 모든 학생이 질문 생성을 시작하게 하는 데 충분하지 않을 수 있다. 그렇다면 이 규칙은 다른 규칙에 대한 고려나 그것의 뒷받침 없이 단독으로 무엇을 할 수 있을까?

다수의 학생은 아닐지라도, 일부 학생에게 이 규칙은 게임의 흐름을 바꾸는 중대한 사건일 수 있다. 많은 교실에서 교사는 침묵과 저항의 처음 몇 분이 흐른 뒤 바퀴가 돌아가기 시작하는 것을 볼 수 있다. 학생들은 전에 한 번도 이

걸 하지 않은 이유가 궁금하다는 듯이 '이거 재미있는데!'라는 표정을 짓고 있다. 거기에는 지금까지 해소되기를 기다려온 억눌린 지적 에너지가 있다. 이 규칙은 학생에게 질문을 할 권한을 부여한다.

규칙 2: 어떤 질문이라도 토의, 판단, 답하기 위해 멈추지 않는다

첫 번째 규칙은 질문 형성 과정에 시동을 거는 데 필요하지만, 앞에서 언급한 바와 같이 다수의 학생이 질문을 하게 하는 데에는 충분하지 않다. 이 규칙은 도움을 필요로 한다. 바로 여기에서 두 번째 규칙이 필요하다.

규칙 1은 학생에게 질문을 할 권한을 부여한다. 규칙 2는 학생에게서 질문을 토의할 수 있는 권리를 잠시 동안 박탈한다. 첫 번째 규칙이 긍정적 명령이라면, 두 번째 규칙은 세 개의 분리된 부분으로 이루어진 부정적 명령이다.

❶ 토의하기 위해 멈추지 않는다_ 효율성을 위한 도구

두 번째 규칙은 부자연스러운 행동을 요구한다. 학생은 질문할 수 있지만, 아직은 어느 누구에게도 그 질문이 불러올 수 있는 생각에 대해 반응하거나 토의하거나 공유하는 것이 허락되지 않는다. 이 과정은 질문—모든 질문—뒤에는 오직 질문만이 따라올 것을 요구한다. 질문이 던져질 때마다 같은 규칙이 적용된다. 학생은 계속해서 질문하되, 그것에 대해 토의하기 위해 멈춰서는 안 된다.

왜? 규칙 1에 의해 촉발된 질문의 흐름을 끊는 것은 '많은 질문을 하는' 과정에 도움이 되지 않기 때문이다. 이 규칙은 토의나 모임에서 첫 번째로 제기된 질문을 한 시간 동안 철저히 토의했던 무수한 경험을 토대로 도출되었다. 이 토의로 모두가 지쳐버리고 나서야 누군가가 말한다. 아마도 초점이 '잘못된' 질문에 맞춰진 것 같다고.

답을 향해 직진하지 않고 질문에 시간을 보내는 것은 우회로처럼 보일 수 있지만, 종국에는 지름길이 될 수 있다. 비생산적일지도 모르는 질문에 대해 토의하느라 낭비하는 시간이 없기 때문이다. 학생들도 당신도 많은 질문을 생성하고 (그리고 당신이 이 규칙을 시행하고) 질문형성기법의 다음 단계로 넘어가기 위해 이 질문들을 확인하기 전까지는, 어떤 질문이 토의할 가치가 있는지 정확하게 알 수 없다.

❷ 판단하기 위해 멈추지 않는다_ 대등하게 하는 힘

규칙 2는 효율성 이상의 의미를 가진다. 이 규칙은 학생들에게 침묵하게 되거나 끌려가게 되던 지금까지의 경험에 맞설 수 있는, 미세하지만 강력한 대항력을 제공한다.

우리는 거의 질문을 하지 않을뿐더러 용기를 내어 의견을 냈을 때조차 존중받지 못하는 사람들이 직면하게 되는 어려움을 보고 이 규칙의 '판단하지 않는다'라는 요소를 도출했다. 질문을 던지는 것은 용기 있는 행위일 수 있으며 "그건 어리석은 질문이야"라고 즉시 받아치거나 ─더 미묘하게, 순수하게, 혹은 교묘하게는─"음, 내 생각에는 이렇게 생각하는 게 더 나을 것 같은데, 아니면 …라고 다르게 질문하든가"라고 말하는 성급한 판단이야말로 다시 질문하려는 용기를 꺾는 행위일 것이다.

어느 경우든 질문은 중단되기 마련이다. 이런 일은 항상 발생한다. 교실에서, 교무실에서, 또는 회사의 업무 회의에서, 머뭇거리며 질문이 던져지고 바로 이에 대한 판단이 이루어진다. 그리고 대화는 중단된다. 이는 SAT 만점을 받은 학생이 자신이 한 질문이 혹시라도 바보같이 들릴까 봐 두려워하는 교실에서도, 동년배에 비해 읽기 수준이 몇 학년 떨어지고 슬프게도 지금까지 자신이 멍청하다고 믿게 만드는 메시지를 받아들여 온 학생이 공부하는 교실에서도 발생한다. 규칙 2는 이러한 상황을 전환하기 위해, 또한 판단에 대한 공포를 내면화한 학생이 망설이며 내뱉는 "바보같이 들릴지 모르지만 …" 혹은 "이게 바보 같은 질문이라는 건 알지만 …"과 같은 언급을 사라지게 하기 위해 설계되었다.

이 규칙을 적용하고 준수하는 것은 독립적인 사고를 너무 자주 무력화시키는, 의도하지 않았고 잘 드러나지도 않지만 분명히 존재하는 흐름을 변화시키는 데 도움이 될 수 있다.

❸ 답하기 위해 멈추지 않는다_ 아이디어의 폐쇄가 아닌 개방

친구의 무례한 말은 그 자체로 충분히 위협적이다. 그러나 성급한 판단보다 더 빨리 확산적 사고 과정에 제동을 거는 것이 있다. 바로 답이다.

질문을 토의하기 위해 멈추는 것이 더 많은 질문 생성에 방해가 되는 것처럼, 질문에 답을 하려는 시도 또한 질문의 생성을 방해한다. 심지어 그 답이 작은 사실적 문제로서 명확할 때조차 말이다. 물론 누군가에게는 명확해 보이는 답이 다른 사람에게는 다르게 보일 수 있으며, '간단하고 빠른' 답은 전체 과정을 방해할 수 있다. 질문 형성 과정은 학생에게 질문에 대한 답을 생각할 시점을 제공하겠지만, 지금은 확산적 사고를 위한 단계이다. 그러므로 이 단계에서 답은 질문, 오직 질문에 자리를 양보해야 한다.

어떤 질문이든 토의하기 위해 멈추지 않고, 판단하기 위해 멈추지 않고, 답하기 위해 멈추지 않는다는 이 세 가지 부정적 명령은 무엇보다도 질문 형성 과정이 자리를 잡을 수 있도록 안전한 공간을 제공하기 위한 특수한 기제이다.

규칙 3: 진술된 대로 정확하게 모든 질문을 적는다

몇 세대 동안 교사는 학생을 돕기 위해 학생 질문을 고쳐 말하도록 훈련받아왔다. 교수 및 학습 목적에 더 잘 부합하도록 한 단어를 첨가하거나 누락하

거나 다른 단어로 바꾸거나 혹은 필요하다면 질문의 의미마저 바꾸어놓으면서
말이다. 때로는 의식적으로, 때로는 습관적으로, 교사는 결국 학생을 대신해 생
각해왔다.

　모든 영역에 걸쳐 교사의 쓰기 기능 육성을 돕는 단체인 라이트보스턴
(WriteBoston)에서 교사로 일하고 있는 레베카 스타이니츠(Rebecca Steinitz)는
이 규칙의 중요성을 깨닫고 말문이 막혀버렸다. "저는 대학 수준을 포함해서
모든 수준의 학생을 가르쳐왔어요. 이제는 항상 학생의 질문을 고치고 있었던,
다시 말해 '아, 그러니까 넌 실제로는 …라고 묻고 있는 거지' 또는 '그래서 넌
…라고 물으려는 거지'라고 말하거나 한 마디 설명도 없이 한 개, 두 개 혹은 세
개의 단어를 고쳐서 '더 나은' 질문을 칠판에 적던 제 자신을 볼 수 있어요." 그
러나 그녀는 자신의 행동을 돌이켜보면서 다음과 같은 사실을 깨달았다. "제가
학생의 질문을 '더 낫게 만든 것'은 아니었어요. 저는 학생의 질문을 제가 생각
하는 질문으로 바꾸었던 거죠. 우리 교사들은 분명 그렇게 하도록 요구받아요.
그러니까 학생의 질문을 받아서 그 질문을 모든 반 구성원이 생각했으면 하는
질문으로 바꾸어놓는 거죠."

　스타이니츠가 명확하게 언급한 바와 같이, 질문 수정은 오랫동안 선의에
기반을 둔 행위였고 교수 관행이라는 오랜 전통에 의해 강화되었다. 규칙 3은
이 모든 것을 변화시킨다. 이 규칙은 질문을 존중하고 인정하며, 질문한 학생의
자신감을 증대시킨다. 또한 학생에게 생성된 질문에 대한 소유권을 온전히 보
장하고 모든 목소리가 들릴 수 있도록 한다. 본질적으로 이 규칙은 모든 질문과 목
소리가 존중받을 수 있도록 공정한 경쟁의 장을 조성한다.

　일단 학생들이 이 규칙을 알게 되면 서로를 도와줄 수 있고, 진술된 대로
정확하게 질문을 기록하는 데 기록자와 학생들이 책임을 질 수 있다.

"이상한 규칙이네요." 보스턴 주야간학교의 한 교사는 이 규칙을 처음 보았을 때 이렇게 말했다. "여기에서 요점은 질문을 하는 거예요. 그런데 왜 이런 규칙이 필요하죠?"

이 규칙은 정말 이상해 보인다. 많은 사람들이 실제로는 진술을 하면서 자신이 질문을 하고 있다고 생각한다는 사실을 배제한다면 말이다. 질문의 용어와 형태가 엉성하게 사용되면 몇몇 의도의 표현과 탐구의 표현을 구분하는 것이 어려워진다. 매 학기마다 고등 교육을 받은 그룹과 제한된 읽기와 쓰기 능력을 가진 그룹 모두에서, 학생들이 진술을 하고는 자신이 질문을 했다고 확신하는 모습을 목격한다. 학생들은 자신이 말한 내용에 대해 알고 싶은 것이 있기 때문에 종종 자신이 질문을 하고 있다고 착각한다. 그러나 이들은 자신의 생각을 질문 형식으로 만드는 데 큰 어려움을 겪는다.

이 습관은 고쳐질 수 있을까? 쉽지는 않지만, 이 규칙이 도움이 된다. 질문 같은 진술과 실제 질문 사이의 차이를 살펴보자.

"아무도 그 일이 왜 발생했는지 설명할 수 없다."

이 표현은 문장 안에 왜라는 단어가 실제로 포함되어 있기 때문에 까다롭다. 그러나 이 표현은 질문이 아니라 단언(斷言)이다—아마도 부정확한 단언일 것이다. 학생은 이 규칙에 따라 위의 진술을 분해하고 거기에서 질문을 추출할 수 있다. 기회가 주어진다면, 학생은 다음과 같은 질문으로 나아갈 것이다.

"왜 그 일이 발생했는지 설명할 수 있는 사람이 있나요?"

또는

"그 일은 왜 발생했나요?"

때로는 문장 끝을 올리는 것만으로도 충분히 질문을 만들 수 있다. 예를 들어, 한 학생은 "그 과제는 어렵다?"라고 말할 수 있다. 그러나 진술을 질문으로 바꾸도록 요구받았을 때, 학생은 "그 과제는 어려울까요?"로 나아갈 수 있다. 그리고 아마도 "그 과제는 얼마나 어려울까요?"까지 진전할지도 모른다. 질문 생성 규칙은 질문의 질을 평가하기 위한 것이 아니라 질문, 오직 질문만이 제기되도록 보장하기 위한 것이다. 규칙 4는 진술이 아닌 질문으로 표현하고 묻고 생각하는 규율을 요구한다.

2 질문 생성 규칙 소개와 토의하기

교사는 질문 초점을 소개하기 전에 질문 생성 규칙의 가치와 이에 수반되는 어려움에 관한 토의를 촉진해야 한다([표 3-2]는 이 토의에서의 교사와 학생의 역할을 보여준다). 이러한 토의가 선행될 때 학생은 계획적으로 자신의 질문을 생성하면서 경험하는 새로운 방식의 활동과 사고를 내면화할 수 있다. 또한 학생은 이 규칙이 새로운 방식으로 사고하고 자신의 질문을 개발하는 데 어떻게 도움이 될 수 있는지에 대해 생각하면서 초인지 기능도 연습할 수 있을 것이다.

[표 3-2] 규칙 토의에서 교사와 학생의 역할

교사 역할	학생 역할
• 규칙을 소개한다. • 규칙에 수반되는 어려움에 관한 토의를 촉진한다.	• 규칙에 대해 생각하고 이에 수반되는 어려움에 대해 말한다.

학생이 처음으로 질문형성기법을 경험할 때 질문 생성 규칙을 소개하고 토의하는 과정은 전체적인 이해와 분석을 위해 5분에서 7분 정도 소요된다. 그 후 질문형성기법 과정을 다시 사용할 때는 규칙을 좀 더 간략하게 복습할 수 있다.

1) 규칙 소개하기

규칙 소개는 다음 과정을 따를 수 있다.

① 규칙 토의

토의를 어떻게 수행할 것인지를 결정한다. 예를 들어, 다음 방법 중 하나를 사용할 수 있다.

- 학생들은 2~3분 동안 개별적으로 규칙에 대해 생각한다. 그 후 모둠을 지어 서로의 생각을 공유하거나 반 전체에 자신의 생각을 발표할 수 있다.

- 학생들은 모둠을 형성해 3~4분 동안 규칙을 토의하고, 반 전체에 이를 발표한다. 한 학생이 기록자의 역할을 한다. 기록자 또한 규칙에 대해 생각한다. 반 전체에 대한 발표는 기록자가 하거나 모둠 구성원이 할 수 있다.

- 반 전체가 5분 동안 규칙을 토의한다. 교사는 학생을 관찰하거나, 학생에게 규칙 준수를 상기시키기 위한 용도로 학생 의견을 차트에 기록할 수 있다.

② 질문 초점

질문 생성을 위해 사용할 질문 초점을 소개할 것이라고 학생들에게 알려준다.

③ 규칙을 소개한다

- 첫 번째 사용: 학생에게 규칙을 검토하게 하고, 이 규칙을 따를 때 겪을 수 있는 어려움에 대해 말하게 한다. 학생들은 모둠에서 규칙을 토의한 뒤 이를 반 전체에 발표하거나 간단하게 반 전체로 토의한다.

- 이후의 사용: 이 과정을 사용할 때마다 규칙을 복습하고 학생들에게 규칙을 상기시킨다.

2) 새로운 기대감 조성하기

학생들은 전통적인 브레인스토밍에 익숙할 수 있다. 그들은 다수의 질문을 생성하는 것에만 집중해본 경험이 많지는 않을 것이다. 그러므로 그들은 질문 생성 규칙이 가지는 의미에 대해 생각할 몇 분 동안의 시간이 필요할 것이다. 이는 특히 처음으로 질문 형성 과정을 접할 때 중요한 초인지 연습이 된다. 그들은 규칙 전체를 따를 때뿐 아니라 개별적인 규칙을 따를 때 겪을 수 있는 어려움에 대해서도 생각할 시간이 필요하다. 또한 다른 방식으로 사고하고 행동하고 있는 자기 자신, 즉 습관적인 반응이나 몸에 깊이 밴 사고와 토의 방식을 버린 자기 자신을 상상해볼 시간이 필요하다. 특히, 규칙에 대한 토의는 질문 초점을 소개하기 전에 수행하는 것이 중요하다. 학생이 질문 초점을 먼저 들으면 그것에 대해 생각하기 시작할 것이고, 그러면 그들은 규칙이 요구하는 변화를 내면화할 준비를 하지 못할 것이다.

3) 규칙 토의하기

학생들이 모둠으로 토의하거나 반 전체로 의견을 공유할 때 교사는 학생들이 규칙을 지키는 어려움에 대해 다양한 의견을 가지고 있다는 사실을 발견하게 될 것이다. 일부 학생은 어떤 규칙이 다른 규칙보다 지키기 어렵다고 여길지도 모른다. 그러나 의견의 차이를 문제 삼아서는 안 된다. 학생들은 이 쟁점에 대해 동의하거나 합의에 도달할 필요가 없다. 목적은 질문 생성 규칙과 이 규칙이 앞으로의 사고 활동에 미치게 될 영향에 대한 인식을 제고하는 것이다. 학생이 실제로 질문을 생성하면 규칙에 수반되는 어려움에 대해 더 잘 인지하게 될 것이다.

　이제 토의를 촉진하기 위한 몇 가지 활동의 예를 살펴보자. 첫 번째 예는 학생들에게 각 규칙의 난이도를 매기고, 그렇게 난이도를 정한 이유를 설명하라고 요구한다. 두 번째 예는 학생들에게 규칙을 전체적으로 살펴보고 가장 따르기 어려운 규칙 하나를 선택한 후, 그에 대한 이유를 제시하도록 한다.

예① 난이도 선정 및 이유 제시하기

　각 규칙에 대해 "이 규칙은 따르기 쉬운가요 아니면 어려운가요? 그리고 그 이유는?"을 설명한다. 교사는 다음 견본을 활용할 수 있다.

—— ● 각 규칙의 난이도를 토의하기 위한 견본

1. 가능한 한 많은 질문을 한다.	
＿＿ 쉽다 ＿＿ 어렵다 ＿＿ 모르겠다	이유는?

2. 어떤 질문이라도 토의, 판단, 답하기 위해 멈추지 않는다.	
＿＿ 쉽다 ＿＿ 어렵다 ＿＿ 모르겠다	이유는?

3. 진술된 대로 정확하게 모든 질문을 적는다.	
＿＿ 쉽다 ＿＿ 어렵다 ＿＿ 모르겠다	이유는?

4. 진술은 질문으로 바꾼다.	
＿＿ 쉽다 ＿＿ 어렵다 ＿＿ 모르겠다	이유는?

이 활동의 가치는 학생들이 모든 규칙을 하나하나 생각할 수 있다는 점이다. 이 활동에 대해 가능한 반응은 다음과 같다.

1. 가능한 한 많은 질문을 한다.
- 쉽다 — 생각나는 대로 질문할 수 있다.
- 쉽다 — 우리는 말이 많아서 이건 쉽다.

2. 어떤 질문이라도 토의, 판단, 답하기 위해 멈추지 않는다.
- 어렵다 — 우리가 답을 원할 거 같아서.
- 어렵다 — 우리는 토의하는 걸 좋아한다.

3. 진술된 대로 정확하게 모든 질문을 적는다.
- 어렵다 — 모든 것을 진술된 대로 적는 것은 어려운 일이다.
- 모르겠다 — 가끔은 질문을 연달아 적는 것이 어렵다.

4. 진술은 질문으로 바꾼다.
- 쉽다 — 이건 다시 말하는 것이다.
- 모르겠다 — 그 진술이 실제로 묻고 있는 게 무엇인지 모를 수 있다.

예② 규칙 준수의 어려움 설명하기

"이 규칙들을 따를 때 무엇이 어려울 것이라고 생각하나요? 그리고 그 이유는?" 다음 견본을 활용할 수 있다.

──● 규칙 준수의 어려움을 토의하기 위한 견본

아래 규칙들을 따를 때 무엇이 어려울 것이라고 생각하나요?

1. 가능한 한 많은 질문을 한다.
2. 어떤 질문이라도 토의, 판단, 답하기 위해 멈추지 않는다.
3. 진술된 대로 정확하게 모든 질문을 적는다.
4. 진술은 질문으로 바꾼다.

이유는?

이 활동의 가치는 학생들이 규칙을 전체적으로 살펴보고 이를 지킬 때 발생할 수 있는 어려움에 대해 설명한다는 것이다. 규칙 준수에 따르는 어려움에 대한 토의에서 나올 수 있는 전형적인 반응은 다음과 같다.

1. 가능한 한 많은 질문을 한다.
- 무엇을 물어야 할지 모르겠다.
- 할 질문이 없다.
- 오직 질문만 생각하는 것은 어렵다.

2. 어떤 질문이라도 토의, 판단, 답하기 위해 멈추지 않는다.
- 질문을 멈추면 토의하려 하기 때문에 어려울 것 같다.
- 누군가가 무언가를 물으면, 아마도 답하고 싶을 것이다.

3. 진술된 대로 정확하게 모든 질문을 적는다.
- 어려울 수 있다―질문을 들었지만 단어를 놓칠 수 있다.
- 수정하지 않는 것이 어려울 것 같다.

4. 진술은 질문으로 바꾼다.
- 진술의 내용에 따라 하기 어려울 수 있다.
- 진술을 동일한 의미의 질문으로 바꾸는 것은 어려울 것 같다.

당신은 학생이 생각하고 토의하는 것을 돕기 위해 다양한 질문과 활동을 선택할 수 있다. 교사는 처음 또는 심지어 두 번째로 질문형성기법을 사용할 때에도 질문 생성 규칙에 대한 토의를 생략해서는 안 된다. 이 토의를 통해 학생은 질문을 생성할 때 자신이 사용할 규칙의 영향에 대해 생각할 기회를 갖는다.

3 규칙 소개와 토의하기의 문제 해결하기

여기에서는 규칙을 소개할 때 당신이 겪을 수 있는 세 가지 어려움과 이를 해결하기 위한 몇몇 조언을 제시한다.

❶ 학생이 규칙을 지키는 데 따르는 어려움을 발견하지 못한다.

학생이 규칙을 따르는 것이 어려울 거라고 생각하지 않더라도 걱정하지 말라. 이 시점에서 앞으로의 과정은 단지 추상적인 개념이다. 실제로 규칙을 따라야 하는 질문 생성 단계에 들어갈 때 어려움은 보다 명확해질 것이다. 만약 학생이 규칙 준수에 따르는 어떤 어려움도 말하지 못한다면, 당신은 다음과 같이할 수 있다.

- "이 규칙들은 우리가 보통 활동하는 방식과 어떻게 다른가요?"라고 묻는다.
- 한 개 혹은 그 이상의 규칙을 선정한 후, "이 규칙은 당신의 질문 생성에 어떤 도움을 줄까요? 이 규칙을 따를 때 어떤 점이 다를 거라고 생각하나요?"라고 묻는다.

❷ 학생이 규칙을 지키는 데 따르는 어려움의 핵심을 파악하지 못한다.

학생들은 이 과정에서 규칙을 다시 논의할 기회를 가질 것이다. 학생들에게 그들이 무엇을 놓쳤는지 말해주지 말라. 이 과정의 목적은 학생이 스스로 생각하도록 하는 것이다. 규칙에 대한 토의는 당신과 학생들이 앞으로 어떻게 협력해나갈 것인지에 대한 토대가 된다. 만약 당신이 학생들에게 이를 말해준다면 학생들은 앞으로도 계속 당신이 그렇게 행동할 것이라고 기대할 것이고, 이는 당신이 교정하기를 원하는 바로 그 행동이다.

❸ 규칙에 대한 합의가 이루어지지 않는다.

여기에서 목적은 규칙을 다른 관점에서 생각하고 바라보며, 다른 의견을 수용하는 것이다. 당신은 어떤 규칙을 따르는 것이 쉬울지 혹은 어려울지에 대해 의견이 갈리는 것을 매우 자주 목격할 것이다. 그저 단순하게 "수고했어요"라고 말하며 학생의 다양한 의견을 인정하라.

4 결론

이제 학생들은 자신들이 따라야 할 규칙이 무엇인지, 자신들이 하게 될 행동이 무엇인지를 알고 있다. 다음 단계는 이제 당신이 질문 초점을 제시할 것이고 학생들이 자기 자신의 질문을 생성하기 시작할 것이라는 사실을 명확히 밝히는 것이다.

요점: 질문 생성 규칙 소개 및 토의하기

- 이 활동이 너무 길어서는 안 된다. 5분에서 7분이면 충분할 것이다.

- 학생들은 모둠 혹은 반 전체로 규칙을 토의할 수 있다.

- 질문 형성 과정에서 이 부분을 생략해서는 안 된다.

4 장

학생, 질문을 생성하다

확산적 사고의 촉발

> 더 많은 질문을 던질수록 우리의 머릿속에는 더 많은
> 생각이 떠오르고, 이는 학습을 확장하도록 돕는다.

학생이 질문을 생성할 시간이다. 이제 모둠 활동이 본격적으로 시작된다. 그렇다, 모둠 활동 말이다. 수년에 걸쳐 당신은 모둠 활동이 얼마나 효과적일 수 있는지 그리고 얼마나 어려울 수 있는지를 경험했다. 당신은 모둠 활동을 촉진하고 관련된 문제를 해결하는 자신만의 방법을 파악하고 있을 것이고, 그 기능 중 일부를 여기에 적용할 수도 있다. 당신은 이번 활동이 모둠 활동 과정에 새로운 도전을 추가하려는 것이기 때문에 훨씬 더 어려울 것이라고 생각할 수 있다. 학생들은 그들이 이전에 한 번도 해본 적이 없는 무언가를 하게 될 것이다. 바로 자기 자신의 질문 목록을 생성하는 것이다.

이번 장에서 우리는 한 장의 백지를 들고 시작하는, 매우 다른 세 가지 환경에 놓인 학생들을 만나게 될 것이다. 그들은 짧은 시간 내에 자신들의 텅 빈 종이를 질문 목록으로 채울 것이고, 이 질문 목록에는 질문 형식으로 표출된 그들 자신의 생각과 새로운 사고 과정 그리고 이전에는 논리가 서 있지 않았던 아이디어와 관심들이 담길 것이다.

1 교사의 역할: 학생 자신이 질문을 생성하도록 촉진하기

12학년 인문학 수업에서 링-스 피트는 25명의 학생들이 소설의 도덕적 주제를 깊이 있게 이해하는 것을 돕기 위해 질문형성기법을 사용하고 있다. 마시 오스트버그는 12명으로 이루어진 모둠이 생물 교육과정에서 다루는 관찰 가능한 현상을 이해하는 것을 돕기 위해 질문형성기법을 사용하고 있다. 헤일리 뒤퓌는 6학년 과학 수업에서 학생들이 곧 있을 과학 프로젝트의 구체적인 주제를 결정하기 전에 깊이 생각하도록 돕기 위해 질문형성기법을 사용하고 있다.

각 수업에서 학생들은 오직 다음의 세 가지 형태의 도움을 받는 것으로 흥미롭고 통찰력 있는 다양한 질문을 생성한다.

① 질문 생성 규칙

교사는 시작하기 전에 학생들과 함께 이 규칙을 토의하거나 복습한다.

② 질문 초점

이는 과정을 시작할 때 학생들에게 제시된다.

③ 교사의 부드러운 상기

5~7분 정도의 시간 동안 교사는 학생들이 계속 질문을 해야 한다는 것이나 특정 규칙이 위반되고 있다는 것을 부드럽게 상기시킨다.

학생이 처음으로 질문형성기법 과정을 경험할 때 질문을 생성하는 데는 최소 5분의 시간이 필요할 것이다. 학생이 질문 생성을 연습하면 할수록 교사가 이 단계에 더 많은 시간을 할애하고 싶더라도 소요 시간은 더 짧아질 것이다. 질문 생성 과정은 다음과 같이 전개될 수 있다.

① 학생들을 3~5명으로 구성된 모둠으로 나눈다

질문 생성 규칙에 대한 토의가 모둠으로 이루어졌다면, 같은 모둠으로 활동을 진행해야 한다. 각 모둠에는 질문을 적을 서기가 필요하다.

② 질문 초점을 소개한다

필요하다면 초점을 반복해서 말하지만, 이를 설명하지는 않는다.

③ 학생들에게 질문을 생성하라고 지시한다

학생들에게 규칙을 준수할 것과 생성하는 각 질문에 번호를 매길 것을 상기시킨다. 학생들에게 질문 생성을 위해 얼마만큼의 시간이 주어지는지 알려준다. 학생들이 이 과정의 다음 단계에서 사용할 질문 목록을 생성하는 데는 5분 정도면 충분할 것이다. 원칙적으로, 교사는 옆으로 물러나서 교실을 돌아다니며 학생들이 규칙에 따라 자신의 질문을 생성하는 것에 귀를 기울인다.

④ 학생들이 모둠으로 활동할 때 학생을 관찰한다

학생들이 적극적으로 참여하고 있는지, 규칙을 지키고 있는지를 확인한다. 문제를 발견했을 때—예를 들면, 한 그룹이 토의하기 위해 질문을 멈췄을 때—교사의 임무는 단순히 학생을 다시 활동에 복귀하게 하는 것이다. 학생을 지원할 때는 예나 질문을 제시하지 않는다. 학생이 이 과정의 다음 단계를 위해 필요한 충분한 수의 질문을 생성했는지에 주목하고, 필요하다면 더 많은 질문을 생성하도록 권한다.

[표 4-1] 질문 생성 단계에서 교사와 학생의 역할

교사 역할	학생 역할
• 질문 초점을 소개한다. • 활동 시간을 정한다. • 모둠 활동을 관찰하고, 특정 모둠이나 반 전체에 질문 생성 규칙을 사용할 것을 상기시킨다. • 학생들에게 시간이 얼마나 남았는지 알려준다.	• 모둠의 질문을 기록하기 위해 지원자를 받거나 한 학생을 선정한다(서기 또한 질문을 생성해야 한다). • 질문 생성 규칙을 준수하며 질문을 생성한다. • 서기는 질문을 적고, 질문에 번호를 매긴다.

[표 4-1]에는 질문 생성 단계에서의 교사와 학생의 역할이 요약되어 있다.

2 사례 연구: 도시 지역 고등학교에서 질문 생성하기

교사 **링-스 피트, 도시과학학교(보스턴 공립학교)**

과목 **인문학**

학급 크기 **25명**

질문 초점 **고문은 정당화될 수 있다**

질문형성기법 사용 목적 수업에서 줄리아 알바레즈의 소설 『나비들의 시절』을 읽고 있다. 소설의 배경은 고문을 정치적 목적을 달성하기 위한 주요 수단으로 쓰는 도미니카 공화국의 트루히요 정권이다. 학생들은 소설에서 다루어진 쟁점에 대한 이해를 심화하기 위해 질문을 생성할 것이고, 학생들의 질문은 소크라테스식 문답 수업(Socratic seminar)*에 사용될 것이다.

링-스 피트는 그녀의 수업에서 처음으로 질문형성기법을 사용하려 했다. 그녀는 새로운 활동이 주는 도전 외에도, 고등학교의 막바지로 접어들면서 졸업 파티와 같은 많은 일들로 학생들의 마음이 분주하다는 것을 알고 있었다. 학생들은 가족과 학교 그리고 지역사회의 자랑이었다. 그들은 12년의 학교 교육을 무사히 마쳤고—그들 중 일부는 몇 년 전 아프리카와 카리브해 지역에서 온 이민자였다—거의 대부분의 학생이 지역 전문대학이나 통학이 가능한 대학 등

---

* 모둠 토의라는 환경에서 하나의 텍스트에 반영된 아이디어나 쟁점, 가치 등을 이해하기 위해 서로를 돕는 수업 활동. 학생들은 해당 아이디어에 대해 모둠 토의를 촉진해야 할 책임이 있으며, 자신의 의견을 주장하거나 주장을 증명하기 위해 토의를 이용해서는 안 된다. 토의를 통해, 학생들은 대화를 하면서 어떻게 서로의 의견을 경청하는지, 의미를 구성하는지 그리고 공통된 의견을 발견하는지를 연습할 수 있다.

으로 진학할 예정이었다.

피트는 학생들에게 질문 생성 규칙에 대해 생각하고 토의할 시간이 필요하다는 사실을 알고 있었다. 그녀는 '이 규칙들은 충분히 간단해. 그렇지만 간단하다고 해서 [학생들이] 전형적인 학급 토의에서 하던 것과 어떻게 다르게 행동해야 하는지를 정말로 이해할 수 있는 건 아니야. 그리고 고문에 초점을 맞춘 주제는 쉽지 않아'라고 생각했다.

실제로 그녀의 학생 중 일부는 고문이 추상적인 개념이 아니라 실제적인 수단으로 쓰이는 국가에서 왔다. 많은 학생들에게 고문은 자신과 직접적으로 관련이 있는 주제였다. 그녀는 학생들이 자신의 의견을 말하거나 토의, 주장 혹은 논쟁으로 들어가지 않고 이 과정에 참여할 수 있을지 확신이 없었다. 이런 부분들이 그녀가 질문형성기법을 처음 소개하면서 직면한 특정한 쟁점이었다.

1) 규칙 토의하기

피트의 첫 번째 단계는 학급 구성원을 4~5명으로 이루어진 모둠으로 나누는 것이었다. 그리고 그녀는 간단한 네 개의 규칙이 적힌 목록을 나주어주었다. 일부 학생은 "이게 뭐 어렵겠어?"라는 듯이 어깨를 으쓱하며 재빨리 목록을 옆으로 치우는 반면, 다른 학생들은 천천히 그리고 주의 깊게 규칙을 살폈다. 그녀는 잠깐 동안 시간을 준 후, "이 규칙들을 지킬 때 어떤 점이 어려울까요?"라고 물었다. 그리고 학생들에게 모둠별로 간략하게 토의하라고 말했다.

과정을 여는 이 모둠 활동은 학생들이 어떻게 스스로 토의를 수행할 것인지를 알기 위한 일종의 예행연습이었다. 학생들은 빠르게—그녀는 별로 놀라지 않았지만—관심과 참여에서 차이를 보였다. 그녀는 두 명의 학생이 목록을 받자마자 규칙 1(가능한 한 많은 질문을 한다)과 관련해 무엇을 물어야 할지 모를 수 있다며 우려하는 것을 보았다. 그러나 대부분의 학생들은 어떠한 질문도 수

정하거나 토의하거나 판단하지 않는다는 규칙 2의 어려움에 집중했다. 몇 명의 학생들은 다른 방향으로 나아갔다. 한 여학생은 "나는 질문에 답하고 싶을 거야. 내가 좋아하거나 관심이 가는 질문을 들으면 그것에 대해 나중에 이야기할 때까지 기다리고 싶지 않을 것 같아"라고 말했다. 다른 모둠의 한 남학생은 "나는 다음 단계로 넘어가기 전에 답을 알고 싶을 거야"라고 말하며 비슷한 감정을 토로했다.

어느 모둠도 실제로 규칙 3(진술된 대로 정확하게 모든 질문을 적는다)이나 규칙 4(진술은 질문으로 바꾼다)에 대해서는 언급하지 않았다. 지금 단계에서 이 규칙들은 오직 추상적으로만 존재했다. 학생들은 아직 진술을 질문으로 바꾸어본 경험이 없었다. 또한 자신의 질문을 변경, 수정, 조정해본 경험도 많지 않다. 일단 활동에 착수하고 이 규칙들을 위반하고 나서야 학생들은 이 규칙들의 의미를 분명하게 인지할 것이다. 이 시점에서 피트는 학생들에게 규칙을 준수할 것만을 상기시켰다.

이 시작 과정은 약 5분 정도 소요되었고, 모둠별로 이야기한 내용을 반 전체에 발표할 지원자를 요구하면서 마무리되었다.

2) 질문 초점 소개하기

이제 학생들이 자기 자신의 질문 생성을 시작할 시간이다. 피트는 각 모둠에 종이 한 장과 매직펜 두 개씩을 나누어주었다. "좋아요, 여러분은 여러분의 질문을 시작할 거예요. 선생님은 질문 초점을 알려줄 거고, 이제 여러분이 해야 하는 유일한 일은 그 초점에 대해 질문을 던지는 거예요." 그녀는 선언했다. 그리고 큰 글자가 적힌 종이를 머리 위로 들었다.

고문은 정당화될 수 있다

그녀는 학생들이 이 문장을 이해할 수 있도록 몇 초 동안의 시간을 주었다. 늘 그렇듯이 몇 명이 손을 들고 그녀가 원하는 것이 무엇인지 설명해달라고 요구하자, 그녀는 "질문 생성 규칙을 따르세요. 지금은 질문만 하세요. 토의는 안 돼요!"라고 상기시키며 학생들에게 시작할 것을 촉구했다.

3) 질문 생성하기

모둠들은 정말 질문을 생성했고, 여기에서는 학생들이 형성하고 기록한 대로 그 질문들을 제시한다.

모둠①

이 모둠은 재스민, 캔디스, 티파니, 카먼 이렇게 네 명의 여학생으로 이루어졌다. 그들은 빠르게 시작했다. 티파니가 종이 상단에 질문 초점을 적자마자, 재스민이 "고문은 어떻게 정의하나요?"로 질문을 시작했다. 이 첫 번째 질문은 큰 쟁점을 제기했다. 고문의 정의는 법학자와 입법자 그리고 인권위원회가 수년 동안 논의해온 사안이다. 그리고 전문가와 권위 있는 단체들도 아직 이를 합의하지 못했다. 첫 번째 질문은 즉각적으로 긴 논쟁을 촉발시킬 수 있는 강력한 질문이었다. 그러나 질문 생성 규칙을 분명하게 인식하면서, 모둠은 다음 질문으로 나아갔다.

카먼은 "고문은 언제 사용되나요?"라는 두 번째 질문을 던졌다. 그녀는 이 질문에서 다른 요소를 소개하고 있었다—즉, 고문의 의미뿐만 아니라 맥락 또한 명료화할 것을 촉구하고 있었다. 그리고 나서 캔디스가 "고문은 당신을 기분 좋게 만들 수 있나요?"라고 묻자 질문하기는 다른 방향으로 흘러갔다.

이 질문에 다른 소녀들은 당황했다. 그들은 잠깐 동안 침묵을 지켰고, 그리고 나서 티파니가 "무엇이 고문을 정당화하나요?"라고 물었다. 그녀는 질문 초점을 적었기 때문에 질문 초점 자체에 주인의식을 가지고 있는 것으로 보였고, 질문 초점을 질문으로 변형시켰다. 그녀는 자신의 질문에 만족해하는 것 같았다.

그 후, 재스민이 고문의 정의에 대한 관심을 더 확장시켜 "주로 누가 고문을 당하나요?"라고 물었다. 그리고 자신의 질문을 티파니가 적는 것을 지켜보면서, "고문이 적절한 처벌이라고 생각하나요?"라고 이어갔다.

모둠은 이 질문에서 잠시 멈췄고, 논쟁을 시작하려는 것 같았다. 그러나 그 순간 피트가 다른 모둠에 규칙을 지킬 것을 요구하면서, 반 전체에 "기억할 것은 지금은 질문만 해야 한다는 거예요. 토의는 안 돼요"라고 말했다. 그들은 재스민의 질문에 반응하려던 것을 멈추었다. 대신 티파니는 "다른 사람을 고문한 사람을 어떻게 해야 한다고 생각하나요?"라고 물었고, 재스민은 자신의 주제로 돌아가 "어떤 상황에서 고문을 사용해야 하나요?"라고 물은 후 재빨리 "고문은 비인간적인가요?", "고문은 오직 육체적인가요?"라는 두 가지 질문을 덧붙였다.

이 질문으로 캔디스는 다시 고문의 영향을 개인적인 영역에서 사고하게 되었으나, 이번에는 다른 초점으로 "고문의 장기적인 영향은 무엇인가요?"라고 질문했다.

마지막으로, 티파니가 강한 어조로 "고문에 대해 누가 처벌받아야 하나요?"라고 물었다.

질문은 다양한 방향으로 전개되었다. 학생들이 이 질문들을 가지고 어느 방향으로 나아갈지 아직은 알지 못했지만, 학생들이 질문형성기법의 확산적 사고 영역을 달성하기 위해 이 구조—질문 생성 규칙과 그 과정—를 사용했다는 것은 자명한 사실이었다.

모둠②

두 명의 남학생과 두 명의 여학생—제럴드, 롤런드, 타제이, 대니엘—으로 이루어진 이 모둠은 처음부터 조용했고, 시작하는 데 어려움을 겪는 것 같았다.

피트는 이를 알아차리고, 반 전체에 "규칙을 사용하세요. 그리고 질문만 하세요. 토의는 안 돼요"라고 상기시켰다. 다른 모둠들이 과정을 시작하는 것을 보면서, 그들도 시작했다. 서기인 타제이는 천천히 그리고 신중하게 종이 상단에 질문 초점을 크고 두꺼운 글자체로 옮겨 적었다.

대니엘은 "어떻게 고문을 정당화하나요?"로 질문을 시작했다. 이 질문은 그들을 침묵시키는 것처럼 보였다. 롤런드는 머리를 긁적인 후 천천히 질문했다. "어떤 상황에서 고문이 필요한가요?"

그들은 다시 잠시 침묵했다. 제럴드는 "우리는 이것에 대해 토의할 수는 없는 거지?"라고 말했다. 한 손에 매직펜을 든 타제이는 이 질문을 적어야 하는지 생각했다. 피트가 다른 모둠에 가서 말할 때 그들은 약간 좌절한 듯 잠시 동안 앉아 있었지만, 그녀가 "질문 초점을 보면서 머릿속에 떠오르는 것은 무엇이든 질문하세요"라고 말하는 것을 듣고 자신들의 종이와 질문 초점을 다시 보았다. 롤런드의 질문에 대해 토의하기 위해 멈추려 했던 제럴드는 대신 "고문은 왜 효과적인가요?"라고 자신의 질문을 던졌다.

대니엘은 즉시 "고문은 교훈을 주기 위해 행해지나요?"라고 이어 질문했다.

그리고 나서 롤런드가 "고문과 정의는 어떤 관계가 있나요?"라고 질문했을 때 그에게 이목이 집중되었다.

다시, 모둠은 이 질문에 대해 고민하면서 잠시 동안 침묵했다. 다른 모둠들이 이미 질문 생성을 마쳤고 이 모둠이 조용한 것 역시 활동을 완료했기 때문이라고 생각하면서, 피트는 모든 모둠에 다음 단계로 넘어가기 전에 마지막 질문을 적으라고 말했다. 이를 들은 대니엘은 급히 "[질문 초점의] 될 수 있다라는 단어에는 특별한 의미가 있나요?"라고 질문했다. 타제이는 이 질문에 별로 집중하지 않았지만 이를 적었다. 그리고 나서 "고문은 고문을 당한 사람들에게 어떤 영향을 주나요?"라는 자신의 질문을 하나 더 추가했다.

4) 다양한 방식, 속도 및 아이디어를 통한 확산적 사고

모둠 2는 피트가 이 단계를 위해 할당한 8분 동안 단지 7개의 질문을 생각해냈다. 이는 그 교실의 일부 다른 모둠들과 대조를 이루었는데, 예를 들어 한 모둠은 그들보다 세 배나 많은 질문을 생성했다. 그러나 이 단계는 가장 많은 질문을 생각해내기 위한 경쟁이 아니다. 이 단계는 학생이 확산적 사고를 하도록 자극하고 재촉하고 부추기고 참여시키는 과정이다. 이 모둠이 도출한 7개의 질문은 그들의 확산적 사고의 결과물이다. 그들은 서로가 고문의 정당성과 효과, 고문이 사람에게 미치는 영향에 대해 질문하는 것을 들었다. 그들은 많은 질문을 생각해내지는 못했지만, 질문 초점과 관련된 새로운 위치에 도달했고 새로운 사고방식을 경험했다.

이 훈련은 피트에게도 유익한 것이었다. 그녀는 학생들에게 확산적으로 생각할 기회를 주었을 때 모둠들이 다양한 방향으로 나아갈 수 있고, 또한 공통적인 주제를 탐구할 수 있다는 사실을 알게 되었다. 일부 학생은 많은 질문을 생성하면서 그리고 일부는 다소 적은 수의 질문을 생성하면서 나아갈 것이다. 어느 쪽이든 그들은 질문 초점을 자세히 살펴보고 그들에게 제시된 용어와 생각의 의미를 분석하기 위해 이 과정을 사용하고 있는 것이다.

피트가 이 부분에 할당된 시간이 끝났다고 말했을 때, 학생들의 자세에는 변화가 있었다. 이 과정을 시작할 때 학생들은 매우 창의적인 방식으로 의자에 앉아 있었지만—어떤 학생들은 친구를 등지고 앉아 있었고, 일부는 피트를 등지고 앉아 있었으며, 다른 일부는 다른 친구나 옆 모둠의 흥미로운 친구에게 집중하고 있었다—지금은 자신들이 생각해낸 질문으로 가득 찬 종이에 모든 주의를 집중하고 있었다. 그들이 나중에 꽤 자랑스럽게 말한 바와 같이, 그 질문들은 "우리의 질문"이었다. 학생들은 이 질문들에 대해 주인의식을 가지고 있었고, 이 과정의 다음 단계에 관한 피트의 지시를 따를 준비가 되어 있다는 것을 적어도 그들의 자세로는 보여주고 있었다.

피트는 항상 자신의 수업을 학생 중심 수업이라고 생각해왔다고 말했다. 그러나 학생이 자기 자신의 질문을 생성할 수 있는 기회에 반응하는 모습을 지켜보면서, 아무리 잘 구성된 수업이라 할지라도 학생의 사고를 자극할 목적으로 교사가 고안한 질문에 반응하는 학생과 자기 자신의 질문을 생성할 기회를 가진 학생 사이에는 본질적인 차이가 있다는 사실을 깨달았다. 그녀의 학생들 또한 이 차이를 인식했다.

3 사례 연구: 도시 지역 고등학교 생물 수업에서 질문 생성하기

교사 **마시 오스트버그, 보스턴 주야간학교**(다른 학교에서 전학 오거나, 나이가 많은 학생 혹은 성적이 좋지 않은 학생들을 받는 공립 고등학교)

과목 **과학**

학급 크기 **한 모둠으로 활동하는 12명의 학생**

질문 초점 **오염은 보스턴 주민들에게 피해를 준다**

질문형성기법 사용 목적 **학생들에게 주제를 소개하고, 실험을 위한 질문을 개발하는 데 사용된다.**

보스턴 주야간학교의 소규모 상급 생물 수업에서 마시 오스트버그의 학생들은 부영양화에 대한 포괄적 연구에 착수했고, '부영양화는 주로 육지에서 유입된 액체로 인해 호수나 기타 수역의 영양소가 과도하게 풍부해지는 상태로, 식물의 밀집 성장과 산소 결핍으로 인한 동물의 죽음을 초래한다'는 정의를 학습했다.

오스트버그는 전에 이 모둠의 학생들 및 다른 학생들에게 질문형성기법을 사용한 적이 있었다. 그녀는 학생들이 부영양화라는 용어를 분석하고, 이에 대해 더 깊이 생각해보는 데 질문형성기법이 좋은 방법이라고 생각했다. 그녀는 이미 이 학생들에게 질문 생성 규칙을 소개하고 규칙을 따를 때 겪을 수 있는 어려움에 대해 토의하도록 한 적이 있었기 때문에, 이번에는 규칙을 빠르게 복습하고 가장 지키기 어려운 규칙이 무엇이었는지를 질문했다. 이는 경험이라는 다른 관점에서 규칙에 대해 다시 생각하도록 만드는 효과적인 방법이다. 몇몇 학생은 질문에 대해 토의하기 위해 멈추고 싶은 욕구를 "억눌러야" 했던 것을 말했지만, 학생들은 대체로 이 규칙을 사용하는 것에 자신감을 보였다.

오스트버그는 매우 단순한 질문 초점으로 수업을 시작했다.

부영양화

아래 열거된 학생들의 질문은 가장 단순하고 요점만을 제시하는 질문 초점으로도 확산적 사고과정에 이를 수 있다는 사실을 증명한다. 학생 질문 원문의 문법 실수는 그대로 둔다. '각 질문을 물은 대로 정확하게 적는다'라는 규칙은 질문을 '기록된 대로 정확하게' 토의하는 데에도 적용된다.

1. 부영양화는 어떻게 발생하나요?
2. 부영양화는 어떻게 방지하나요?
3. 부영양화는 어디에서 발생하나요?
4. 부영양화는 해양 동물에게 어떤 영향을 주나요?
5. 부영양화가 있을 때 무슨 일이 발생하나요?
6. 부영양화는 보스턴에서 발생한 있나요?
7. 부영양화를 멈추기 위해 무엇을 해왔나요?
8. 부영양화는 제거될 수 있나요?
9. 부영양화는 어떤 유형의 환경을 발생하나요?

10. 무엇이 부영양화를 초래하나요?

11. 부영양화는 좋은 것인가요 아니면 본질적으로 나쁜 것인가요?

12. 부영양화가 발생한 해양 지역에는 누가 사나요?

13. 부영양화를 제거하는 과정은 가능한가요?

(밑줄은 학생 질문의 문법적 실수, 역자 표기)

언뜻 보았을 때 이 질문들은 매우 간단한 질문 목록으로 보인다. 질문들을 대강 훑어보고 서둘러 다음 단계가 무엇인지, 학생들이 무엇을 배웠는지, 이 질문들을 가지고 무엇을 할지에 대해 생각하는 것으로 넘어갈 수도 있다. 그러나 다음 단계로 진행하기 전에, 잠깐 멈춰서 무슨 일이 일어났는지 더 자세히 살펴보는 것이 중요하다.

오스트버그는 "전에 이렇게 많은 질문을 생각해낸 학생들이 없었다"는 사실에 주목하면서 단순히 질문의 수에 놀랐다. 특히, 수년간 학교에서 비판적 사고와 관련된 과제를 크게 어려워하던 그녀의 학생들에게는 대단한 일이었다 (브루클린의 비슷한 학교에서 한 교사는 수업에서 단어 하나 쓰지 못하던 학생들이 세 개의 질문을 생각해냈을 때 황홀해 했다).

또한 질문의 순서는 언뜻 보았을 때보다 더 정교한 사고과정을 보여준다. 첫 번째 질문은 기본적인 정보를 찾는 좋은 출발점이 된다. 두 번째 질문은 조치, 개선, 방지의 방향으로 재빠르게 나아간다. 그리고 나서 부영양화가 '어디에서' 발생하는지 그리고 '해양 동물'에 대한 영향은 무엇인지에 대한 더 많은 자료와 정보를 요구한다.

여섯 번째 질문은 학생들이 자신이 사는 지역사회와의 연관성에 대해 생각하면서 질문 초점을 보다 가까이 끌어당기는 반면, 일곱 번째 질문인 '부영양화를 멈추기 위해 무엇을 해왔나요?'는 이 문제에 대한 역사적인 정보와 취해진 조치에 대해 질문한다.

부영양화를 멈추기 위해 행해진 것을 생각하는 것이 오히려 '부영양화는 제거될 수 있나요?'라는 새로운 아이디어를 도출했고, 관점을 확장하는 계기가 되었다. 만약 학생들이 부영양화를 제거하기 위한 방법을 조사하고자 한다면, 그들은 아홉 번째 질문인 '부영양화는 어떤 유형의 환경을 발생하나요?'에 대해 더 많이 알아야 한다.

그러고 나서 한 학생은 더 본질적인 질문—아마도 시작 질문인 '무엇이 부영양화를 초래하나요?'—을 할 필요성을 깨닫는다. 이 열 번째 질문은 학생들의 뇌 어디에 숨어 있었을까? 무엇이 그것을 끄집어냈을까? 이 질문은 앞의 아홉 개의 질문에 대해 무엇을 말해줄까?

이 질문은 그들의 몇몇 가정에서 한 발 물러선, 또 다른 본질적인 질문에 이르게 한다. 바로 '부영양화는 좋은 것인가요 아니면 본질적으로 나쁜 것인가요?'이다. 마지막 두 질문 '부영양화가 발생한 해양 지역에는 누가 사나요?'와 '부영양화를 제거하는 과정은 가능한가요?'는 부영양화의 영향을 받는 생명체와 이 과정을 멈추게 하기 위한 질문으로 돌아가 이 질문들을 심화시킨다.

13개의 질문 목록은 학생들이 질문 초점을 분해하고 부영양화를 하나의 현상이나 문제, 즉 대응이나 해결책이 필요한 무언가로 인식하면서 이것의 여러 가지 면들을 생각하는 확산적 사고 과정을 보여준다. 백지를 질문으로 가득 찬 종이로 바꾸는 과정은 학생들을 다른 방식으로 사고하도록 이끈다. 질문형성기법을 사용하기로 결정할 때 오스트버그는 바로 이것을 바랐다. 심지어 그녀는 다음 단계로 넘어가기도 전에 학생들이 다음 수업에서 주제로 다루려고 했던 내용과 직접적으로 관련된 생각을 하는 것을 보았다. 그녀의 학생 중 한 명이 나중에 언급한 바와 같이, "질문을 하는 것은 요점을 짚는 데 도움이 된다." 그리고—질문형성기법의 진정한 가치를 말하면서—"우리는 스스로 질문을 던질 때 더 많은 것을 배울 준비가 된다."

교사   헤일리 뒤퓌, J. L. 스탠포드 중학교, 캘리포니아주 팰로앨토

과목   **과학**

학급 크기   4~5명의 모둠으로 활동하는 27명의 학생

질문 초점   판구조는 지형과 지역사회에 영향을 준다

질문형성기법 사용 목적   학생들의 질문은 친구들과 부모들 앞에서 발표하는 6주간의 프로젝트 기반 학습 단원을 위한 연구와 프로젝트 활동을 계획하는 데 사용될 것이다.

캘리포니아의 따뜻한 어느 날, 헤일리 뒤퓌의 교실에 입구로 지정된 문을 통해 27명의 학생들이 밀려들어 왔다. 교실의 다른 문들은 출구로 지정되어 있고, 이 문들은 학교의 옥외 복도로 바로 연결되어 있다. 이는 캘리포니아의 기후와 샌 안드리아스 단층 위에 놓인 위치를 고려한 구조이다.

학생들은 판구조론(plate tectonics)*에 관한 심층 연구를 통해 기후와 단층선에 대한 사고를 심화하려 했다. 뒤퓌는 곧 있을 연구 프로젝트에 대비해 학생들을 질문형성기법 과정으로 안내하려고 준비했다. 규칙에 대해 토의하는 동안, 한 모둠은 "답을 모르는 질문을 하는 것은 어렵다", "정보를 얻기 위해 멈추거나 흥미를 끄는 질문에 답하지 않는 것은 어렵다"라고 말하며 이례적인 의견을 제시하기도 했다. 뒤퓌는 학생들에게 서로 규칙을 지키도록 돕고, 모둠마다 한 명의 기록자를 선정할 것을 상기시켰다.

학생들이 준비가 되자, 그녀는 질문 초점을 제시했다.

....
● 지구의 겉 부분은 여러 개의 판으로 이루어지며, 이들의 상대적 움직임에 의해 여러 가지 지질 현상이 일어난다고 여기는 학설.

판구조는 지형과 지역사회에 영향을 준다

6개의 모둠들은 떨어져 있는 작은 테이블 주위에 모둠별로 앉아서 다양한 첫 번째 질문을 던지며 바로 활동에 돌입했다. 한 모둠은 "판구조는 무엇인가요?"라는 가장 기본적인 내용으로 시작했다. 다른 모둠은 다른 두 개의 핵심어에 집중하면서 "판구조는 어떻게 지형에 영향을 주나요?", "판구조는 어떻게 지역사회에 영향을 주나요?"라고 질문했다. 또 다른 모둠은 "지역사회란 무엇을 의미하나요?"라며 단어의 의미를 궁금해했다. 모든 모둠들은 19개에서 27개 사이의 질문 목록을 생성했다.

한 모둠의 과정을 따라가 보자. 남학생과 여학생이 섞여 있는—스테퍼니, 미셸, 그레이스, 리엄, 스티븐 그리고 대니얼—이 모둠은 "판은 얼마나 빠르게 움직이나요?"라는 세부 정보를 묻는 질문으로 여정을 시작했다. 곧 "판은 왜 움직이나요?"라는 질문이 이어졌다. 두 개의 질문이 더 있은 후, 스테퍼니는 질문 초점의 핵심어를 받아들여 "판은 기온에 영향을 주나요?"라고 질문했다.

질문에 영향을 주다라는 단어가 포함되자, 모둠원들은 잠시 동안 질문 초점을 자세히 살펴보았다. 몇 초간의 침묵이 있은 후, 리엄은 "누가 이 모든 질문의 답을 알아냈나요?"라고 질문했다.

이 질문에 모둠원들은 미소를 지었고, 학생들은 잠시 동안 종이에서 눈을 떼고 몸을 조금 움직였다. 그러고 나서 (서기를 맡고 있던) 미셸은 "단층 위에 사는 식물과 동물들은 어떻게 적응했나요?"라는 구체적인 질문을 던졌다. 그리고 즉시 "판구조론의 사전적 정의는 무엇인가요?"라는 질문이 이어졌다.

그들의 '정의' 질문은 목록의 일곱 번째 질문이었다. 그들은 계속해서 화산의 크기와 판구조에 대한 동물의 민감성 등 몇 개의 질문을 이어나갔고, 14번째 질문에서 대니얼은 "평균적으로 매년 얼마나 많은 사람들이 지진 때문에 죽나요?"라고 질문했다. 모둠은 이 질문을 듣고 마치 희생자들에게 애도라도 표하듯이 잠시 침묵했고, 이어 판의 크기와 그것이 속도에 미치는 영향에 대한 질문으로 돌아갔다. 14번 질문을 한 학생은 다시 자신의 주제로 돌아가 "평균적으로 매년 얼마나 많은 사람들이 화산 분출로 인해 죽나요?"라고 질문했다.

모둠은 다시 잠깐 멈춘 후, 속도와 동물, 기후에 대한 흥미로 이동했다. 그들이 이 과정에서 20개의 질문을 도출했을 때, 지금까지 상대적으로 조용하던 그레이스가 다시 질문 초점을 주의 깊게 보더니 "판은 기온에 영향을 주나요?"라고 질문했다. 이 질문은 재빠르게 "판은 강수에 영향을 주나요?"로 이어졌다. 이때 뒤퓌가 학급에게 활동을 마무리 짓기까지 1분이 남았다고 알려주었고, 두 개의 질문이 더 있은 후 "어떤 동물들이 판의 움직임을 감지할 수 있나요?"라는 스테퍼니의 질문을 끝으로 활동은 종료되었다.

학생들은 몇 개의 집중적인 분야에서 많은 수의 질문을 빠르고 왕성하게 생성했다. 이 질문들에서 나타난 것처럼 참가자들은 서로에게 정보를 얻는 동시에 자기 자신의 흥미 또한 유지했다.

교실에는 활기가 넘쳤고, 뒤퓌는 이 에너지를 가지고 학생들을 다음 단계로 안내할 준비가 되어 있었다.

5 질문 생성하기의 문제 해결하기

이제 학생들이 질문 생성 활동을 수행할 때 당신이 발견할 수 있는 가능한 어려움과 취할 수 있는 조치에 대해 살펴보자.

규칙① 가능한 한 많은 질문을 한다(질문을 던질 권한을 부여한다).

이 규칙과 관련해 발생할 수 있는 많은 장애물이 있다.

- 학생들이 질문을 생성하는 데 어려움을 겪는다

  학생들에게 생각할 시간을 준다. 질문 초점과 규칙을 반복하되, 예시 질문을 주어서는 안 된다.

- 학생들이 예를 요구한다

  예를 주어서는 안 된다. 반복하지만, 예를 주어서는 안 된다. 예를 제시할 때, 당신은 질문의 방향을 정하게 된다. 학생들은 이 과정에서 약간의 어려움을 겪을 필요가 있다. 학생들의 사고가 완전히 닫혀버렸다면, 교사는 '질문 표현(question starter)'*을 사용할 수 있다. 예를 들어, "여러분은 무엇, 언제 혹은 어떻게와 같은 단어를 활용하여 질문을 할 수 있어요. 질문 초점에 대한 질문을 생성하기 위해 이 단어 중 하나를 사용하세요"라고 말할 수 있다. 질문 표현은 학생들의 생각이 막히거나 학생들이 너무 적은 수의 질문을 생성했을 때 사용할 수 있는 좋은 전략이다.

- 모둠들의 활동 속도가 다르다

  일부 모둠은 많은 질문을 생성하는 반면, 다른 모둠은 그러지 못할 것이다. 이것은 문제가 되지 않는다. 활동의 결과를 학생이 생성한 질문의 수로 판단해서는 안 된다. 일부 모둠이 느리게 질문을 생성한다면, 단지 그들에게 규칙을 지킬 것을 상기시키면서 활동을 계속하도록 한다.

- 일부 학생이 참여하지 않거나, 한 학생이 모든 질문을 생성하고 있다

  학생들에게 활동과 규칙을 상기시킨다. 서기를 포함한 모든 모둠원은 질문 생성에 참여해야 한다. 학생들에게 첫 번째 규칙을 상기시킨다. 모든 질문을 환영하고 인정해야 하며, 그렇게 할 때 주저하던 학생들도 참여하게 될 것이다.

....

* 원문은 question starter로 '질문 시작어' 정도로 번역이 가능하다. 그러나 한국어에서는 의문문이 의문사로 시작하지 않는 경우가 많아 '질문 표현'으로 번역하였다.

어떤 질문이라도 토의, 판단, 답하기 위해 멈추지 않는다(안전한 공간과 보호를 제공한다).

학생들은 질문에 대한 답이 떠올랐을 때 답을 말하기를 원한다. 이 규칙은 다음의 말로 충분하다. 답하거나 판단하거나 토의하기 위해 멈추지 않는다. 학생들에게 이 과정의 다른 단계에서 질문에 대해 답하거나 토의할 기회가 있을 것이라고 말한다.

진술된 대로 정확하게 모든 질문을 적는다(모든 질문과 목소리가 존중받을 수 있도록 공정한 경쟁의 장을 조성한다).

때로 서기가 질문과 모든 단어를 기록하는 것이 힘들 수 있다. 특히, 많은 수의 질문이 쏟아질 때 모든 질문을 포착하는 것은 쉬운 일이 아니다. 물은 대로 정확하게 모든 질문을 기록하는 책임은 모둠 전체에 있다는 것을 학생들에게 상기시킨다.

진술은 질문으로 바꾼다(진술이 아닌 질문으로 표현하고 묻고 생각하는 규율을 요구한다).

규칙 4와 관련해 생길 수 있는 가능한 어려움은 다음과 같다.

- 학생들이 활동에서 벗어나 이야기하기 시작한다

  학생들이 질문하는 것에 집중하게 한다. 때로 교사는 학생들이 활동을 하지 않고 이야기를 하거나 토의하는 것을 볼 수 있다. 또는 학생들이 질문이 아닌 진술이나 심지어 구(phrase)를 말해놓고 질문을 했다고 생각할 수도 있다. 이런 일을 발견하면 학생들이 말하거나 쓴 진술을 질문으로 바꾸라고 요구한다.

- 학생들이 지시에 대해 혼란스러워한다

  혼란은 학생들에게 친숙하지 않은 활동을 요구한 결과일 수 있다. 분명하게 하기 위해 질문 초점과 규칙을 반복하되, 장황하게 설명하지 않는다.

- 질문 초점이 기능을 하지 못한다

  질문 초점이 제 기능을 하지 못하는 경우를 대비해 대안을 마련하는 것이 중요하다. 동일한 질문 초점을 제시하는 다른 방법을 계획한다. 질문 초점에 대해 설명하거나 정보를 주려 하지 말고, "[대안 질문 초점]에 대해 질문을 던지세요"와 같이 다른 방식으로 지시를 준다. 학생들이 무엇을 이해하지 못하는지에 대해 그들과 함께 분석한다. 이를 통해 당신은 학생이 이해하는 방식으로 지시를 수정할 수 있다.

6 결론

이번 장에서 살펴본 세 명의 교사와 다른 많은 교사들은 학생들이 질문을 하도록 유도하기 위해 질문형성기법을 사용했다. 교사들은 "질문이나 의견이 있나요?" 또는 "이해하지 못하는 게 있으면 무엇이든 물어보세요"와 같은 전통적인 요구를 훨씬 넘어섰다. 이에 응해 학생들은 다채롭고 풍부한 질문을 창조했고, 교사 혼자서는 결코 닿을 수 없었을 방향으로 길을 개척했으며, 교사가 전에 경험했던 수준에 상응하는, 혹은 이를 초월하는 새로운 참여 수준을 보여주었다. 또한 학생들은 질문 생성 규칙의 도움을 받아 자신의 사고를 독려하는 방법을 학습했다. 이 경험을 통해 학생들은 개별적인 과제를 수행할 때에도 스스로 질문 생성 규칙을 사용하게 되었다.

그러나 학생들은 방금 배운 내용을 다른 곳에 적용하기 전에 한 걸음 더 나아갈 필요가 있다. 그들은 교사가 아닌 자신의 질문 목록을 가지고 있지만, 이 목록은 정리되지 않았다. 다음 단계에서는 이 목록의 순서를 정하는 방법을 배울 것이다. 학생들은 확산적 사고에서 방향을 전환해 수렴적 사고에 새로운 지적 에너지를 쏟아부을 것이다. 그들은 연관성을 찾고 자신의 질문을 개선하고 질문의 우선순위를 정하는 데 착수할 것이다. 이제 질문이 적힌 종이를 앞에 둔 학생들은 준비가 되어 있고, 대부분의 학생들은 다음 단계에서 무엇을 할지 몹시 알고 싶어 한다.

요점

질문 생성 규칙은 학생들이 그들 자신의 질문을 생성할 수 있는 구조를 제공한다. 당신의 역할은 다음과 같다.

- 학생들이 질문 생성 규칙을 사용하도록 촉진한다.
- 학생들에게 모둠 활동 동안 이 규칙들을 준수할 것을 상기시킨다.

5 장

학생, 질문을 개선하다

폐쇄형 질문과 개방형 질문

" 질문형성기법은 더 많은 질문을 함으로써
학습을 더욱 증진시킬 수 있는 방법을 제공한다. "

여러분의 학생들이 방금 무엇을 했는지 생각해보자. 그들은 확산적 사고
를 열심히 연습했다. 그들은 여느 때보다 더 많은 시간을 질문에 할애
했고, 더 많은 질문을 생성했다. 그들 앞에는 단 몇 분 전만 해도 존재하지 않았
던, 아니 자신들의 마음속에 있는지도 몰랐던 많은 질문들이 놓여 있다. 그들은
아마도 이 질문들에 대한 답을 알고 싶거나, 적어도 이 질문들을 가지고 무엇을
할지 알고 싶어 안달이 날 것이다. 그러나 현 시점에서 교사는 그 요구에 제동
을 걸 것이다.

1 왜 지금 멈추나?

교사는 가속도가 붙은 활동에 제동을 걸어 학생들을 답으로 향하는 길에서
잠깐 벗어나게 할 것이다. 이는 학생들에게 흔치 않는 기회―확산적 사고 연습
에서 수렴적 사고의 형태로의 전환―를 제공하기 위한 것이다. 이 단계에서 학
생들은 질문을 더 자세히 살피고, 질문을 통해 어떤 정보를 얻을 수 있는지 분

석하기 시작할 것이다. 아직 질문에 대한 답을 하지 않기 때문에 많은 학생들에게 이 과정은 불필요한 우회로로 보일 수 있다. 교사는 이후에 질문에 답을 할 시간을 주겠지만, 먼저 훨씬 더 효율적으로 그 답에 이르게 할 길을 만드는 활동—폐쇄형 질문과 개방형 질문의 차이를 살펴보고 하나의 형태에서 다른 형태로 바꾸는 방법 배우기—을 할 것이라고 학생들을 안심시켜야 한다. 결국 학생들은 이 우회로가 더 나은 답을 얻기 위한 지름길이라는 사실을 발견할 것이다. 또한 다양한 유형의 질문의 목적과 사용, 정보를 얻는 방법에 대한 강력한 초인지적 사고를 연습하게 될 것이다.

폐쇄형 질문과 개방형 질문의 차이를 아는 것만으로 질문들 사이에 존재하는 가능한 모든 차이를 내면화할 수 있는 것은 아니다. 질문의 종류, 상이한 목적, 형태 및 목표를 구분하는 작업은 오랜 시간이 걸릴 수 있다. 질문은 다양한 형태와 정보 수집, 분석, 종합, 평가, 이해 등 다양한 목적으로 분류될 수 있다. 질문은 고차원적 혹은 저차원적 질문, 근거가 충분하거나 빈약한 질문, 사실적 질문, 수사적 질문, 가상적 질문 등으로 분류될 수 있다. 그러나 너무 많은 유형의 질문을 학습하느라 지나치게 많은 시간을 사용하는 것은, 학생이 최대한의 에너지를 쏟아부어 질문을 생성하고 분석할 때 일어나는 깊이 있는 학습을 방해할 수 있다. 폐쇄형 질문과 개방형 질문의 차이를 배운 학생은 매우 짧은 시간 내에 학습 곡선의 정상에 도달한다. 우리는 학생이 질문의 구성과 표현이 얻고자 하는 정보의 유형을 결정한다는 한 가지 중요한 교훈을 발견하고 이를 진정으로 이해했을 때, 변화를 일으키는 순간을 경험하는 것을 많은 상황에서 목격했다.

폐쇄형 질문과 개방형 질문을 처음 배우는 학생들에게 이것은 흥미롭고 심오한 발견이다. 또한 이미 이 차이를 알고 있는 학생들도 이러한 차이에 주의를 기울이고 질문의 유형을 바꾸는 경험이 질문 생성, 정보 수집 및 분석적 사고에 대한 훨씬 더 예리한 감각을 계발하는 데 도움이 된다는 사실을 발견한다.

2 폐쇄형 질문과 개방형 질문 소개하기

학생에게 폐쇄형 질문과 개방형 질문에 대해 가르치는 과정은 단순하고 간단하다([표 5-1] 참조). 이 부분에서 교사의 역할은 폐쇄형 질문과 개방형 질문의 정의를 소개하고, 이 질문들에 대한 토의를 촉진하며, 학생이 한 유형에서 다른 유형으로 질문을 바꾸는 작업을 돕는 것이다.

[표 5-1] 폐쇄형 질문과 개방형 질문 토의에서 교사와 학생의 역할

교사 역할	학생 역할
<ul><li>폐쇄형 질문과 개방형 질문의 정의를 소개한다.</li><li>학생이 질문을 분류할 때 학생을 지원한다.</li><li>폐쇄형 질문과 개방형 질문의 장점과 단점에 대한 토의를 촉진한다.</li><li>학생이 한 유형에서 다른 유형으로 질문을 바꿀 때 학생을 지원한다.</li></ul>	<ul><li>자신들이 생성한 질문 목록을 검토한다.</li><li>질문을 폐쇄형 질문과 개방형 질문으로 분류한다.</li><li>폐쇄형 질문과 개방형 질문의 장점과 단점을 말한다.</li><li>폐쇄형 질문은 개방형 질문으로, 개방형 질문은 폐쇄형 질문으로 바꾸는 것을 연습한다.</li></ul>

폐쇄형 질문과 개방형 질문에 관련된 과정은 학생들이 처음으로 질문형성기법 과정을 경험할 때는 7~10분 정도 걸린다. 이후에는 약 5분 정도 소요되어야 한다. 질문형성기법 과정의 이 부분은 일단 학생들에게 모든 단계를 소개하고 나면 활동의 일부를 융통성 있게 사용할 수 있다. 이 과정은 다음과 같이 전개될 수 있다.

① 폐쇄형 질문과 개방형 질문의 정의를 제시한다.

- 폐쇄형 질문이란 예/아니요 또는 다른 한 단어로 답할 수 있는 질문이다. (예: 이것은 이번 시험에 나오나요?)

- 개방형 질문이란 더 많은 설명을 요구한다. (예: 무엇이 시험에 나오나요?)

이러한 정의는 비슷해 보이는 많은 질문들을 구별할 수 있도록 돕는 명

확한 기준을 제공한다. 간단한 복습을 위해 [그림 5-1]과 같이 정의와 장단점을 보여주는 차트를 게시하는 것도 유용하다.

② 자신이 생성한 질문 목록을 검토하고, 폐쇄형 질문은 'C', 개방형 질문은 'O'로 표시하게 한다. 이 작업을 하는 데에는 2~3분이면 충분할 것이다.

③ 폐쇄형 질문과 개방형 질문의 장점과 단점에 대한 토의를 촉진한다. 토의를 위해 약 4분이 소요될 것이나, 교사가 사용하는 전략에 따라 달라질 수 있다. 학생들은 모둠을 구성하여 토의한 후 자신들의 결론을 발표하거나, 학급 전체로 토의할 수 있다.

④ 질문을 한 유형에서 다른 유형으로 바꾸도록 지시한다. 바꾸는 질문의 수는 교사가 결정한다. 연습을 위해 한 개 혹은 두 개면 충분하다. 이 작업을 마치는 데는 약 3분이 소요될 것이다.

[그림 5-1] 폐쇄형 질문과 개방형 질문의 장점과 단점

폐쇄형 질문 예/아니요 또는 한 단어로 대답		개방형 질문 설명을 요함	
장점	단점	장점	단점

3 사례 연구: 학생이 질문을 폐쇄형과 개방형으로 분류할 때 어떤 일이 일어나는가

마시 오스트버그의 고등학교 생물 수업에서 네 명으로 구성된 한 모둠의 학생들은 교사의 질문 초점에 대해 12개의 질문으로 가득 찬 목록을 생성했다.

눈(eye)의 진화

오스트버그는 먼저 앞의 첫 번째 항목에 서술된 폐쇄형 질문과 개방형 질문의 간결한 정의를 제시한 후, 질문을 폐쇄형이나 개방형으로 표시하라는 간단해 보이는 과제를 주었다.

학생들은 목록의 첫 번째 질문을 보았다. "눈은 어떻게 진화했나요?" 이 질문은 쉬웠다. 그들은 그 옆에 크게 'O'라고 적었다. 그러고 나서 두 번째 질문을 보았다. "눈은 언제 진화했나요?" 약간의 망설임이 있었다. 한 학생이 "음, 이 질문의 답은 한 단어가 아니야"라고 말하자, 다른 학생이 "그래, 하지만 눈이 진화한 분명한 시기가 존재한다면, 답이 한 단어가 될 수 있지 않아?"라고 반박했다. 오스트버그는 이 논쟁을 들었지만, 토의에 개입하지 않았다. 학생들은 둘 중 하나가 될 수도 있고 둘 다 될 수도 있다는 것을 의미하는 'O/C'라고 표시했다.

분류의 어려움은 다음 질문에서도 계속되었다. "눈의 각 부분은 무엇인가요?" 그들은 더 오래 논쟁했다. "이 질문의 답은 한 단어이고, 여러 개야. 그러면 폐쇄형 질문 아닌가?" 그들은 확신하지 못했고, 이에 대한 판결을 위해 오스트버그에게 질문했다. 그녀는 학생들에게 때로는 질문이 개방형인지 폐쇄형인지 완전히 명확하지 않기 때문에 할 수 있는 최선을 다하면 된다고 말했다. 그들은 그 질문에 'C'라고 표시했다.

그러고 나서 다음 질문으로 넘어갔다. "[눈의 부분들은] 어떻게 작동하나요?" 안도하는 한숨소리가 들렸다. 그들은 이 질문이 어떻게 "더 많은 설명을 요구"하는지에 대해 이야기하고 자신 있게 옆에 'O'라고 표시했다. 학생들은 나머지 질문들을 살펴보면서 더 활발해졌고, 질문을 분류하는 방법에 대해 더 명확히 이해하고 더 자신감이 생겼다.

- 눈은 왜 다양한 부분으로 구성되나요? 망설임 없이, 이건 개방형!
- 어떤 동물들은 다른 동물과 다른 눈을 가지고 있나요? 이건 폐쇄형!
- 사람의 눈과 동물의 눈의 차이는 무엇인가요? 이 질문의 답은 한 단어인가 혹은 더 많은 설명을 필요로 하는가? 그들은 투표를 통해 '더 많은 설명'을 요구한다고 결정하고 'O'라고 표시했다.
- 왜 어떤 사람들은 눈이 진화하는 것이 불가능하다고 말하나요? 중요한, 매우 중요한 왜 질문이다. "의심 없이 이건 개방형 질문이야"라고 한 학생은 말했다.
- 왜 눈 색깔은 서로 다르고 그것은 어떻게 형성되었나요? 주저함이 없다. 그들은 옆에 'O'라고 표시했다(그리고 이 질문은 두 개의 질문으로 쪼개졌어야 했다는 사실을 깨달았다).

그러고 나서 모둠은 다음 질문을 보았다. "눈의 진화에서 있었던 몇몇 전환점들은 무엇이었나요?" 그들은 약간 속도를 늦췄고, 이 질문이 두어 개의 한 단어 답을 요구하는지 혹은 이 질문에 답하는 데 더 많은 무언가가 요구되는지를 다시 생각했다. 이제 두 범주 사이에 존재하는 모호한 영역에 익숙해진 학생들은 'O/C'라고 표시했다.

그들은 목록의 마지막 세 질문을 보고는 확신하고 안도하며 다음과 같이 표시했다.

> • 눈이 어떻게 진화했는지에 대한 다른 이론이 존재했나요? ─ C
> • 눈은 단세포인가요? ─ C
> • 눈은 어떻게 작동하나요? ─ O

방금 무슨 일이 일어났는가? 학생들은 질문 목록을 자세히 살펴보는 데 꽤 많은 시간과 지적 에너지를 사용했다. 그것도 여느 질문 목록이 아니라, 그들 자신이 생성한 질문 목록이었다. 학생들은 질문을 분류하고 각 질문이 끌어낼 정보의 유형을 고민하면서 시간을 보냈다. 그들은 질문에 사용한 표현이 답의 형태로 제시될 정보에 영향을 주는지, 나아가 그러한 정보를 바꾸기도 하는지, 그렇다면 그 방법은 무엇인지에 대해 자세히 검토했다. 마시 오스트버그에 따르면, 그들은 "내가 지금까지 본 어느 때보다 더 열심히 참여"했다.

오스트버그는 또한 다양한 모둠에서 진행되는 양질의 토의와 깊이 있는 사고를 목격할 수 있었다. 그러나 학생들이 방금 자신들이 수행한 활동의 힘을 온전히 인식하기 위해서는 모든 활동을 그들 스스로 그리고 그들 자신의 언어로 설명할 기회가 필요했다. 이것이 다음 단계─학생에게 두 유형의 질문의 장점과 단점에 대해 생각하도록 요구하기─의 목적이며 초인지적 가치이다.

4 각 유형의 질문의 장점과 단점에 대해 토의하기

앞서 자신의 질문들을 분류한 학생들은 두 가지 유형의 질문의 특성에 대 단히 큰 관심이 생길 것이다. 그들은 하나의 범주에 쉽게 부합하지 않는 질문들 때문에 어려움을 겪었을 것이다. 이것은 만만치 않은 작업으로, 언어학자나 철학자가 단어와 그 단어의 다양한 의미와 해석을 가지고 씨름하는 고된 지적 노동과 다르지 않다.

이제 당신은 학생들에게 이 과정에서 무엇을 배웠는지 생각해보고 이를 말로 표현할 기회를 제공하고자 한다. 당신은 먼저 학생들에게 "폐쇄형 질문의 장점은 무엇인가요?"라고 묻는다.

폐쇄형 질문과 개방형 질문의 개념에 이미 익숙한 학생이라면 "뭐라고?"라는 표정을 지을지 모른다. 그들은 많은 교사들로부터 개방형 질문이 '더 나은' 질문이라는 메시지를 내면화했을 것이기 때문이다. 폐쇄형 질문의 장점을 생각하는 것은 많은 학생들에게 충격으로 다가올 수 있다. 학생이 두 질문의 차이를 처음 배우는 경우, 교사의 이 질문은 충분히 중립적일 수 있고 아무런 인지적 불협화음도 일으키지 않는다.

당신의 목적은 학생이 질문을 구별하고 질문의 각기 다른 사용법에 대해 생각하는 능력을 기르도록 하는 것이기 때문에, 먼저 긍정적인 선택지—장점에 대해 고민하기—를 제시하는 것이 중요하다. 망설임의 순간이 있겠지만, 학생들은 곧 폐쇄형 질문에 대해 다음과 같은 의견을 제시할 것이다.

- 폐쇄형 질문은 빠르다.
- 폐쇄형 질문은 즉각적으로 명확한 정보를 제공한다.
- 매우 분명한 답을 얻을 수 있다.

교사는 이러한 반응을 들은 후에 그리고 (바로 전까지만 해도 폐쇄형 질문에는 아무런 장점이 없다고 확신했던) 일부 학생이 이 의미를 받아들이는 동안, 전체 학생에게 다른 질문을 이어간다. "폐쇄형 질문의 단점은 무엇인가요?" 반응은 훨씬 더 신속하게 나타난다.

- 폐쇄형 질문은 많은 정보를 제공하지 않는다.
- 폐쇄형 질문은 토의를 차단한다.
- 정말로 알고 싶은 것을 알 수 없다.

- 더 많이 알아야 하거나 더 많은 정보를 원해도 얻을 수 있는 것은 한 단어로 된 답뿐이다.

다시 안전한 영역으로 돌아가자. 학생들은 이제 다음 질문에 답할 준비가 되어 있다. "개방형 질문의 장점은 무엇인가요?" 그들은 이 질문에는 준비가 되어 있다.

- 더 많은 정보를 얻을 수 있다.
- 더 많은 것을 발견할 수 있다.
- 전체적인 설명을 들을 수 있다.
- 개방형 질문은 더 많은 정보를 제공할 것이다.
- 다른 사람이 무슨 생각을 하는지 들을 수 있다.
- 이해를 돕는 설명을 제공할 것이다.

그러나 학생들은 다시 마지막 질문에서 난관에 부딪친다. "개방형 질문의 단점은 무엇인가요?" 망설임이 있지만, 곧 대답이 시작된다.

- 너무 많은 정보를 얻을 수 있다.
- 적확한 답을 얻을 수 없다.
- 필요한 정보를 얻지 못할 수 있다.
- 들은 모든 것을 이해할 수 있는 것은 아니다.
- 답을 이해하지 못하거나, 답을 가지고 무엇을 해야 할지 알지 못한다.
- 더 혼란스러워질 수 있다.
- 답이 너무 길 수 있다.

장단점에 대한 토의의 마무리 활동으로, 당신은 폐쇄형 질문과 개방형 질문의 차이를 아는 것은 중요하며 두 유형의 질문 모두 유용하다는 사실을 언급하면서 학생들의 의견을 요약할 수 있다. 개방형 질문이 필요한 때가 있고, 폐쇄형 질문이 가장 효과적인 때도 있다.

5 질문을 한 유형에서 다른 유형으로 바꾸기

이제 당신은 학생들에게 폐쇄형 질문과 개방형 질문의 차이에 대한 지식을 확장시킬 기회를 제공할 것이다. 학생들은 질문을 하나의 범주에서 다른 범주로 바꾸는 강력한 능력을 계발할 기회를 가질 것이다.

당신이 제시하는 지시는 단순하고 간결하다. 당신은 학생들에게 자신들의 폐쇄형 질문 중 최소 하나를 골라 개방형 질문으로 바꾸고, 다음으로 최소 하나의 개방형 질문을 골라 폐쇄형 질문으로 바꾸도록 할 것이다.

학생들은 이 과정이 다소 어려울 수 있다. 학생들은 예/아니요로 답하는 질문을 그 이상의 답을 요구하는 질문으로 어떻게 바꿀지 서로 토의하면서 질문에 대해 매우 빠르게 학습하고 있다. 개방형 질문을 폐쇄적인 답을 도출하는 질문으로 좁히는 작업 또한 만만치 않을 것이다.

1) 질문 표현에 대해 배우기

교사는 다양한 질문 표현에 대한 간략한 설명을 반 전체에 다음과 같이 제시할 수 있다.

- ✓ 개방형 질문은 왜? 그리고 어떻게?로 표현된다.
- ✓ 폐쇄형 질문은 ~이니?, ~하니? 그리고 ~할 수 있니?로 표현된다.
- ✓ 무엇?, 누구?, 어디?, 언제?는 두 유형의 질문 모두에 사용될 수 있다.

일부 질문은 두 범주 모두에 속할 수 있기 때문에, 학생들에게 질문에서 끌어낼 수 있는 정보의 한계와 범위에 대해 생각하는 것이 핵심이라고 상기시키는 것이 유용하다. 한 교사는 다음과 같은 학생 질문을 활용하여 여러 범주에 속할 수 있는 질문의 차이를 설명했다.

✔ 누가 대통령인가요? 한 단어의 특정 답 vs. 누가 자격이 있나요? 두 번째 질문에는 문자 그대로 반응하거나(예를 들어, 미국에서 태어난 35세 이상의 미국 시민) '후보자 중 누가 자격이 있는지에 대한 당신의 생각은 무엇인가요?' 혹은 '누가 대통령이 될 자격이 있다고 여겨져야 하나요?'로 해석할 수 있다.

✔ 학생회는 언제 모이나요? vs. 학생회가 모이기 적당한 시기는 언제일까요?

✔ 공청회에서 언제 질문할 수 있나요? (특정 답) vs. 언제 질문하는 것이 가장 효과적일까요?

과정의 어느 시기에 질문 표현을 제시할 것인지는 개인적인 판단에 달려 있다. 너무 빠르면, 당신은 학생이 묻는 질문의 방향을 제시하게 될 수 있다. 너무 늦으면, 학생은 혼란스러워하거나 벽에 부딪칠 것이다. 어느 정도의 혼란은 유익하지만 너무 많아서는 안 된다. 당신은 아마도 이 차이에 익숙할 것이다. 교사들은 학생이 특정 질문을 개방형이나 폐쇄형으로 판단한 이유를 설명하려고 스스로 애쓰면서 고군분투할 때 그리고 자신이 속한 모둠이나 다른 모둠의 친구들에게 질문을 설명하고 바꾸는 방법을 배울 때 더 많이 배운다는 사실을 알고 있다. 만약 당신이 설명을 하거나 무언가를 분명하게 하거나 혹은 도움을 주고자 한다면, 이는 학생에게 스스로 노력할 기회를 준 이후여야 할 것이다. 그 전이 아니라 말이다.

마시 오스트버그의 과학 수업에서 학생들은 질문을 바꾸는 과정을 시작하면서 자신의 사고를 확장하고 탐색했다. 학생들은 '사람의 눈과 동물의 눈의 차이는 무엇인가요?'라는 자신들의 개방형 질문을 보았다. 그들은 이 질문 속에 내재된 한 가지 가정을 깨달았다(이는 한 학생의 "이게 사실인지 어떻게 알아?!"라는 단호한 물음으로부터 제기되었다). 그들은 보다 기본적인 질문으로 시작할 필요가 있다는 사실에 동의하고, 이 개방형 질문을 '사람과 동물의 눈은 차이가 있나요?'라는 폐쇄형 질문으로 바꾸는 것이 유익하다는 사실을 발견했다.

이후 학생들은 폐쇄형 질문을 개방형 질문으로 바꾸는 작업에 착수했다. 그들은 '눈이 어떻게 진화했는지에 대한 다른 이론이 있나요?'라는 질문을 보았다. 질문 표현에 대해 배운 내용을 적용하면서 학생들은 질문을 표현하는 단어인 어떻게와 왜를 넣어보았다. 한 학생이 "눈은 어떻게 진화했나요?"라고 질문했다. 그러자 다른 학생이 그 질문에는 이론에 관한 내용이 빠져 있다고 지적했다. 학생 중 한 명이 무엇이라는 단어를 사용할 것을 제시하며 다음과 같이 질문했다. "눈이 어떻게 형성되었는지에 대한 이론은 무엇인가요?" 학생들은 이 표현이 이 질문을 보는 다른 방식, 즉 학생 중 한 명이 언급한 것처럼 "더 나은 방식"을 제시한다는 것에 동의했다.

많은 교실에서 교사와 학생들은 두 가지 유형의 질문의 차이를 인식하고, 한 유형의 질문을 다른 유형으로 바꾸는 활동이 그들에게 큰 영향을 주었다고 말한다. 그들이 무엇을 배웠는지 묻자, 학생들은 매우 분명하게 다음과 같이 진술했다.

- 폐쇄형 질문과 개방형 질문의 차이를 알았다.
- 이제 한 유형에서 다른 유형으로 질문을 바꾸는 방법을 안다.
- 어떻게 질문을 해야 할지 생각할 필요가 있다.
- 단지 내가 어떻게 질문을 하느냐에 따라 얻는 정보가 달라질 수 있다는 것을 알았다. 전에는 이 사실을 알지 못했다.

이러한 인지적 변화—차이를 아는 것—와 행동적 변화—질문을 바꾸는 것—는 또한 정서적 변화를 가져왔다. 학생들은 질문을 바꾸는 방법을 배우면서 스스로 질문을 다루고 문제 해결책을 모색하는 데 더 자신감을 갖게 되었다고 말한다. 교사들 또한 이러한 변화를 인지했다. 보스턴 주야간학교의 교사 야나 민첸코는 삶과 학교 경험에서 자주 무력감을 느끼는 학생들을 지도한다. 질문을 바꾸는 연습은 그들 스스로에게 일종의 권한을 부여하는 경험이었다. 민 첸코는 다음과 같이 말했다.

> 학생들은 질문을 조작하는 능력을 통해 권한을 얻는다. … 이 능력은 그들의 학습에서 대개 결여되어 있던 권한 의식을 부여하는 것 같다. 자신이 질문을 바꿀 수 있다는 생각은 사물을 다르게 바라보도록 만든다. 나는 학생들이 매직펜을 들고―이것 역시 학생들에게 그들이 활동의 주체라는 인식을 부여한다―폐쇄형 질문과 개방형 질문을 표시하고 한 유형을 지운 후 그것을 다른 유형으로 바꾸는 것을 보았다. 한 여학생은 책상에 엎드려 있다가도 질문을 표시하는 시간이 다가오면 갑자기 똑바로 앉아 매직펜을 들고 매우 적극적으로 참여했다. 이 활동에는 학생을 활기차게 만드는 무언가가 있다.

2) 다음 단계를 위한 세 가지 선택지

이 시점에서 교사는 다음 단계를 위해 세 가지 선택을 할 수 있다.

❶ 질문의 범주를 목적과 연결한다.

만약 당신이 이 과정의 마지막에 학생들이 질문을 가지고 무엇을 할지에 대한 구체적인 목적을 생각해두었다면, 그 목적과 질문의 범주를 연결하기를 원할 것이다. 예를 들어 학생들이 실험실의 실험을 설계하기를 원한다면, 이 단계에서 당신은 학생들이―우선순위를 정하는 단계로 넘어가기 전에―실험의 각 단계에 어떤 유형의 질문이 사용될 수 있는지에 대해 생각하도록 할 수 있다. 학생들은 폐쇄형 질문과 개방형 질문을 어떻게 사용해야 할지 생각할 것이다. 만약 학생들이 연구 프로젝트를 설계하기를 원한다면, 자신의 주요 질문으로 왜 폐쇄형 질문보다 개방형 질문을 선호하는지에 대해 생각하도록 할 수 있다.

② 질문의 우선순위를 정하는 단계로 곧장 나아간다.

만약 당신이 새로운 주제를 소개하거나 학생이 이미 수행한 과제를 얼마나 이해했는지를 평가하기 위해 질문형성기법을 사용한다면, 당신은 폐쇄형 질문과 개방형 질문에 대한 심화 활동을 하는 대신 우선순위를 정하는 다음 단계로 진행할 수 있다.

③ 해당 유형의 질문이 적합한 상황의 목록을 작성한다.

당신은 개방형 질문 또는 폐쇄형 질문을 사용하는 것이 적합한 상황이나 목적의 목록을 반 학생들과 함께 작성할 수 있다. 이는 프로젝트의 연장으로, 학생들이 자신이 필요한 정보가 무엇인지 그리고 자신의 질문을 형성하는 새로운 능력을 어떻게 최대한으로 사용할 수 있는지에 대해 계속해서 생각하도록 만들 수 있다.

이 중 무엇을 선택하든지 당신은 두 가지 유형의 질문의 장점과 단점에 대한 학생들의 의견을 인정해야 한다. 또한 당신은 학생들이 다음 사항을 확실하게 알기를 바랄 것이다.

- ✓ 두 가지 유형의 질문은 모두 가치가 있다.
- ✓ 한 유형의 질문이 다른 유형의 질문보다 더 유용한 때가 있다.
- ✓ 질문을 한 유형에서 다른 유형으로 바꾸는 능력은 중요하다.
- ✓ 질문을 한 유형에서 다른 유형을 바꾸는 것은 하나의 쟁점을 새로운 시각으로 바라보는 방법으로 유용할 수 있다.

6 폐쇄형 질문과 개방형 질문 묻기의 문제 해결하기

학생이 일단 질문의 유형을 분류하고 나서 한 유형의 질문을 다른 유형으로 바꾸는 방법을 학습할 때, 당신은 학생이 다음과 같은 어려움을 극복하도록 도와야 할 것이다.

❶ 질문을 분류하는 데 의견 차이가 있다.

때로 학생들은 질문을 어떻게 분류할 것인지에 대해 논쟁하거나 질문이 어떤 분류에 속하는지에 대해 의견이 일치하지 않을 것이다. 한 학생은 폐쇄형 질문이라고 말하는 반면, 다른 학생은 개방형 질문이라고 생각할 수 있다. 이런 경우에는 분류가 잘못되었을 수도 있고, 해당 질문이 두 범주 모두에 속한 것일 수도 있다. 모둠으로 활동할 때 이런 일이 발생하면 학생들은 토의 시간이 제한되어 있다는 것을 의식하고 보통 폐쇄형과 개방형 모두를 의미하는 'C/O'로 표시한다. 심지어 때로는 모둠 발표 시간에 질문의 분류에 대해 학생들의 의견이 나뉘는 것을 볼 수 있다. 논쟁은 사고를 심화시킬 수 있으므로, 이견이 발생할 가능성에 대해 당신이 미리 이야기할 필요는 없다. 그러나 당신은 학생들이 질문을 분류하는 방법을 학습하도록 다음과 같이 도울 수 있다.

- 그 질문을 던졌을 때 그들이 얻을 수 있는 답의 유형을 생각해보게 한다.
- 질문 표현을 사용하게 한다.
  왜, 무엇, 어떻게 — 개방형
  언제, 어디서, 누구, ~이니, ~하니, ~할 수 있니 — 폐쇄형

❷ 질문 바꾸기—새로운 질문이 본래 질문과 관련이 없다.

학생들은 곧 하나의 단어를 바꾸는 것만으로도 질문을 한 유형에서 다른

유형으로 쉽게 바꿀 수 있다는 사실을 발견한다. 그러나 때로 수정된 질문의 의미가 달라지거나 본래 질문과 관련이 없는 경우가 생긴다. 질문 유형 바꾸기는 학생이 질문의 차이를 구별하고 그 질문을 바꾸는 방법을 학습하는 데 가치가 있다. 그러므로 달라진 의미에 대해 너무 신경 쓸 필요는 없으며, 단지 새로운 질문이 다른 의미를 갖는다는 것을 학생들이 인식하게 한다. 또한 당신은 학생들에게 본래 질문과 더 가까운 새로운 질문을 생각해보라고 요구할 수도 있다.

7 결론

장기적으로 학생들이 내면화해야 할 가장 중요한 원칙은 질문의 구성과 표현이 자신이 얻고자 하는 정보의 유형을 결정한다는 것이다.

자신의 질문을 분류하고 질문의 유형을 바꾸는 작업은 어려울 수 있지만, 일반적으로 겁이 날 정도는 아니다. 학생들은 많은 어려운 생각을 해야 했지만 매우 구체적이고 명확한 과제를 수행했다. 그들이 고려해야 할 것은 단지 두 개의 범주뿐이었다. 그들은 전에 했던 것처럼 텅 빈 백지—부담이 되는 과제—를 가지고 시작하지도 않았다. 대신 그들은 자신들이 이미 생성한 질문을 가지고 시작했다. 그리고 교사는 과제를 수행하기 위한 매우 구체적인 지침을 제시했다. 어느 정도, 그들은 다시 친숙하고 편안한 영역으로 되돌아갔다.

그러나 다음 단계는 학생들을 더 세게 그리고 더 깊이 새로운 영역으로 밀어붙일 것이다. 이제 그들은 도전적이지만 자주 간과되어 온 사고 능력, 즉 우선순위를 정하는 작업에 착수하게 될 것이다.

요점

- 폐쇄형 질문과 개방형 질문은 모두 장단점을 가지고 있다.

- 학생들이 처음으로 질문형성기법을 경험할 때는 폐쇄형 질문과 개방형 질문에 대해 충분히 토의하는 것이 필요하다. 그 이후에 당신은 폐쇄형 질문과 개방형 질문에 대한 연습 중 일부를 선택할 수 있다. 예를 들어, 이 과정을 사용할 때마다 장단점을 토의할 필요는 없다. 당신은 학생들이 질문을 폐쇄형 질문이나 개방형 질문으로 분류하게 한 후 거기에서 멈출 수도 있고, 혹은 각 유형의 질문 중 하나를 골라서 바꾸도록 할 수도 있다.

- 학생들은 보통 폐쇄형 질문과 개방형 질문에 관련된 활동을 발견, 새로운 지식과 깨달음, 또한 재미있는 것으로 묘사한다.

6 장

학생, 질문의 우선순위를 정하다

분석과 수렴

> " 나는 질문을 할 때 탐구하고 있는 주제에 대해
> 더 깊이 생각한다는 것을 발견했다.
> 나는 주제에 대해 스스로 질문을 던질 때
> 자료에서 더 많은 정보를 얻는다. "

우리는 언제 우선순위를 정하는 방법을 배우는가? 우리는 어떻게 그것을 배우는가? 만약 우리가 우선순위를 정하는 방법을 배우지 않는다면, 이는 다양한 주제와 환경에서 효과적으로 학습하고 수행할 수 있는 능력에 어떤 영향을 주는가?

우선순위를 정하는 능력은 학생이 정규 교육에서 습득할 수 있는 가장 중요한―그러나 너무 자주 간과되는―기능 중 하나일지 모른다. 당신은 아마 학생이 많은 자료에서 주제에 대한 정보를 수집하거나 아이디어를 생각해내지만, 그 모든 자료를 이해하는 데 매우 힘들어하는 모습을 보았을 것이다. 당신은 에세이의 개요를 세우고 실험을 설계하고 연구 과제를 수행하는 방법에 대한 당신의 경험과 지식을 토대로 과제와 가장 관련이 있는 내용이 무엇인지, 별로 관련이 없는 내용이 무엇인지를 빠르게 파악할 수 있다. 그러나 학생은 자신 앞에 놓인 자료의 순서와 가치를 정하는 것을 시작하는 방법조차 모를 수 있다.

바로 이것이 우선순위를 정하는 학생의 능력을 계발하려고 하는 지금 시점에서 당신이 기억해야 할 질문형성기법의 초점이다. 당신은 학생이 또 다른 사고 근육을 시험하고 강화할 수 있도록 학생을 자극할 것이다. 유아기 이후 수년에 걸쳐 쇠퇴한 '질문하기 근육'과 달리, '우선순위 정하기 근육'은 단 한 번도 계발될 기회가 없었다. 최근 연구에 따르면, 현명한 의사 결정을 위해 필요한―분명 우선순위를 정하는 능력에 영향을 주는―뇌의 부분은 청소년기까지 완전하게 발달하지 않는다고 한다.[1] 학생들은 단지 수업을 위해서뿐만 아니라 평생의 기능으로써 이 근육과 뇌의 부분을 강화할 수 있는 더 많은 기회를 가져야 한다.

지금이 학생들에게 도전 과제를 줄 좋은 시점이다. 학생들은 자신이 수행한 활동을 통해 일련의 만족감을 느끼고 있다. 그들은 구조화된 과정과 질문 생성 규칙을 사용했고, 자신들이 만들 수 있을 것이라고 생각했던 것보다 더 많은 질문을 성공적으로 생성했다. 그들은 질문들을 신중하게 검토했다. 그리고 최선을 다해 질문을 폐쇄형 질문과 개방형 질문으로 분류하고, 한 유형에서 다른 유형으로 바꾸는 것을 연습했다. 그들은 이미 상당한 양의 활동을 수행했다. 이후에 그들이 당신에게 말하겠지만, 학생들은 이미 새로운 무언가를 학습했고 주제에 대해 그리고 다양한 유형의 질문이 지닌 목적과 가치에 대해 더 깊이 이해하게 되었다는 사실을 인지하고 있다.

이제 그들은 교육 안팎에서 여러 사람들을 괴롭혀온 도전 과제를 수행할 것이다. 우선순위를 정하는 행위―적절하게 중요도를 매기는 능력―는 비교, 분류, 분석, 평가, 종합 등 광범위한 기능을 수반하는 지적 과제이다. 우선순위를 바르게 정하는 것은 도전적이고 힘든 과정이며, 세계의 많은 위대한 과학자들이 깨달았듯이 처음에는 잘못된 방향으로 나아갈 수 있다.[2]

우선순위 정하기는 학생들이 일상에서 직면하는 가장 어려운 생각 중 하나일지 모른다. 그들은 교실 안과 밖에서, 온라인과 오프라인에서, 친구들 사이에서, 그들을 둘러싼 환경에서, 그리고 단기적이고 장기적인 학업을 해야 하는 그들의 하루 일과에서 어떻게 시간을 사용할지에 대해 우선순위를 정하고 의사를 결정해야 한다. 학생들은 항상 우선순위를 정해야 하지만 이를 위해 계획된 과정을 사용하거나 이를 의식적으로 연습하지는 않기 때문에, 효과적으로 우선순위를 결정하는 데 필요한 단계와 기준을 파악하는 능력을 습득하지 못한다. 학생들에게 우선순위 결정 과정을 연습하고 자신들이 도출한 결과물—그들의 질문들—을 사용할 기회를 제공할 때 학생의 의견 분석 및 의사 결정 능력은 향상될 것이다. 질문형성기법의 이 단계에서 학생들은 우선순위를 정하는 기술을 연습할 기회를 가질 것이다. 이것은 한 번, 두 번 혹은 몇 번의 연습으로 숙달되는 규율이 아니라, 많은 시행착오와 경험을 통해 계발되는 능력이다.

당신은 학생들이 이 긴 여정을 통과하도록 도울 것이고, 학생들은 그들이 가지고 있는 질문—즉, 그들 자신의 질문—을 가지고 이 단계를 시작할 것이다.

1 우선순위 질문을 선정하는 과정 — 개요

학생들은 질문을 분류했던 동일한 모둠으로 활동을 계속한다. 학생들이 우선순위를 정하는 데에는 약 5분이 필요할 것이다. 이 과정은 다음과 같이 진행될 수 있다.

① 학생들은 자신들의 목록에서 세 개의 질문을 선정해 우선순위를 정한다. 질문 선정은 교사가 정한 기준을 토대로 한다. 예를 들어,
  • 가장 중요한 질문 세 개를 고르시오.
  • 가장 흥미로운 질문 세 개를 고르시오.
  • 연구 과제를 설계하는 데 가장 도움이 될 질문 세 개를 고르시오.
  • 질문형성기법의 사용 목적을 달성하게 해줄 질문 세 개를 고르시오.

② 학생들은 다음과 같이 세 개의 우선순위 질문을 결정한다.
  • 첫째, 질문 목록을 살펴보고 어떤 질문을 선정할지에 대해 재빠르게 토의한다.

- 둘째, 의견의 일치를 도출한다. 합의, 투표 혹은 다른 전략을 사용해 결정한다.

③ 학생들은 세 가지 우선순위 질문을 결정한 이유를 설명한다.

④ 학생들은 모둠 내에서 이유를 토의하고, 반 전체에 이를 설명하기 위해 준비한다.

⑤ 모둠은 우선순위 질문과 그 질문을 선정한 이유를 반 전체에 발표한다.

우선순위를 정하는 작업은 분석, 평가, 비교, 대조, 그리고 무엇보다도 일종의 합의에 도달하는 능력을 요구하는 도전적인 과제이기 때문에, 이 과정을 촉진하는 일은 질문형성기법의 가장 힘든 부분일 것이다. 그러므로 당신은 학생의 독립적 사고를 촉진하기 위해 당신이 가진 모든 기능을 활용해야 한다. 이때 모둠 과정이 진행되도록 돕는 한편 너무 많이 지시하지 않도록 해야 한다.

2 명확한 우선순위 기준 설정하기

과정을 시작하기 전에, 당신은 명확하면서도 지나치게 지시적이지 않은 우선순위 기준을 설정해야 할 것이다. 우선순위 기준은 당신의 최초 목적, 질문형성기법의 설계, 다음 단계에서 무엇을 할지와 연계되어야 한다. 예를 들어, 이 질문을 가지고 다음 단계에서 무엇을 할지에 대한 목적은 다음과 같을 수 있다.

- 에세이 쓰기
- 조사하기
- 프로젝트 개발하기
- 발표하기

- 학급에서 토의하기
- 독립적으로 연구하기
- 책이나 논문 읽기

우선순위 질문을 정하는 기준은 가능한 한 간단해야 한다. 예를 들어,

- 학생들이 초점을 맞추고 싶은 것
- 학생들에게 가장 중요한 것
- 학생들이 더 탐구할 수 있는 것
- 학생들이 실험 수행, 논문 작성, 책 읽기 등 특정 목적을 위해 사용할 수 있는 것

3 우선순위를 정하는 과정의 단계

우선순위를 정하는 과정을 지도할 때, 당신은 다음 단계를 따를 것이다.

1) 우선순위 결정을 위한 지시 제공하기

우선순위 정하기 연습의 기본적인 지시는 '질문 세 개를 고르시오'이다. 이후에 제시될 교사의 지시는 학생들이 질문 형성 과정을 마치고 나서 그들이 시작하기를 바라는 활동에 따라 결정되어야 한다. 교사가 우선순위 정하기를 지도하기 위해 학생에게 어떻게 지시할 수 있는지에 대한 다음 예를 살펴보고, 그 차이를 생각해보자.

- 가장 중요한 질문 세 개를 고르시오.

- 먼저 답하기를 원하는/답할 필요가 있는 질문 세 개를 고르시오.
- 가장 흥미로운 질문 세 개를 고르시오.

각 지시는 교사가 우선순위 질문으로 무엇을 선택할지에 대한 어떠한 암시도 주지 않으면서 학생들이 질문 세 개를 고를 수 있는 많은 가능성을 제공한다. 그리고 각 지시는 충분히 열려 있는 동시에 충분히 초점이 맞추어져 있어서, 학생의 사고를 보장하면서도 목적과 방향을 제시한다. 지시의 범위를 더 좁혀야 할 필요가 있을 때도 있다. 예를 들어, 학생들이 실험을 설계해야 한다고 생각해보자. 학생들은 위에 제시된 지시 중 하나로 충분할 수도 있고 다음과 같은 지시가 더 필요할 수도 있다.

- 실험을 설계하는 데 도움이 될 수 있는 질문 세 개를 고르시오.
- 검증 가능한 질문 세 개를 고르시오.

만약 학생들이 연구 논문을 작성해야 한다면, 처음에 제시된 세 개의 지시나 직접적으로 관련된 다음 지시를 사용할 수 있다.

- 연구 주제를 정하는 데 도움이 될 수 있는 질문 세 개를 고르시오.
- 연구 초점을 좁히는 데 도움이 될 수 있는 질문 세 개를 고르시오.
- 즉시 연구를 시작할 수 있는 질문 세 개를 고르시오.

기본적인 지시는 동일하다. 지시의 변형은 질문형성기법의 목적―그 수업의 다음 단계―을 토대로 한다.

2) 우선순위 질문 선정하기

세 개의 우선순위 질문을 결정하기 위해 학생들은 먼저 질문 목록을 검토한 후 재빠르게 질문들을 토의할 것이다. 학생들은 다양한 전략을 사용할 수 있는데, 학생들이 사용할 전략을 당신이 미리 결정할 수도 있다. 예를 들어, 투표로 선정하거나 각 모둠원이 질문을 하나씩 고르고 그 질문들의 총계를 내거나 토의를 통해 합의에 도달할 수 있다. 이러한 토의는 시간이 걸릴 수 있다. 당신은 어느 정도의 시간 내에 이 과제를 완수해야 하는지를 학생들에게 알려주어야 한다.

3) 우선순위 질문에 대한 근거 제시하기

다음으로, 학생들은 세 가지 우선순위 질문을 선정한 이유에 대해 모둠원끼리 토의한다. 학생들은 자신들이 해당 질문들을 선정한 근거를 제시해야 할 것이다. 이를 통해 학생들은 어떤 질문이 다른 질문보다 더 중요하거나, 더 기대되거나, 더 적절하거나, 더 시급하다고 생각하는 이유를 검토하고 신중히 생각하게 되기 때문에, 근거 제시하기는 질문형성기법 과정에서 매우 중요한 부분이다. 토의 과정에서 학생들은 서로에게 많은 것을 배우고, 다른 모둠의 우선순위 질문을 더욱 경청할 준비가 된다.

4) 자신의 작업을 발표하기

질문을 선정한 후 각 모둠은 다음 정보를 반 전체에 이 순서대로 발표한다.

① 수정된 폐쇄형 질문과 개방형 질문(최초 질문과 수정된 질문을 발표)
② 자신들이 선택한 우선순위 질문
③ 우선순위 질문을 선정한 이유

당신은 이 부분을 매우 간략하게 수행하거나 교실에서 해온 몇몇 발표 전략을 사용할 수 있다. 예를 들어, 한 명의 발표자가 발표하고 다른 모둠원이 의견을 덧붙이거나 모둠원들이 전체 활동에서 자신이 수행한 부분을 각각 발표한다.

4 사례 연구: 도시 지역 고등학교에서 질문의 우선순위 정하기

4장에서 살펴본 바와 같이, 링-스 피트의 질문 초점인 '고문은 정당화될 수 있다'는 긴 질문 목록을 생성하는 촉매 역할을 했다. 각 모둠은 일부 폐쇄형 질문을 개방형 질문으로, 그리고 일부 개방형 질문을 폐쇄형 질문으로 바꾸는 작업을 수행했다. 이제 그들은 자신들의 목록에서 세 개의 우선순위 질문을 선택해야 한다.

피트는 곧 있을 소크라테스식 문답 수업에서 이 질문들을 사용할 것이라는 사실을 학생들에게 말하지 않았다. 그녀는 학생들이 이러한 수업 구조를 고려하지 않은 상태에서 어떤 질문을 선택하는지 궁금했다. 그녀는 학생들에게 가장 중요하다고 생각하는 질문 세 개를 선정하라고 말했다.

'질문의 우선순위 정하기'는 하나의 간단한 단계를 더하는 것처럼 보인다. 그러나 이 단계를 생략해서는 안 된다. 학생들은 우선순위를 정하면서 초반부에 생성했던 구별되지 않은—판단이 개입되지 않은—많은 수의 질문에서 더욱 분명한 초점과 위치로 나아갈 수 있다. 이로써 학생들은 행동을 취하고 자신의 질문을 전략적으로 사용할 수 있게 된다. 이 논리적인 단계는 학생의 사고와 모둠에서 활동하는 능력을 최대한으로 활용할 것을 요구하는 복잡한 의사 결정 과정을 수반한다.

1) 질문의 우선순위 정하기를 위한 모둠 활동

모둠 활동을 관찰하는 것은 흥미로웠다. 4장에서 관찰한 한 모둠—재스민, 캔디스, 티파니, 카먼—은 고문의 정의와 의미 그리고 한계에 대해 철학자가 인식론적 질문으로 여길 만한 질문들을 생성했다. 그들은 질문을 생성하는 행위에 매료되었고, 고문을 추상적인 개념이나 삶과 동떨어진 문제로 생각하지 않았다. 질문의 우선순위를 어떻게 정해야 할지에 대한 토의가 시작되자, 네 학생은 자신이 선호하는 질문을 옹호하기 위해 서로 압박하고 도전했다.

재스민은 자신의 질문 '고문은 어떻게 정의하나요?'를 우선순위 질문에 포함해야 한다고 주장했다. "우리는 먼저 우리가 말하고 있는 것에 대해 알아야 해. 그 의미를 알지 못하면 그걸 판단할 수도 없어." 그녀는 꽤 단호하게 말했다.

네 여학생은 질문 목록을 살펴보았다. 어느 누구도 '고문은 당신을 기분 좋게 만들 수 있나요?'라는 캔디스의 질문을 언급하고 싶지 않은 듯했다. 모둠의 관심을 다른 질문으로 돌리고 싶었을 캔디스는 목록의 아래쪽을 보면서 "나는 무엇이 고문을 정당화하는가에 대한 티파니의 질문이 맘에 들어"라고 말했다. 티파니는 약간 미소를 지었지만, "음, 그런데 나는 이 질문 때문에 이제는 다른 생각을 하게 됐어"라고 말했다. 그리고 아홉 번째 질문인 '어떤 상황에서 고문을 사용해야 하나요?'를 가리켰다.

그들은 이 질문에 포함된 해야 한다라는 단어에 대해 토의하기 시작했다. 이 단어는 고문이 정당화될 수 있다는 것을 의미하는가? 그들은 생각하고 질문을 던지며 토의하기 시작했고, 어려운 지점에 이르렀다. "음, 만약 우리가 이 질문을 우선순위 질문으로 선택하면, 그건 고문은 정당화될 수 있다는 데 동의하는 게 되는 걸까? 그러면 5번 질문('무엇이 고문을 정당화하나요?')은 어떻게 되는 거야?" 카먼은 불쑥 말했다.

그들은 한순간 말이 없었다. 캔디스는 "다른 질문을 먼저 봐야 할 것 같아"

라고 제안했다.

재스민은 "'고문은 오직 육체적인 것인가'에 대한 12번 질문이 고민돼. 하나의 간단한 정의를 생각하는 게 더 어려운 것 같아"라고 말했다.

다시 무난한 주제로 돌아가서 캔디스는 "'주로 누가 고문을 당하나요?'라는 6번 질문을 봐. 우리는 이 질문을 '고문을 당하는 사람은 주로 젊은 사람인가요 아니면 나이가 많은 사람인가요?'로 바꾸었어. 나는 그 답이 궁금해"라고 말했다. 캔디스는 확실한 답을 줄 질문을 우선순위 질문으로 고르고 싶어하는 반면, 재스민은 고문으로 간주되는 행위의 경계를 지정하고 규명하고 정의하고 설정하는 첫 단계에 대해 고심하고 있었다.

캔디스의 말을 들은 티파니는 "만약 젊은 나이에 고문을 당한다면, 13번 질문 '고문의 장기적인 영향을 무엇인가요?'가 묻고 있는 것처럼 그 영향은 오래 지속될 거야"라고 말했다.

모든 모둠원은 이 의견에 동의했다. 그들은 '고문을 당하는 사람은 주로 젊은 사람인가요 아니면 나이가 많은 사람인가요?'에 대한 답이 궁금했다.

피트가 모둠들에 우선순위 질문을 정하는 활동을 마무리하고 반 전체에 발표할 준비를 하라고 말했을 때, 질문 사이에 존재하는 긴장 관계를 일찍이 포착했던 카먼은 '무엇이 고문을 정당화하나요?'를 적극적으로 옹호했다. 그녀는 "우리가 이 문제에 대해 더 생각하려면 이걸 알 필요가 있어"라고 주장했다. 그들은 이미 용어를 정의할 의욕을 모두 불태운 것처럼 보였고, 이 질문을 두 번째 우선순위 질문으로 정하는 데 동의했다. 또한 이 질문에 대한 동의는 고문이 발생한다는 사실을 인정하는 계기가 되었고, 티파니는 고문의 장기적인 영향에 대한 자신의 관심으로 돌아가 "[마지막 질문인] '고문에 대해 누가 처벌받아야 하나요?'를 우선순위 질문으로 정하자"라고 말했다.

교실의 다른 한편에서는 제럴드, 타제이, 롤런드, 대니엘로 구성된 모둠이 열띤 토의를 하고 있었다. 그들은 질문 생성 단계에서 조용하고 신중한 자세를 보였고, 결국 총 7개의 질문을 생성했다. 그러나 이와 대조적으로 우선순위 결정 과정에서는 활발하게 토의했다.

대니엘은 모둠의 첫 번째 질문이었던 자신의 질문 '어떻게 고문을 정당화하나요?'를 선호했다. 롤런드는 이를 반박했다. "음, 바로 그 질문 때문에 내가 '어떤 상황에서 고문이 필요한가요?'라는 다음 질문을 한 거야. 우리는 고문을 하는 특정한 이유를 살펴볼 필요가 있고, 그게 바로 고문을 정당화하는 방법일 거야. 하지만 우린 먼저 그 상황을 설명해야 해."

대니엘이 "맞아, 그러니까 테러범이라든가 아니면 테러범들이 무언가를 하려고 하는데 그걸 알아내야 한다든가 하는 상황 말이지. 그게 사람들이 고문을 정당화하는 이유가 돼"라고 말하며 끼어들었다.

"맞아." 제럴드가 인정했다. "하지만 고문이 정말로 효과가 있다는 걸 어떻게 알아? 그래서 나는 '고문은 왜 효과적인가요?'라는 이 질문을 우선순위 질문에 포함시켜야 한다고 생각해."

질문 초점에 있는 될 수 있다라는 단어의 역할과 중요성에 대한 대니엘의 질문은 아무도 언급하지 않았다. 대니엘 역시 이에 대해 말하지 않았지만, 그녀의 다른 질문인 '고문은 교훈을 주기 위해 행해지나요?'에 대해 주장을 펼쳤다. 그녀는 "때로는 다른 사람들이 뭔가 하는 걸 방지하기 위해 고문이 사용돼"라고 말했다. 이 문제를 이미 생각하고 있던 타제이는 "바로 그게 사형 제도에 대해 사람들이 하는 말이야. 그런데 다른 사람을 죽이려는 사람이 멈춰서 '잠깐, 나를 죽일 테니까 이건 하면 안 되겠다'라고 말할 거라고 정말로 생각해? 고문으로 어느 누구도 막을 수 없어"라고 반응했다.

대니엘은 설득당한 것처럼 보였고, 목록의 가장 마지막 질문인 '고문은 고문을 당한 사람들에게 어떤 영향을 주나요?'로 돌아갔다. 롤런드는 고문과 정의 사이에 어떤 관련이 있는지 물었던 자신의 질문을 언급하지 않고 고문의 효과에 대한 모둠의 초점을 따라갔다. 그는 "사람들은 항상 교훈이 된다는 이유로 벌을 받아. 그래서 아마 교훈을 주기 위해 고문이 필요하다고 생각하는 것 같아"라고 말했다.

제럴드는 '고문은 왜 효과적인가요?'라는 질문으로 돌아가 말했다. "이 질문을 [토의 중에 제기된 새로운 질문인] '고문이 정말로 효과가 있다는 것을 어떻게 아나요?'로 바꾸자." 타제이는 서기로서의 역할 때문이었는지 아니면 단순히 규칙 위반이라고 생각했기 때문이었는지 "피트 선생님, 피트 선생님! 질문을 새로운 질문으로 바꿔 써도 되나요?"라고 소리쳤다.

피트는 "음, 토의 중에 그 질문이 나왔고 여러분이 그 질문을 우선순위 질문으로 선정하고 싶다면 그래도 괜찮아요. 여러분은 지금 여러분이 생각하기에 질문 초점에 대해 던질 수 있는 가장 중요한 질문 세 개를 고르고 있는 거니까요"라고 대답했다.

제럴드는 상당히 흡족해 보이는 반면 타제이는 짜증 난 것처럼 보였지만 마지못해 그 질문을 적었다. 대니엘은 "좋아, 우리가 어떤 것들을 골랐지? 세 개를 골라야 해"라고 말했다.

피트가 학급에 활동을 마무리하라고 말하자, 모둠은 목록을 다시 보았다. 바꾼 질문에 대해 평정심을 되찾은 타제이는 "음, [피트] 선생님이 [고문의 효과에 대한 새로운 질문인] 이 질문을 사용해도 좋다고 하셨고, 이게 다른 질문보다 좀 더 나아 보여. 그러니까 내 말은, 고문이 누군가에게 정말로 효과가 있는지 알지 못한다면, 우리는 그걸 정당화할 수 없을 거야"라고 말했다. 세부적인 내용에 초점이 맞춰지자 대니엘은 '고문은 교훈을 주기 위해 행해지나요?'를 우선순위 질문에 포함하기를 원했다.

모둠은 이에 동의했지만, 세 번째 질문으로 선택하는 데에서 주춤했다. 피트가 활동을 마무리하라는 말을 다시 했을 때, 제럴드는 "음, 내 생각에는 [롤런드가 질문한] 고문과 정의가 어떻게 관련되는지에 관한 질문을 더 생각해봐야 할 것 같아. 이게 가장 중요한 질문은 아니겠지만, 더 생각해볼 필요는 있다고 생각해"라고 말했다. 하나가 아닌 세 개의 질문을 선택할 수 있었기 때문에 그들은 이 질문을 포함하기로 결정했다. 그들은 동의하고 활동을 마쳤다.

2) 모둠 발표하기

모든 모둠이 자신들의 우선순위 질문을 발표할 때 방금 살펴본 두 모둠은 뚜렷이 구별되는 두 가지 방식으로 반응했다. 그들은 때로 전혀 생각하지 못했던 질문을 들었고, 그러면 지지와 감탄을 뜻하는 소리와 몸짓을 보이며 몸으로 반응했다. 이 두 모둠은 특히, 다른 모둠이 선정한 아래의 우선순위 질문의 표현과 관점에 매료되었다.

- 어떻게 누군가의 고통이 당신이 원하는 결과에 대한 대가가 될 수 있나요?
- 고문이 정당화되어야 하는지 아닌지는 누가 결정하나요?

또 다른 반응 방식도 있었다. 그들은 자신들의 질문과 유사한 질문이 나오면 "모여 봐"라고 하면서 신이 나서 "저건 우리가 질문했던 거랑 완전히 똑같아/비슷해!"라고 서로에게 이야기했다. 예를 들어, 대니엘은 어떤 모둠의 다음과 같은 우선순위 질문에 강하게 반응했다.

- 고문은 왜 효과가 있나요?

그리고 그들은 자신들의 질문을 강하게 상기시키는 다른 질문을 들었을 때 기뻐했다.

- 정의는 고문과 관계가 있나요?

학생들이 이러한 반응을 보이자, 피트는 학생들을 집중시키고 모둠 발표가 끝날 때까지 모든 질문을 경청할 것을 요구했다. 몇몇 학생은 자신이 한 행동을 인정하면서 고개를 끄덕였다. 몇몇 학생은 지쳐 보였는데, 그날 교실에 들어서면서 예상했던 것보다 훨씬 많은 생각을 해야 했기 때문이었다.

그들은 정말 많은 생각을 해야 했다. 그들은 방금 학습 곡선의 가파른 경사를 올랐다. 그들은 자신들의 질문을 가지고 논쟁하고 토의하고 평가하고 우선순위를 정했다. 그들은 모든 질문을 생성했고, 이후 어느 질문이 가장 중요한지에 대해 결정을 내려야 했다. 질문의 우선순위를 정하는 토의에서 학생들이 펼친 주장은 의회위원회 회의나 대법원 심의에서 논의되는 주장과 크게 다르지 않았다. 학생들은 고문의 정당성과 효과, 고문이 사람들에게 미치는 영향, 누가 주로 고문을 당하고 그 이유는 무엇인지에 대해 알고 싶었고, 이러한 내용으로 그들 자신의 의제를 도출했다. 그들은 옳고 그름에 대해 질문을 던졌고, 고문의 사용을 정당화할 수 있는 것이 무엇인지에 대해 끈질기게 질문했다.

매우 짧은 시간 동안 학생들은 확산적 사고의 강렬한 발현에서 시작해 점차 질문을 분류하는 수렴적 사고 과정으로 단계를 밟아 이동하는 긴 지적 여행을 했다. 이후 그들은 질문을 분석하고 우선순위를 정하는 힘든 지적 노동을 했고, 그 과정에서 일부 질문을 우선순위 질문으로 선정하기 위해 친구들을 설득하는 방법을 배워야 했다.

5 사례 연구: 중학교 과학 수업에서 우선순위 질문 정하기

4장에서 살펴본 팰로앨토 지역의 6학년 과학 수업에서, 뒤퓌 선생님의 학생들은 '판구조는 지형과 지역사회에 영향을 준다'라는 질문 초점을 토대로 생성된 질문들의 우선순위를 정하며 같은 방식으로 의견을 주고받았다. 이번 사례의 경우, 뒤퓌는 학생들에게 각 모둠에서 우선순위 질문을 하나씩 선정해 칠판에 적을 거라고 설명했다.

이것은 자주 사용되는 '우선순위 질문 세 개를 고르시오' 전략의 흥미로운 변형이다. 뒤뛰는 학생들에게 모든 모둠이 우선순위 질문을 칠판에 적으면, 학생들은 특정한 지리적 장소를 선정하고 판구조론이 그 장소와 지역사회에 미치는 영향에 대해 조사하는 다음 단계에서 더 탐구하고 싶은 질문 하나를 선택하게 될 것이라고 말했다. 그녀는 질문을 하나로 좁혀야 하기 때문에 평소보다 더 많은 시간이 필요하다는 것을 알았고, 우선순위 질문을 선정하는 데 10분을 주었다.

판구조론과 관련해서 기후에 대한 영향뿐 아니라 동물의 행동과 인명 피해에도 흥미를 보였던 모둠은 질문에 관해 논쟁하기 시작했다. 그들은 질문의 상대적 가치를 매우 전략적으로 분석했다. 또한 그들은 자신들이 생성한 질문의 순위를 정하는 과정의 일부로서 계속해서 질문을 던졌다.

"쉽게 답할 수 있는 질문이 뭐지?" 리엄이 묻자, 스테퍼니는 "그런데 그런 질문을 생각하느라 프로젝트 시간을 허비하는 건 말이 안 돼"라고 반응했다.

기록자의 역할을 맡은 미셸은 이 활동에 대해 마치 시간이 30초밖에 없는 것처럼 모든 기본적인 사실 질문들에 선을 그어 제외하려는 태도를 보였다. 그녀는 열정적으로 이 작업을 수행했다. 그러나 그녀가 '어째서 일부 화산은 단층 위에 있지 않나요?'라는 질문에 선을 그으려고 했을 때, 그녀는 반대에 부딪쳤다. 대니얼은 "어, 잠깐! 이 질문은 그렇게 간단하지 않아"라고 말했다. "이건 개방형 질문이야." 자신이 이제 폐쇄형 질문과 개방형 질문을 분명하게 이해한다는 것에 기분이 좋은 대니얼이 주장했다. 모둠은 잠시 이에 대해 논쟁했고, 미셸은 수긍하며 "알겠어. 우리가 배제할 수 있는 다른 질문을 찾아보자"라고 말했다.

얼마나 많은 사람이, 평균적으로든 아니든, 지진으로 사망하는지에 대해서는 아무도 관심이 없어 보였다. 그들은 이제 앞으로 몇 주 동안 탐구하게 될 흥미롭고 생산적인 질문을 생각하는 데 분명하게 초점을 맞추고 있었다. 그들은 질문 초점으로 다시 돌아갔고, 기록자는 영향을 주다라는 단어에 밑줄을 그었다. 남학생 중 하나가 "그 단어로 된 질문들이 있잖아. 어디 있지?"라고 재촉했다.

그들은 목록을 훑어보았다. 미셸이 18번 질문 '판의 크기는 판의 두께에 영향을 주나요?'를 보라고 말했다. "맞아, 근데 이건 폐쇄형 질문이야." 스티븐이 말했다. "이 질문에서는 많은 걸 얻지 못할 거야. 이 질문에 시간을 많이 쏟고 싶진 않아." 그리고 나서 그들은 다음 두 질문을 보았다(이 질문들은 총 24개로 이루어진 질문 목록의 21번과 22번 질문이었다).

- "판은 기온에 어떻게 영향을 주나요?"
- "판은 강수에 영향을 주나요?"

"이건 정말 우리가 얘기해봐야 할 질문이야." 미셸이 단언했다. "그래, 그런데 어느 질문?" 앞서 평균 사망자에 대해 질문했던 대니얼이 물었다.

"음." 앞의 토론에서 배운 내용을 활용하며 미셸이 말을 시작했다. "이걸로 한동안 과제를 수행할 거니까 여기서는 개방형 질문을 선택해야겠지." 그녀는 '판은 기온에 어떻게 영향을 주나요?'에 대한 합의를 끌어냈고, 학생들은 이 질문이 폐쇄형 질문―'판은 기온에 영향을 주나요?'―에서 개방형 질문으로 바꾼 것이라는 점을 언급하면서 특히 자랑스러워하는 것 같았다.

6 질문의 우선순위 정하기의 문제 해결하기

여기에서는 질문의 우선순위를 정하는 과정을 지도할 때 발생할 수 있는 어려움을 해결하기 위해 교사들이 사용하는 몇몇 방법을 제시한다.

1) 학생들이 질문에 합의하지 못한다

❶ 우선순위 질문은 항상 세 개여야 하는가?

아니다. 학생들은 세 개의 우선순위 질문을 선정하려고 노력하는 과정에서 많은 것을 발견한다. 그러나 학생들이 수렴적으로 사고하여 자신들이 좋아하는 질문 세 개를 발견하지 못하거나, 오직 두 개에 대해서만 합의하거나, 혹은 네 번째 질문을 포함하고 싶다면 어떻게 해야 할까? 당신은 어떻게 해야 하는가?

그 답은 부분적으로 당신이 다음 단계에서 하기를 원하는 것에 달렸지만, 질문의 수는 융통성 있게 정해도 좋다. 당신이 한 개의 질문을 선호한다면 그것도 괜찮다. 학생들이 네 번째 질문에 흥미를 보이고 그 질문을 버리지 못한다면, 그것도 가능하다. 여기에서 핵심은 학생들이 많은 수의 질문으로 이루어진 질문 목록에서 질문을 선별하는 수렴적 사고를 하도록 하고, 다루기 용이한 더 적은 수의 질문 목록을 만들도록 하는 것이다. 또한 당신은 당신이 계획한 다음 단계에 따라 각 모둠이나 반 전체가 결과적으로 하나의 질문을 선정하게 할 수도 있다. 당신은 학생들이 먼저 세 개의 질문을 선정하고, 이후 세 개 중 하나를 고르게 함으로써 이 과정을 달리할 수 있다.

❷ 학생들이 모둠의 우선순위 질문에 합의하지 못한다

때로 모둠은 의견 일치에 어려움을 겪을 것이고, 이견이 있을 것이다. 이러한 상황에서 당신은 다양한 전략을 사용할 수 있다. 예를 들어, 학생들이 개별적으로 질문을 선정하거나 두 명이 한 팀을 이뤄 질문을 선정하게 한다. 학생들은 개별적으로 질문을 발표하거나 총계를 내서 우선순위 질문을 결정할 수 있다.

❸ 학생들이 우선순위 질문을 선정한 이유에 대해 합의하지 못한다

교사는 모둠 활동을 관찰하고 지원할 때 학생들이 이 부분을 완수하는지

확인해야 한다. 학생들이 질문을 선정한 이유에 대해 모둠으로서 합의에 이르지 못한다면 모둠원 중 지원자가 그들이 선정한 질문과 어떻게 그 우선순위 질문에 도달했는지에 대해 발표하도록 한다.

2) 교사 역할

❶ 학생들이 우선순위 질문을 선정할 때 지원하기

우선순위 질문을 제시하거나 예를 제시하려 하지 말라. 이는 질문 선정의 방향을 제시할 수 있기 때문이다. 질문 선정의 기준을 상기시킴으로써 학생들을 지원하라.

❷ 모둠 발표 촉진하기

이것은 많은 시간이 소요되지 않는 간략한 발표여야 한다. 이 활동의 목적은 학생들이 동일한 질문 초점에 대해 어떻게 다른 관점으로 접근하는지를 서로에게 배우는 것이다. 일반적으로 지원자가 발표하거나 모둠원들이 공동으로 발표할 수 있으며, 당신이 발표 구조를 결정할 수도 있다. 또한 당신은 학생들이 발표에 집중하는 것을 돕기 위해 추가적으로 지시할 수 있다. 예를 들어, "여러분의 질문과 유사한 질문이 있는지 볼 수 있을 거예요"라고 말할 수 있다.

❸ 발표 시 학생들의 기여 인정하기

발표 부분은 이 과정에서 중요한 단계이다. 일부 학생은 이 단계를 통해 수업에 더 적극적으로 참여할 수 있는 자신감을 얻는다. 당신이 모든 학생의 참여를 동등하게 인정하는 것은 학생과 교실의 역동성에 도움이 된다. 일부 학생의 참여에 더 큰 가치를 두면 학생의 참여 의욕을 꺾을 수 있다. 간단히 "수고했어요"라고 말하는 것으로 충분하다.

3) 우선순위 과정에서 사용할 수 있는 기타 유용한 조언

우선순위 질문을 선정하기 위해 열띤 토의를 할 때, 학생들은 자신에게 친숙한 학생 행동으로 돌아가 당신이 질문에 답을 해주거나 질문을 명확히 해주거나 아니면 단순히 교사의 권위로 문제를 해결해줄 것을 요구할 수 있다. 이것은 함정이다. 이 과정에서 당신의 역할은 학생들이 스스로 이 과정을 헤쳐나가는 방법을 배우도록 돕는 것이라는 점을 분명하게 인식해야 할 것이다.

[표 6-1] 질문의 우선순위 정하기에 대한 조언

학생들이…	교사 역할
처음에 교사가 원하는 것이 무엇인지 파악하는 데 초점을 맞추고, 직접적으로 교사를 우선순위 질문 선정 과정에 끌어들이려고 노력한다.	학생들의 우선순위 토의에 휘말리거나 학생들과 의견을 주고받지 않도록 주의한다.
교사에게 어떻게 질문을 선택하는지에 대해 묻는다.	모든 질문에 대해 반 전체에 교사가 정한 우선순위 질문 선정 기준을 상기시키는 방식으로 반응한다.
질문의 중요성을 가늠하고 명료하게 하기 위해 교사의 의견을 알기를 원한다. "이게 우선순위 질문으로 선생님이 말하시는 건가요?" 또는 "우리가 선택해야 하는 질문의 예는 무엇인가요?"	학생들이 질문을 토의할 때 그들이 우선순위 질문으로 고려하고 있는 어떤 질문에 대해서도 긍정적으로 또는 부정적으로 판단하지 말라.
우선순위 질문의 예를 원한다.	우선순위 과정이나 가능한 우선순위 질문에 대해 학생들에게 예를 제시하지 말라. 예는 학생들이 우선순위 질문을 당신이 제시한 것과 같은 방향으로 선정하도록 이끌 것이다.
바른 길로 가고 있는지 확인하기를 원한다.	학생 질문에 긍정적으로 또는 부정적으로 반응하지 말라. 교사는 판단을 자제해야 한다.
생성한 질문의 수가 너무 적다.	학생들이 이 단계를 완수할 수 있을 만큼 충분한 수의 질문을 만들게 하라. 우선순위 과정을 위해 학생들은 목록에 최소 5-6개의 질문을 가지고 있어야 한다.
세 개의 질문에 합의하지 못한다.	최후의 수단으로 전략을 바꾸어 학생들이 개별적으로 질문 세 개를 고르게 하거나 또는 각 학생이 자신에게 가장 중요한 질문 하나를 고르게 한다.
세 개 이상의 질문을 고르기를 원한다.	학생들이 세 개의 질문을 선정하도록 독려한다. 학생들이 네 개의 질문을 선정한다 해도 큰 문제가 되지 않는다. 다만 학생들에게 왜 네 번째 질문을 포기할 수 없었는지를 설명하게 한다.

[표 6-1]은 이 과정이 진행되는 동안 교사가 명심해야 할 몇 가지 사례를 보여준다.

7 결론

학생들은 이제 질문형성기법의 가장 도전적이고 흥미로운 부분을 성취했다. 그들은 자신들이 던진 모든 질문의 가치와 상대적인 중요도에 대해 깊이 생각했다. 그들은 자신들이 이해하게 된 것, 질문 간의 유사점과 차이점, 다른 모둠에서 들은 질문에 자극 받았다. 그들은 다음 단계—이 질문들을 어떻게 사용할 것인가?—로 넘어가기를 갈망한다. 바로 이것이 우리가 다음 장에서 살펴보고자 하는 내용이다.

요점

- 우선순위를 정하는 능력은 필수적인 학습 기능인 동시에 삶의 기능이다.
- 학생들은 교사가 설정한 기준을 토대로 자신들의 질문의 우선순위를 정한다.
- 학생들은 어떤 질문을 우선순위 질문으로 정해야 하는지에 대해 토의하고 논쟁하면서 서로에게서 배울 것이다.
- 교사는 모둠 활동을 관찰해야 하지만, 우선순위 질문 선정에 대해 너무 많이 지시하거나 예를 제시하지 않도록 주의해야 한다.
- 우선순위를 정하는 능력을 강화하기 위해 학생들은 우선순위 질문을 선정한 이유를 제시해야 한다.

7 장

다음 단계

"이 모든 질문을 가지고 무엇을 하지?"

> ❝ 이 수업에서 내가 배운 가장 유용한 것은
> 더 잘 이해하기 위해 질문하는 방법을 배운 것이다. ❞

앞의 장들에서 살펴본 학생과 교사는 지적인 탁구 경기를 했다. 경기는 교사의 질문 초점에 대한 설계로 시작해 주고받기를 계속하며 진행되었다. 교사가 학생들에게 질문 생성 규칙을 고려하도록 요구하면, 학생들은 질문을 생성한다. 교사가 폐쇄형 질문과 개방형 질문에 대해 소개하면, 학생들은 이 질문의 유형에 대해 생각한 후 자신들의 질문의 유형을 바꾼다. 교사가 질문의 우선순위를 정하기 위한 기본 규칙을 설정하면, 학생들은 자신들의 질문의 우선순위를 정하기 위해 수렴적 사고에 돌입한다. 이러한 주고받기는 학생들이 우선순위 질문을 선정하고 질문 선정 이유를 설명하면서 마무리된다.

활동은 여기에서 끝날 수 있다. 학생들은 분명 휴식을 취할 자격이 있다. 그들은 결국 일반적인 주제—최초의 질문 초점—에 대한 막연하고 불완전한 생각에서 출발해, 합의나 투표에 의한 엄격한 선별 과정을 거쳐 마침내 세 개의 최종적인 우선순위 질문을 도출했다. 이것은 그 자체로 상당한 성과이다. 신중하게 계획된 이러한 과정은 그 자체로 협동 학습의 모델과 정보에 입각한 의사 결정의 자원으로 기능할 수 있을 것이다.

여기에서 과정을 끝낼 수도 있다. 도출된 우선순위 질문이 학생의 학습을 활성화하고, 개선하며, 가속화할 수 있다는 사실을 무시한다면 말이다. 그러니 이제 이 질문들을 사용해서 다음 단계로 넘어갈 시간이다.

1 질문 사용을 위한 많은 선택지

질문형성기법은 교사에게 학생의 마음속에 있는 질문을 여과 없이 보고 듣고 생각할 기회를 제공한다. 그리고 학생에게는 친구들의 마음속에 있는 질문을 들을 기회를 제공한다. 일단 질문이 입을 통해 나와서 기록되면, 이 질문들은 다양한 수업과 학교 상황에서 생산적으로 사용될 수 있다. 질문형성기법 사용에 익숙해진 일부 교사와 학생들은 이를 일상적인 수업 활동의 일부로 사용하기도 한다.

예를 들어, 교사는 두나우(do-now) 활동*으로 수업을 시작할 때 질문형성기법을 사용하거나(학생들이 질문 생성 규칙을 이용해 질문을 생성하도록 한다), 학생들이 수업의 마지막에 질문을 생성하도록 할 수 있다[이것은 일부 대학에서 강의를 들은 학생들이 어떤 정보를 얻었는지를 파악하기 위해 사용하는 클리커 시스템(clicker system)과는 상당한 차이가 있다]. 또한 학생들은 새로운 과제나 화제 혹은 주제가 공식적으로 소개되기 전에, 이에 대한 생각이나 읽기를 안내하는 데 사용할 질문을 생성할 수 있다. 그들은 숙제의 방향을 잡거나 시험을 준비하기 위해 질문을 생성할 수도 있다. 교사는 학생이 어떤 유형의 질문을 하고 어떤 유형의 질문을 하지 않는지를 파악하기 위해 단원의 중간 평가의 일환으로 질문을 생성하도록 할 수 있다. 이것은 학생이 전에 배운 내용 중에 무엇을 이해했고, 앞으로 있을 수업에서 무엇을 배워야 하는지를 통찰할 소중한 기회를 제공한다.

....

* 교사가 칠판에 써놓거나 학생들이 교실에 들어섰을 때 바로 수행해야 하는 활동.

학생들은 자기 자신의 질문을 할 때 더 효과적으로 학습하고 더 효율적으로 정보를 기억하기 때문에, 질문형성기법은 다양한 용도로 사용될 수 있는 유의미한 도구이다. 학교에서는 입학생에 대한 오리엔테이션 과정의 일부로, 또는 전학생이 이전에 다닌 학교와 다른 규칙, 요구 및 기준을 이해하도록 도와주는 활동의 일부로 질문형성기법을 사용할 수 있다.

'학생 질문 사용의 예'에서는 모든 교과 영역 및 학년 수준에 걸쳐 학생들이 생성한 질문을 어떻게 사용할 수 있는지에 대한 몇 가지 예를 제시한다.

 학생 질문 사용의 예

단원/수업의 시작

- 두나우 활동으로, 학생은 전날 배운 내용이나 앞으로 배울 내용 또는 수업 토의를 유도하기 위한 특정 주제와 관련된 질문을 한다.
- 학생은 새로운 과제나 화제 혹은 주제가 공식적으로 소개되기 전에 이에 대한 읽기나 생각을 안내하는 데 사용할 질문을 생성한다.
- 학생은 연구 논문, 에세이, 실험, 프로젝트의 구체적인 주제를 찾기 위해 질문을 사용한다.
- 교사는 학생의 선행 지식을 평가하고, 정보와 이해 사이의 간극을 확인하기 위해 학생 질문을 사용한다.
- 교사는 다음 수업이나 단원 전체에 대한 학습 계획을 형성하거나 개선하기 위해 학생 질문을 사용한다.
- 학생 질문은 소크라테스식 문답 수업의 내용을 안내한다.
- 교사는 단원을 진행하면서 학생들이 볼 수 있도록 학생 질문을 게시한다.

단원/수업의 중간

- 학생은 숙제의 방향을 정하기 위해 질문을 생성한다.

- 질문은 단원의 다음 단계를 준비하기 위해 교사가 검토할 예를 제공한다.

- 학생은 시험에 대비하기 위해 질문을 사용한다.

- 질문은 학생이 고려하고 있는 쟁점과 그렇지 않은 쟁점, 학생이 이해하거나 배우고 있는 것과 그렇지 않은 것에 대한 교사의 평가를 돕는다.

- 교사는 학생들이 생성한 질문이 활동을 통해 어떻게 답을 얻고 있는지를 보여주기 위해 단원 초기의 학생 질문을 참고한다.

- 질문은 모의재판 연습을 안내할 수 있다. 모의재판에서 판사의 역할을 맡은 학생은 변호인에게 할 질문을 준비하고, 변호인을 맡은 학생은 상대편 변호인과 판사에게 받을 질문을 예상하려고 노력한다.[1]

- 학생은 직업 탐구를 위해 질문을 준비한다.

단원/수업의 끝

- 수업의 끝 부분에서 학생은 두나우 활동으로 방금 마친 수업이나 다음 날의 수업 활동 또는 곧 있을 과제나 주제에 관해 질문을 한다.

- 학생 질문은 학생의 최종 보고서, 파워포인트 발표 준비, 과제물 작성을 돕는다.

- 학생은 외부 전문가와의 면담을 준비하기 위해 질문을 사용한다.

- 질문은 학생 학습에 대한 최종 평가 및 검토를 돕는다.

- 학생과 교사는 다음 단원을 위한 새로운 연구 주제를 정한다.

- 교사는 학생들이 생성한 질문이 활동을 통해 어떻게 답을 얻었는지를 보여주기 위해 단원 초기의 학생 질문을 참고하고, 아직 답을 얻지 못한 질문이 무엇인지 학생과 협력하여 확인한다.

2 수업 예시: 프로젝트를 시작하기 위해 질문 사용하기

이전의 장들에서 만난 교사들은 교수 목적을 실현하고 학습 결과를 개선하기 위해 질문형성기법을 왜 그리고 어떻게 사용해야 할지 계획했고, 계획대로 학생들의 질문을 매우 효과적으로 사용했다.

링-스 피트의 인문학 수업에서 학생들은 줄리아 알바레즈의 소설 『나비들의 시절』에 초점을 맞춘 소크라테스식 문답 수업을 안내할 우선순위 질문을 선정했다. '고문은 정당화될 수 있다'라는 최초의 질문 초점을 가지고 학생들은 고문의 정의와 사용, 영향에 대해 열심히 그리고 깊이 있게 생각했다. 학생들의 질문으로 수업의 방향이 결정되었기 때문에 그들은 강한 주인의식을 느꼈다. 모든 종류의 질문을 하던 현자의 이름을 딴 학습 환경에 들어갔을 때, 학생들은 자신들이 수업의 구조와 방식에 큰 변화를 주었다는 사실을 분명하게 인식했다. 학생들은 교사가 제기한 질문이 아니라 자신들이 생성한 질문에 의해 스스로 사고하면서 그 수업에 임했다.

마시 오스트버그의 생물 수업에서 학생들은 최초의 질문 초점인 '오염은 보스턴 주민들에게 피해를 준다'와 관련된 실험을 설계했다. 학생들은 연구와 정보 수집 과제를 알고 그 우선순위를 정하기 위해, 또한 실험의 방향을 정하고 설계하기 위해 자신들의 질문을 사용했다. 마시는 자신의 질문을 생성한 학생들이 그녀가 본 어느 학생들보다 더 깊이 있고 빠르게 실험을 설계하는 것을 보았다.

헤일리 뒤퓌의 6학년 학생들은 최초의 질문 초점인 '판구조는 지형과 지역 사회에 영향을 준다'와 관련된 프로젝트에 열정적으로 임했다. 학생들은 자신들이 탐구하고자 하는 최우선 질문을 선정했고, 이 질문에 관심을 공유하는 친구들과 협력했으며, 질문에 대한 답을 얻기 위해 심층 연구 과정에 돌입했다. 한 달 반이 지난 후, 학생들은 교사의 엄격한 기준을 충족한 파워포인트 자료를 만들고 멀티미디어 발표를 수행했다. 그리고 어느 날 저녁, 그들은 그 작품을 부모들 앞에서 자랑스럽게 발표했고, 부모들은 깊은 감동을 받았다.

이 세 교사는 교수 목적을 달성하기 위해 질문형성기법과 단원의 도입부나 도입부와 가까운 과정에서 생성된 학생 질문을 사용했다. 이번 장의 나머지 부분에서는 질문형성기법과 학생 질문의 사용을 변형한 세 가지 예를 추가적으로 살펴볼 것이다. 여러분은 학생들이 자신의 질문을 단원의 마지막 순간까지 계속해서 사용하거나 혹은 단원의 어느 시기에서든 가져와 사용하는 모습을 보게 될 것이다.

앞으로 제시될 예에 등장하는 교사들은 학생 질문을 촉진하는 데 매우 익숙하다. 이들은 학생들에게 더 전통적인 방식으로 주고 싶은 핵심 수업과 학생의 학습이라는 두 흐름에 학생 질문이 어떻게 융합될 수 있는지를 잘 보여준다.

① 수학자처럼 사고하기

수학 수업에서 생성된 학생 질문이 학생 학습의 경계를 지속적으로 넓히고, 전통적인 문제 해결 방법의 타당성을 더 깊이 이해할 수 있는 토대를 마련한다.

② 학생 질문이 연구 주제를 정하다

여러 과목의 협력 프로젝트를 수행하는 학생들은 연구 및 프로젝트 기반 학습에서 자신들의 질문을 사용하여 그들 자신이나 교사들이 가능하리라 생각했던 것 이상을 배우고 달성한다.

③ 학생 질문이 '열림 버튼'을 누르다

어려운 쓰기 과제에 직면했을 때, 한 학생의 질문이 내용을 이해하고 이전에는 대처할 수 없었던 어려움을 극복하는 촉매제로 작용한다.

3 사례 연구: '수학자처럼 사고하기'

교사 **지미 프리키, 이글락스쿨 & 직업개발센터, 콜로라도주**

과목 **수학**

학급 크기 **25명**

질문 초점 **다양한 수학 문제**

질문형성기법 사용 목적 **수학자처럼 질문하기**

콜로라도주 이글락스쿨 & 직업개발센터(Eagle Rock School and Professional Development Center)에서 지미 프리키(Jimmy Frickey)의 학생들은 자신의 질문을 사용하는 야심찬 실험의 일부를 시작하고 있었다. 전액 장학금을 제공하는 이 작은 기숙학교에 온 학생들은 모두 비슷한 이력을 가지고 있다. 그들은 전통적인 학교 프로그램에서 그리 성공적인 경험을 하지 못했고, 고등학교를 졸업할 것을 기대하지도 않았다. 프리키의 수학 수업에 들어와서도 그들은 자신들이 해야 할 일은 일련의 수학 문제를 풀고 답을 제출한 후 교사에게 다음 문제를 받기를 기다리는 것이라고 생각했다. 프리키는 학생들이 답을 찾는 사고에서 답을 질문으로 바꾸는 사고로 전환하기를 원했다. 이것은 전통적인 학생-교사 관계의 역할을 바꾸어야 하는 쉽지 않은 과제였다. 그는 전에 수학을 그리 잘하지 못했던 이 학생들에게 '수학자처럼 사고하기'를 요구할 참이었다.

프리키는 대부분의 학생들이 풀 수 있거나 최소한 그 답을 이해할 수 있을 만한 비교적 간단한 문제로 시작했다. 그들에게 문제를 풀 시간을 준 후, 답을 말하고 왜 그 답이 옳은지 설명하도록 했다. 여기까지는 여느 수학 수업과 다르지 않았다. 그러나 이후 프리키는 학생들이 방금 푼 답을 가지고 그에 대한 새로운 질문을 생성하게 했다. 이전 질문에 대한 답이 이제는 질문 초점이 되는 것이다.

학생들이 질문을 생성하면, 프리키는 서기 역할을 하며 그 질문들을 칠판에 적었다. 그러고 나서 각 학생은 더 살펴볼 하나의 질문을 선택했다. 자신들이 선택한 수학 문제를 푸는 작업을 마치면, 학생들은 다시 자신의 답을 제시하고 이 과정을 반복했다.

프리키는 수업의 첫 주 동안 이러한 과정을 지속했다. 그런 다음 학생들이 비교적 짧은 시간 내에 얼마나 많은 질문을 생성했는지를 보여주기 위해 학생들과 함께 모든 질문을 지도로 만들었다. 학생들은 지도의 중앙에 위치한 말풍선 안에 있는 시작 질문을 보았다. 거기에서 바깥쪽으로 화살표가 나와 있는 곳에 보다 작은 말풍선들이 위치하고, 작은 말풍선 안에는 새로운 질문들이 적혀 있다. 작은 말풍선 안에는 질문에 대한 답도 간략하게 제시되어 있다.

학생들은 곧 질문에 답하고, 새로운 질문들을 생성하고, 이 질문들에 답하고, 반 전체와 자신의 답을 공유하고, 그 답을 더 많은 질문 생성을 위한 새로운 질문 초점으로 채택하는 이러한 흐름에 익숙해졌다. 이 과정을 통해 학생들은 수학 문제를 다른 관점에서 분해하고 깊이 파헤칠 수 있었다. 어떤 수업에서 그들은 정수*에 대한 깊이 있는 사고를 요하는, 고전적인 수학 이야기 문제인 깨진 달걀 문제(broken-egg problem)를 푸느라 고심하고 있었다. 문제는 다음과 같다.

한 농부가 달걀을 시장으로 운반하던 중 수레가 땅의 움푹 팬 곳에 빠진다. 수레는 엎어지고, 달걀은 모두 깨진다. 그래서 그녀는 보험회사에 가고, 보험회사는 그녀에게 몇 개의 달걀을 가지고 있었는지 묻는다. 그녀는 모르겠다고 말하다가 달걀을 여러 방법으로 포장했던 경험을 떠올리고는 무언가를 기억해낸다. 그녀가 달걀을 두 개, 세 개, 네 개, 다섯 개, 여섯 개씩 묶었을 때는 한 개씩이 남았지만, 일곱 개씩 묶었을 때는 남는 달걀이 없이 완벽하게 맞아떨어졌던 것이다. 농부는 이 정보를 이용해 자신이 가졌던 달걀의 수에 대해 무엇을 알아낼 수 있을까요? 답은 한 개 이상일까요?

....

* 정수는 분수와의 대비를 통해 쉽게 이해될 수 있다. 분수가 '나누어진 수'라는 뜻을 가진다고 보면, 정수에는 '(나누어지지 않고) 통째로 있는 수'라는 뜻이 있다. (출처: 박교식 지음, 『수학용어 다시보기』, 수학사랑)

여러 학생들은 수를 나누는 다양한 방법을 질문하는 데 일부 시간을 할애했다. 한 학생은 "여섯 개씩 묶었을 때 맞아떨어진다면[6으로 나누어떨어진다면] 어떻게 되나요?"라고 질문한 반면, 다른 학생은 달걀을 다른 방법으로 묶을 때 발생할 수 있는 문제에 대해 질문했다. 또 다른 학생은 "달걀이 일곱 개라면 어떻게 되나요?"에 대해 궁금해했다. 그리고 나서 더 큰 질문에 초점을 맞춘 한 학생이 "가분성 규칙*이란 무엇인가요?"라고 질문했다. 이 여학생은 하나의 수가 특정한 수로 나누어떨어질 때를 판별하는 방법이 있다는 것을 기억하고 있었지만, 그 규칙을 기억하지는 못했다. 그러나 그녀는 일련의 질문들을 들으면서 이 규칙의 가치를 새롭게 인식했고, 만약 자신이 가분성 규칙을 일관되게 적용한다면 이 이야기 문제를 더 쉽게 풀 수 있으리라는 사실을 깨달았다.

프리키는 학생들에게 수학적 질문―수학자들이 묻는 질문 유형들―을 가르치기 위해 학생들이 생성한 질문들을 사용할 수도 있고, 적당한 시기에 보다 전통적인 수업을 제공할 수도 있다. 그는 문제 제기 전략이라는 교육적 자원을 활용했고, 수학자들이 문제를 해결하기 위해 어떻게 문제의 일부를 수정, 제한, 완화하여 질문을 변형하는지를 보여주었다.

그의 수업은 학생의 이해를 확장시키는 데 도움을 주었다. 학생들은 더 융통성 있는 사고의 소유자, 더 나은 문제 해결사가 되었다. 어느 시점에서 프리키는 "패턴을 인식했으면 하는 바람에서" 학생들에게 그들의 질문과 전에 배운 정보를 구조화하는 표의 사용이 관련되어 있다고 알려주었다. "이 표를 통해 학생들은 소수**로 끝나는 깨진 달걀 문제는 풀 수 있는 반면, 다른 문제는 풀 수 없다는 것을 추측할 수 있죠. 이 추측은 유명한 수학 정리인 나머지 정리***

---

* 나누어떨어지는 규칙.
** '바탕이 되는 수, 근본적인 수'라는 의미. 다른 어떤 수의 곱으로 표현되지 않는 근본적인 수. (출처: 박교식 지음, 『수학 용어 다시보기』, 수학사랑)
*** 복잡한 다항식의 나눗셈을 직접 하지 않고 간단한 대입만으로 나머지를 구할 수 있는 정리.

와 매우 유사해요." 학생들은 이제 프리키가 바라던 바와 같이 '수학자처럼 사고'하고 있었다.

이 과정은 5주 동안 계속되었고, 프리키는 학생들에게 질문할 권한을 부여했을 때 생기는 에너지에 자주 감동을 받았다. "학생들은 자신이 흥미를 느끼는 변형 문제를 택하는 경향이 있었고, 선택과 흥미의 결합은 … 이 과정의 활동에 대한 학생들의 헌신과 참여를 극대화했어요. … 이것은 또한 강력한 개별화 학습 활동에서 판명되었죠." 그는 이 과정이 얼마나 효과적인 개별화 학습 전략이 될 수 있는지에 놀랐다. 그는 "자신감이 있는 학생은 더 도전적인 문제를 묻고 선택하는 반면, 그렇지 않은 학생은 시작 질문에 단순한 변형을 준 문제를 묻고 선택하는 경향이 있죠. 그러나 모든 답은 이 유형의 문제에 관한 학급 공동의 지식을 증대시켰어요"라고 말했다.

그의 교실의 에너지는 정말 대단했다. 프리키가 이러한 현상을 처음 경험한 것은 아니었다. 그는 "때로 다양한 기법을 사용해 학생들의 참여를 끌어내는 수업을 할 수" 있었다. 그러나 학생들이 그들 자신의 질문을 하도록 요구하는 것과는 차이가 있었다. 이것은 일회성의 특별 수업과는 달리, 학생에게 꾸준히 활력을 불어넣는 하나의 활동 방식이자 방법론이었다.

그는 바로 가까이에서 이러한 변화를 관찰할 수 있었지만, 동료 교사에게 학생들의 참여적이고 활기찬 모습을 전해 들었을 때에는 놀라움과 기쁨을 느끼지 않을 수 없었다. 그들은 그의 학생들이 현장 학습이나 식사 시간에 특정 수학 문제나 수업에서 배운 내용에 대해 계속해서 토의한다고 말해주었다. 학생들이 그들 자신의 질문을 던짐으로써 에너지를 얻을 때, 프리키는 교사로서의 자신의 책임이 바뀌었다는 사실을 깨달았다. "저의 임무가 학생들의 참여를 도출하고 그들의 에너지를 밖으로 끌어내는 것에서 학생들의 에너지를 관리하고, 심지어 문제에 열중하고 있는 학생들을 중단시키고 다른 친구의 말을 경청하도록 하는 것으로 바뀌었어요. 이건 부인할 수 없는 명백한 변화였어요."

4 사례 연구: 학생 질문이 연구 주제를 정하다

교사 **세라 패스, 에런 스톤, 레이철 진-마리, 보스턴 주야간학교**

과목 **과학, 수학, 인문학**

학급 크기 **20명**

질문 초점 **흡연**

질문형성기법 사용 목적 **연구와 프로젝트**

과학 교사, 수학 교사, 인문학 교사가 교실에 들어온다. 이것은 농담으로 시작하는 말이 아니라, 보스턴 주야간학교에서 흡연이 건강에 미치는 영향에 대한 단원을 가르치기 위해 수행된 인상적인 협동 수업을 묘사한 것이다. 세라 패스(Sara Fass), 에런 스톤(Aaron Stone), 레이철 진-마리(Rachel Jean-Marie) 세 교사는 이 단원을 안내하고 시작하기 위해 질문형성기법을 사용하기로 결정했다. 그들은 학생들이 연구의 방향을 잡고 다양한 프로젝트와 결과물을 생산하도록 도와줄 우선순위 질문을 선정하기를 원했다.

그들은 매우 간단한 질문 초점을 사용했다.

> **흡연**

학생들은 활동을 시작했다. 패스는 학생들이 곧바로 "내가 지금까지 본 어느 학생들보다 더 많은 질문을 생각해냈다"라고 말했다. 그들은 다양한 방향으로 서로를 재촉하고 자극했다.

- 담배는 왜 해로운가요?
- 담배 안에는 무엇이 들어 있나요?
- 만약 담배가 건강에 치명적일 정도로 해롭다면 왜 담배를 판매하나요?

- 왜 담배에는 그렇게 많은 화학 물질이 들어 있나요?

- 누가 담배를 발명했나요?

- 왜 담뱃갑에는 '경고문'이 있나요?

- 담배를 끊는 다양한 방법은 무엇인가요?

- 가게에서 담배를 판매하지 않게 하려면 어떻게 해야 할까요?

- 흡연자를 위한 일종의 NA* 강좌가 있나요?

- 언젠가 담배가 없는 세상이 올 거라고 생각하나요?

- 담배는 왜 합법적인가요?

- 흡연을 방지하기 위해 무엇을 할 수 있다고 생각하나요?

패스는 학생들이 생성한 질문의 수에 놀라며 기뻐했고, 이는 질문형성기법을 사용하는 다른 많은 교사들의 반응과 일치한다. 그녀는 질문의 양에 매우 만족했다. 그러나 질문의 질에 대해서는 어떻게 생각했을까?

그녀가 생각하기에 일부 질문이 다른 질문보다 나아 보였지만, 그녀는 학생들이 스스로 질문의 우선순위를 정하도록 했다. 질문의 우선순위를 정하는 과정을 마쳤을 때 학생들은 다음 질문을 자신들의 연구 주제로 정했다. '왜 담뱃갑에는 경고문이 있나요?'

패스는 또 한 번 놀랐지만, 이번에는 그리 유쾌한 놀라움이 아니었다. 그녀는 사실 "학생들이 최우선 질문을 결정했을 때 약간 화가 났"다. 그녀는 "그들이 생각해낸 몇몇 다른 질문들이 더 깊이가 있다고 생각했기 때문에" 학생들이 왜 그 질문을 선택했는지 이해할 수 없었다. 그녀는 '담배는 왜 합법적인가요?'가 더 깊이 있는 질문 중 하나라고 생각했으며, 이 질문을 "정말로 흥미진진한

---

* Narcotics Anonymous(익명의 약물중독자)의 약자로 약물 중독 치유를 위한 모임이다. 이곳에서는 이름 대신 성으로 서로를 부른다.

질문"으로 인식했다. 그녀의 우려에도 불구하고 그녀와 다른 교사들은 학생들이, 최소한 처음에는, 자신이 선택한 질문을 연구하도록 하는 것이 중요하다고 생각했다.

그녀는 다시 한 번 놀랐다. 그녀는 학습 과정에 이렇게 참여적이고 의욕적인 학생들을 본 적이 없었다. 학생들은 담배의 특정 성분들을 조사했고, 이 성분 중 일부가 왜 첨가되는지에 대한 정보를 수집했다. 그들은 니코틴 중독의 과정을 체계적으로 조사하고, 담배를 끊기 위한 다양한 방법을 찾아보았다. 또한 흡연자들을 면담하여 그들이 왜 흡연을 시작했고 왜 계속 담배를 피웠는지 또는 왜 담배를 끊었고 어떻게 끊었는지를 물었다. 심지어 주 의회의사당에서 열리는 "담배 없는 날!" 행사에 참가해 청소년 금연 운동가와 정부 관료들의 의견을 경청했다.

처음에 패스는 흡연이 건강에 미치는 영향에 모둠 연구의 초점이 맞춰지길 원했다. 학생들은 결국 그것뿐만 아니라 그 이상을 달성했다. 학생들은 흡연이라는 쟁점과 관련된 여러 층위의 복잡한 문제들을 파헤쳤다. 그들은 담배의 화학 반응과 중독의 과정 그리고 행동적·신체적 변화의 문제를 연구했고, 담배 관련 질환이 개인적·사회적으로 미치는 영향을 보여주는 통계를 조사했다. 그들은 또한 흡연과 관련된 법과 공공 정책 문제를 조사한 후, 행동을 취하고 이 문제에 대한 자신들의 반응을 도출했다. 연구가 막바지에 이르렀을 때 학생들은 흡연의 영향에 대해 더 깊이 있고 철저하게 이해하고 있었고 자신들의 지식을 다양한 방식으로 설명했다. 그들은 자신들이 알아낸 통계를 활용해 흡연의 영향을 일반 대중에게 알리는 금연 티셔츠와 전단지를 설계했다.

학생들은 열심히 연구하고 많은 것을 배웠다. 그리고 이 모든 것은 그들 자신의 질문에 의해 시작되고 유도되었다. 패스는 "하나의 질문 초점으로 얼마나 많은 것을 할 수 있는지"에 놀랐다. 그녀는 또한 연구 주제가 선정되는 방식을 바꾸는 것이 얼마나 중요한지 깨닫게 되었다. 단원의 전반적인 방향을 설계하고 만든 것은 그녀와 그녀의 동료들이었지만, 연구를 주도한 것은 학생들이었다. "만약 제가 학생들에게 '경고문에 묘사된 영향을 조사하라'라는 과제를 주었다면, 그들은 단지 교사의 요구에 반응했을 거예요. 대신에 학생들은 이 활동에 진정한 주인의식을 느꼈고, 경고문을 자세하게 살펴보는 것만으로도 얼마나 많은 것을 배울 수 있는지를 보여주면서 놀라운 결과물을 생산해냈죠. 결국 학생들은 다른 나라의 경고문을 살펴보기 시작했고, '왜 미국에서는 경고문이 이렇게 약하지?'라고 질문했어요."

학생들은 과제를 완수했고, 지미 프리키의 수학 수업처럼 자신들의 답을 새로운 질문과 새로운 연구 주제로 바꾸어놓았다. 그러나 그들은 여기에서 끝나지 않았다. 연구의 마지막에 이르렀을 때 학생들은 다시 한 번 담뱃갑의 경고문에 대한 자신들의 최초의 연구 질문을 보았고, 자신들의 연구와 행동을 토대로 그들 자신의 대안적인 경고문을 창조했다.

- 이건 살인자야!!!
- 담배 피우지 마세요: 의사의 명령!
- 경고: 당신의 목숨을 걸고 흡연하시오
- 그냥 하지 마 (Just Don't Do It, 나이키 광고의 로고인 Just Do It을 뒤집기)
- 담배 피워? 암에 걸려!
- 흡연＝죽음
- 치명적인
- 자살은 빠를 수도 느릴 수도 있다 (담배)

5 학생 질문이 '열림 버튼'을 누르다

이글락스쿨과 보스턴 주야간학교의 학생들은 개방적이지만 엄격한 질문형성기법 과정에 열정적으로, 그리고 큰 지적 에너지로 반응했다. 그들은 질문을 하면서 서로에게 정보를 얻었고, 친구의 질문을 통해 학습했다. 그들은 학급 전체로 혹은 모둠으로 활동하며 뉴미디어 학자 클레이 셔키(Clay Shirky)가 묘사한 일종의 '인지 잉여(cognitive surplus)'*를 창출했다. 즉, 그들은 혼자 얻을 수 있는 것보다 더 많은 지식에 접근할 수 있었다.[2]

그런데 당신이 여러 개의 혹은 심지어 하나의 질문도 생각해내지 못해 궁지에 빠진 학생 한 명을 가르치고 있다면 어떻게 될까? 당신은 혼자 활동하는 학생이 자신의 질문을 생성하도록 도울 수 있을까?

마시 오스트버그는 보스턴 주야간학교의 과학 수업에서 그녀가 전달하고자 하는 핵심을 이해하지 못하는 개별 학생들을 궁지에서 '빠져나오게' 하는 방법으로 질문형성기법을 사용할 수 있다는 사실을 발견했다. 그들이 질문을 하기 시작할 때 "그들을 위해 무언가가 열리는 것 같다"라고 그녀는 말한다.

오스트버그의 관찰은 매우 큰 깨달음으로 연결될 수 있다. 우선, 학생들이 그들 자신의 질문을 생각해내도록 돕기 위해 질문형성기법을 일상적인 자원으로 사용하는 것이 중요하다. 일반적으로 학생들은 학교에서 이 활동을 한 적이 없기 때문에, 단지 학생에게 질문할 권한을 부여하는 것만으로도 그렇지 않았다면 결코 생각해내지 못했을 질문들을 생성하게 하는 강력한 힘을 발휘할 수 있다. 둘째, 학생이 질문을 생각하려고 노력할 때 학생의 마음은 다양한 방식으로 생각하도록 자극받고 확장된다. 그 결과가 즉각적으로 또는 이 방법이 처음 사용될 때는 나타나지 않을 수 있지만, 학생이 혼자 인내심을 가지고 질문형성

....
● 클레이 셔키가 '인터넷으로 연결된 개인들이 사회적으로 의미 있는 생산물을 만들어내는 여가 시간'으로 정의한 용어.

기법을 계속 사용한다면 그들의 '질문하기 근육'은 점차 개발될 것이다.

그리고 학생들이 일단 질문을 하기 시작하면 그들은 전에 생각하지 못했던 질문들을 듣고 다른 관점에서 문제를 바라보며 오스트버그가 말한 바와 같이 '무언가가 열리는' 경험을 할 것이다. 이것은 우리 모두가 자주 경험하는 것이다. 단지 특정한 방식으로 표현된 질문을 듣거나 하는 것만으로 무언가를 발견하고 새롭게 이해했다는 뚜렷한 느낌을 받는다. 질문은 어떤 다른 유형의 발화보다도 훨씬 더 강력한 영향력을 가진다. 질문은 '전구 효과'*를 창출한다. 그러므로 가장 위대한 사상가들조차 어떤 질문을 물을 것인지 그리고 자신의 연구의 방향을 알려줄 전구를 어떻게 켜야 할지에 대해 고민하면서 시간을 보낸다는 것은 그리 놀라운 일이 아니다.

질문은 어떻게 전구를 켜는 것일까? 질문하기는 어떻게 우리가 놓친 부분을 정확하게 볼 수 있도록 뇌를 열거나 활성화하는 것일까? 아마도 가까운 미래의 어느 시점에는 탁월한 질문하기 능력을 가지고 있을 때 활성화되거나 발달하는 뇌의 부분을 정확히 파악하는 연구가 가능해질 것이다. 우리는 인지심리학자와 신경 과학자들이 질문하기와 관련된 뇌의 활동에 대해 더 많이 연구하기를 기대한다.

그때까지 우리는 이에 대한 증거로, 자신의 교실에서 질문형성기법을 사용하는 교사들이 수없이 경험한 뚜렷한 통찰의 순간을 들 수 있다. 교사들이 관찰한 즉각적인 이점은 내용적인 면에서 나타난다. 학생은 수업 과정이나 수업 자료를 더 깊고 새롭게 이해한다. 지속적이고 장기적인 이점은 전이 가능한 기능의 계발과 자신에 대한 인식의 변화에서 나타난다. 학생들은 이제 의심의 여지 없이 전에는 자신이 가지고 있는지 몰랐던 능력, 즉 스스로 생각하고 문제를 해결하는 능력을 가지고 있다는 사실을 깨닫는다.

....

● 갑작스럽게 무언가를 깨닫는 것.

6 사례 연구: 자원봉사자의 도움으로 연설문을 쓰기 위한 질문의 문을 열다

전국적인 사회봉사 단체인 시티 이어(City Year)*는 여러 도시에서 중퇴자 방지 활동을 하고 있다. 17~24세의 단체 회원들은 학교에 배정되어 중퇴 위험에 처한 학생들과 활동함으로써 교사들을 지원한다. 이 단체에서 강사로 봉사하고 있는 회원인 뉴햄프셔의 폴 라일리(Paul Riley)는 매우 낙담하고 좌절한 7학년 학생을 지도하면서 질문형성기법을 효과적으로 사용하는 방법을 발견했다.

이 교사는 학생들에게 매우 훌륭한 과제를 주었다. 그녀는 학생들이 자신이 읽을 기사를 선택하고, 그 기사에 대해 질문을 던진 후, 그 질문에 답하는 연설문을 작성하게 함으로써 학생 자신이 학습 주제를 정하게 하려고 노력하고 있었다. 이는 읽기와 쓰기뿐만 아니라 의사소통 잠재력을 계발하는 데 기여할 수 있는 과제였다. 그러나 이 교사는 질문형성기법에 대해 알지 못했고, 학생이 연설의 초점이 될 단 하나의 질문이라도 생성할 수 있도록 도와줄 방법도 몰랐다.

라일리는 자신이 맡은 학생 케빈이 특히 이 과제를 싫어한다는 사실을 발견했다. 그는 어떻게 시작해야 할지 알지 못했고, 이 과제에 전혀 흥미가 없었다. 그는 질문을 생각한다는 것을 이해하지 못했고, 라일리가 관찰한 바에 따르면 케빈은 "쓰기 과제를 [결코] 좋아하지 않았고, 훨씬 더 긴 문단을 써야 할 때에도 단지 몇 문장만 쓰는 경우가 많았다."

결국 제출 날짜가 임박하자, 케빈은 기사 하나를 골랐다. 그는 이라크에서 복무 중인 그 지역의 젊은이들을 알고 있었고, 그래서 그곳에서 일어나는 일들에 대해 더 알고 싶은 흥미가 생겼다. 그는 사설 경비업체 블랙워터(Blackwa-

---

* 학생들이 학교를 그만두지 않고 졸업할 수 있도록 돕기 위해 다양한 배경의 젊은이들이 1년 동안 봉사하도록 하는, 교육에 초점을 맞춘 비영리 단체. 이 단체의 회원들은 11개월 동안 학교로 파견되어 교사 및 역할 모델로서 학생들을 돕는다.

ter)*의 역할과 이 회사가 17명의 이라크 민간인 사망에 연루되었다는 기사를 발견했다.[3] 그는 라일리에게 이 기사를 읽는 게 좋았지만, "그것에 대해 오직 두 문장만 쓸" 수 있었다고 말했다.

학생과 지도 교사는 이제 그들에게 매우 익숙한, 막다른 길에 다다랐음을 발견했다. 케빈은 이제 더 이상 아무것도 쓸 수 없다고 말했고, 라일리는 말해야 할 것을 가르쳐주지 않으면서 그가 더 쓰게 하려고 애쓰고 있었다. 이 상황은 그리 좋아 보이지 않았다.

그러나 라일리는 이 난국에서 벗어나 더 생산적인 방향으로 케빈을 이끌 목적으로 질문형성기법의 일부를 독창적으로 사용하기로 결정했다. 그는 케빈이 '열림 버튼'을 누르고 자신의 마음을 자유롭게 하여, 자신이 얼마나 많은 질문을 할 수 있는지 그리고 얼마나 쓸 내용이 많은지 인식하는 것을 돕기 위해 즉석에서 다양한 질문 초점 진술을 만들어냈다.

예를 들어, 라일리는 기사 제목인 'FBI, 경비 요원이 이유 없이 14명의 이라크인을 죽였다고 말하다'를 질문 초점으로 제시하고, 케빈이 질문을 생성하도록 했다. 케빈은 "그들은 왜 이런 일을 저질렀나요?"라고 질문했다. 그는 이 질문이 연설을 쓰는 데 충분하다고 확신했다. 그는 질문을 적고 활동이 끝났다고 생각했다.

그러나 라일리는 그에게 더 많은 질문을 할 것을 요구했다. 케빈은 망설이다가 "블랙워터는 누구인가요?"라고 질문했다. 라일리는 '음, 방금 그들에 대한 기사를 읽었고, 그 기사에서 그들을 군사기업으로 묘사했으니까 우리 둘 다 이 질문에 대한 답을 알고 있어'라고 생각했지만, 이후 이 사실을 새로운 질문 초점으로 바꾸었다. "블랙워터는 이라크에서 활동하는 군사기업이다."

정보가 질문 초점으로 전환되자 케빈의 얼굴에 흥미로운 표정이 떠올랐다.

....

● 미국 특수작전부대(SEAL)의 전직 대원들이 주축이 되어 만든 사설 경비, 경호, 군사 훈련 회사.

라일리는 케빈이 이 진술에 질문을 던지도록 자극하고 격려했다. 케빈은 잠시 생각하더니 "군사기업이 왜 이라크에 있나요?"라고 질문했다.

이것은 케빈에게 중요한 순간이었다. 그는 돌파구를 찾았고, 블랙워터라는 좁은 초점으로부터 이라크에서의 미군의 역할이라는 맥락에서 군사기업이라 불리는 것의 역할이라는 더 넓은 초점으로 방향을 전환시키는 질문을 던졌다. 그는 몇 개의 질문을 더 했지만, 결국 이 질문을 연설의 초점으로 정했다. 그는 지금껏 썼던 것보다 더 긴 연설문을 작성했고, 이는 그 자신과 선생님 모두를 놀라게 했다.

일대일 관계에서 라일리는 자신의 학생이 더 많은 질문을 생성하도록 돕기 위해 즉석에서 민첩하게 새로운 질문 초점 진술을 만들어냈다(이것은 질문 생성 규칙의 사용에서 반복적으로 행해지는 방법이다). 이 경우 라일리는 케빈이 포기하려 할 때마다 새로운 질문 초점으로 케빈을 자극하는 것을 선택했다. 라일리는 "자기 자신의 질문을 생각해내야 하는 이 과정은 자신의 과제를 성공적으로 수행하는 데 무관심했던 한 학생을 움직였다"라고 말했다.

"나는 다 했어, 더 이상 쓸 말이 없어"라고 말하는 것 같은 학생의 '표정'을 본 교사라면 누구나 증언할 수 있듯이, 이것은 작지 않은 성취였다. 실제로 케빈의 수업 교사는 학생의 주인의식을 높이기 위해 설계한 흥미로운 과제를 제시했지만, 케빈은 이 과제를 너무 어렵고 수행 불가능한 것으로 인식했다. 그가 인정했듯이 그는 기사를 찾아 그것을 읽을 수는 있었지만, 연설의 초점이 될 자신의 질문을 생성하는 것은 능력 밖의 일이라고 생각했다.

보통 '무관심한' 태도로 일관하던 케빈은 이제 변할 준비가 되어 있었다. 질문을 할 기회를 독창적인 방식으로 제공한 폴 라일리 덕분에 그는 새로운 질문을 생성했고, 그 자신의 가능성의 빗장을 열었으며, 연설문을 작성하고 발표할 수 있었다.

7 결론

이번 장에서 묘사된 학생들이 방금 자신에게 일어난 일의 중요성을 온전히 이해하려면, 그리고 자신들이 성취한 것과 그것이 미래에 자신들에게 의미할 것을 내면화하려면, 활동이 여기에서 끝나서는 안 된다. 그들이 거쳐야 할 단계가 하나 더 남아 있다. 그들에게는 자신이 무엇을 배웠고, 그것이 왜 중요하며, 이번 과제가 끝난 후 질문 생성 과정을 어떻게 계속 사용할 것인지를 스스로 말할 기회가 필요하다.

학생들은 이것을 할 수 있고, 진정한 학습에 대한 그들 자신의 견해를 사려 깊고 심오하며 독창적인 방식으로 분명하게 말할 수 있다. 학생들에게 그들이 방금 수행한 활동이 자신에게 미치는 영향을 성찰하고 설명하고 기록할 수 있는 기회는 얻기 힘든 소중한 선물이며, 이는 학습과 새로운 기능을 더 오래 보유할 수 있는 가능성을 높인다.

다음 장에서는 학생 성찰을 촉진하는 간단한 과정을 소개할 것이다. 학생 성찰은 학생에게 도움을 줄 것이고, 교사와 학생 모두에게 자신들이 방금 성취한 것의 의미에 대한 구체적인 증거를 제공할 것이다.

요점

- 학생 질문은 다양한 목적으로 사용될 수 있다.
- 모둠 프로젝트나 반 전체 프로젝트의 일부로 학생 스스로가, 교사가, 또는 교사와 학생이 함께 학생 질문을 사용할 수 있다.

8 장

학생, 자신의 학습을 성찰하다

인지, 정서 그리고 행동

> **"** 질문을 하는 것은 공부하는 내용을
> 나 자신의 관점에서 이해하도록 돕는다.
> 이것은 주제뿐만 아니라 나 자신에 대해 질문하게 만든다. **"**

> **"** 나는 우리 자신의 질문을 하는 것이 중요하다고 생각한다.
> 우리가 질문을 던지고 우리 자신이 그 질문에 답할 때
> 우리 스스로 학습하는 것이기 때문이다. **"**

과정은 끝이 났다. … 아니 어쩌면 아직 끝이 아닐지도 모른다.

학생들은 그들 자신의 질문을 생성했다. 그들은 폐쇄형 질문과 개방형 질문을 바꾸는 방법을 학습하면서 자신의 질문을 개선했다. 그들은 교사가 제시한 기준을 토대로 자신들의 질문에 대해 전략적으로 사고했고, 질문의 상대적인 가치를 평가하고 비교했으며, 이후 세 개의 우선순위 질문을 선정했다. 그들은 이제 자신들의 질문을 가지고 교사가 다음 단계로 지정한 작업을 수행할 준비가 되어 있다. 그것이 프로젝트이든, 추가적인 읽기를 위한 안내이든, 보고서 작성이든, 혹은 단지 새로운 주제를 소개하기 전에 학생의 사고를 촉발시키기 위한 것이든 말이다.

그러나 학생과 교사 모두에게 대단히 흥미롭고 매우 중요한 단계가 하나 더 남아 있다. 바로 성찰이다. 학생은 전 과정을 되돌아보도록 요구받을 것이고, 이는 결과적으로 학생의 학습을 심화, 진전시킬 것이다. 또한 자신이 새롭게 계발한 기능을 적용하고자 하는 학생의 자신감을 높이며, 교사가 전에는 감지하지 못했던 새로운 깊이의 이해를 보여줄 것이다.

1 학습 증진, 초인지 강화 그리고 지속적인 적용의 보장

학생들에게 자신이 방금 경험한 과정을 성찰하게 했을 때, 그들은 이전 과정을 되돌아보고 그것을 현재의 관점에서 생각하게 된다. 그들은 무엇을 이해하게 되었는지(그리고 이해하지 못했는지)를 말할 것이다. 그들은 자신이 무엇을 배웠고, 그것이 현재 자신의 생각과 느낌에 어떤 영향을 주는지를 확인하게 될 것이다. 그리고 그들은 그 경험을 하는 것이 어떤 느낌이었는지, 그리고 자신이 방금 배운 것을 가지고 미래에 무엇을 할 수 있을지에 대해 말할 기회를 가진다. 여기에는 훨씬 더 많은 사고가 수반된다.

교사는 서둘러 다음 단계로 넘어가고 싶은 마음에 성찰 단계를 생략하고 싶을지도 모른다. 그러나 학생이 자기 자신의 질문을 생성하고 개선하고 우선순위를 정하는 방법을 배운 후, 자신이 배운 것에 대해 성찰하는 행위는 학생의 초인지 기능을 심화할 것이다. 이는 학생들이 방금 연습한 질문 형성 기능과 사고 능력을 지속적으로 사용하는 데 반드시 필요하다. 이 단계를 생략한다면, 질문 형성 과정이 교사는 중요성을 인식하지만 학생은 단지 교사가 요구하기 때문에 따르는 하나의 수업 활동에 그칠 위험이 있다. 성찰은 학생에게 자신이 무엇을 학습하고 있는지에 대해 스스로 말할 기회를 제공하고, 학생은 이러한 기회를 가졌을 때 이 기능을 보다 강하게 보유하고 자신이 배운 기능을 다른 상황에 적용할 수 있는 방법에 대해 더 깊이 이해하게 된다.

성찰은 교사인 당신에게도 중요한 이점을 제공한다. 우선, 당신은 당신이 설계하고 방금 실천한 활동의 가치를 학생의 입을 통해 들을 기회를 얻는다. 당신은 교실에 혁신을 가져왔고, 방금 자신이 학생들에게 미친 영향에 대해 들을 자격이 있다. 두 번째로, 당신은 과정의 어느 부분이 학생의 마음을 사로잡았는지에 대해 듣거나 (만약 학생에게 성찰을 글로 쓸 것을 요구했다면) 읽을 수 있다. 당신은 즉각적인 피드백을 얻을 것이고, 이를 통해 당신에게는 평범해 보이는 활동—예를 들어, 단지 폐쇄형 질문과 개방형 질문의 차이에 대해 배우는 것—이 학생에게는 얼마나 새롭고 중요할 수 있는지를 확인할 수 있다. 또한 성찰 과정을 이용하여 학습 내용 및 교육과정 목적과 관련해 학생이 무엇을 배웠는지를 직접적으로 물을 수도 있다. 성찰 과정은 교사에게 교수와 학생의 학습에 대해 즉각적이고도 유의미한 피드백을 제공한다.

2 성찰 과정

이 단계의 목적은 학생이 질문형성기법 과정에서 자신이 수행한 활동을 스스로 돌아보게 하는 것이다. 당신은 당신이 학생에게 무엇을 얻고자 하는지, 성찰 활동(들)을 어떻게 조직해야 할지를 결정해야 할 것이다. 이 과정에는 최소 5분이 필요할 것이다. 성찰 과정은 다음과 같이 전개될 수 있다.

① 성찰 활동을 개발한다.

- 학생에게 무엇을 얻기를 원하는가?
- 학생이 무엇을 생각하기를 원하는가?

② 성찰 활동을 촉진하는 방법을 결정한다.

당신은 학생의 성찰을 도와주는 다양한 전략을 사용할 수 있다. 학생들이 자신의 활동에 대해 사고하고 발표하게 하기 위해 당신이 이미 사용한 전략 중 일부는 여기에서도 효과적일 것이다.

- 개별적인 성찰: 학생들은 3분 동안 개별적으로 성찰 질문에 답한다. 이후 모둠이나 반 전체로 공유할 수 있다.
- 모둠 성찰과 반 전체 발표: 학생들은 모둠으로 질문을 토의하고, 반 전체에 발표할 내용을 메모한다. 학생들은 발표할 한 명 혹은 지원자들

을 선정하여 그들의 생각을 공유한다.

- 반 전체 성찰: 교사는 학생들이 답할 성찰 질문을 제시하고, 지원자들이 의견을 공유하도록 요구한다.

③ 성찰 과정 동안 학생을 지원한다.

- 모둠으로 의견을 공유할 때, 학생들이 활동을 수행하는지 확인한다.
- 학생들이 반 전체로 성찰할 때, 모든 학생이 의견을 제시하도록 격려한다.
- 학생들이 의견을 제시하거나 발표할 때, 모든 참여를 동등하게 인정하려고 노력한다.

④ 성찰을 위한 수업 과정/구조를 만든다.

- 성찰을 수행하는 데는 많은 방법이 있으며, 각 방법에는 저마다 분명한 장점이 있다. 당신은 수업에 가장 효과적인 방법이 무엇일지 생각해야 한다. 여기 몇 가지 선택지가 있다.
- 학생들은 모둠으로 성찰 질문을 토의하고, 토의의 개요를 반 전체에 발표한다.
- 교사가 반 전체 활동으로 토의를 이끈다.
- 학생들은 개별적으로 자신의 성찰을 글로 작성하고, 이를 제출한다.
- 학생들은 자신의 성찰을 글로 작성하고, 이를 짝이나 모둠 또는 반 전체와 공유한 후 교사에게 제출한다.

3 성찰 활동 설계하기

이 과정의 첫 번째 부분은 성찰 활동을 설계하는 것이다. 당신은 학생들에게 무엇을 얻고자 하는지 그리고 그들이 수행한 활동에 대해 성찰하도록 어떻게 도울 것인지를 결정해야 한다. 당신은 내용, 이해, 기능 발달, 지적 성장과 관련된 정보를 모으는 방법의 일환으로 성찰 과정을 이용하기를 원할 수 있다. 또한 여러 관점을 포착하기 위해 이 활동을 구성할 수도 있다. 이제, 교사는 질문을 제기하고 학생은 교사의 질문에 반응하는 그 친숙한 역할로 다시 돌아갈 시점이다.

학생들이 자신이 수행한 활동과 배운 것에 대해 생각할 때, 그들에게는 자신이 무엇을 알고(인지적), 어떻게 느끼며(정서적), 무엇을 할 수 있는지(행동적)에 대해 발견한 것을 설명할 기회가 필요하다. 여기에서는 성찰 과정에서 당신이 사용할 수 있는 질문의 예를 몇 가지 제시한다.

1) 인지적 변화에 대한 성찰 질문

다음 질문들은 질문형성기법을 통해 학생이 얻을 수 있는 지식의 양과 유형을 다룬다.

● 무엇을 배웠나요?

이 질문은 자신에게 특별히 의미가 있다면 과정의 어떤 단계라도 선택할 수 있도록 하는 개방형 질문이다. 일부 학생들은 과정에, 다른 학생들은 내용이나 심지어 과정 중에 발생하는 교사-학생 관계의 변화에 초점을 맞출 것이다.

- "나는 질문을 하는 방법을 배웠다. 또한 내가 물은 질문을 개선하는 방법에 대해서도 배웠다."
- "나는 개방형 질문은 본질적인 문제에 적합하고, 폐쇄형 질문은 실험실 실험에 적합하다는 것을 배웠다."

이 질문은 보다 구체적이다. 이 질문은 질문의 가치와 학습에서 질문을 하는 행위의 가치를 살펴본다.

- "이것은 우리가 특정 기능을 계발하도록 돕는다."
- "이것은 우리의 뇌가 작동하도록 돕는다."
- "질문을 하는 방법을 배우는 것은 우리가 정보를 더 빨리 얻을 수 있도록 돕는다. 또한 우리가 요점을 파악하는 것을 돕는다."

● 우리가 공부하고 있는 '내용'에 대해 무엇을 배웠나요?

교사는 내용에 대한 정보를 얻기 위해 성찰 질문을 구성할 수 있다. 예를 들어, 우리가 서문에서 만났던 휴머니티즈 사립학교의 역사 교사 로리 고크랜(Laurie Gaughran)은 학생들에게 1863년 뉴욕 인종 폭동과 1993년 로스앤젤레스 인종 폭동을 비교하게 했다. 그녀는 "질문하기를 연습하면서 무엇을 배웠나요?"와 "질문하기는 이 두 개의 폭동에 대한 여러분의 학습에 어떤 영향을 주었나요?"라는 두 개의 질문을 던졌다. 다음은 그녀의 학생 중 두 명의 반응이다.

- "나는 질문을 하는 것이 매우 간단한 일이지만 동시에 배울 수 있는 많은 기회를 열어준다는 것을 알았다. 또한 두 개의 폭동에 대해 많은 질문을 함으로써 폭동이 일어났던 시대에 살던 사람들은 가지지 못했던 관점으로 이 문제를 바라볼 수 있게 되었다. 이는 우리가 거의 20년이 지난 미래에 사는 외부 평가자이기 때문에 누릴 수 있는 혜택이다."
- "질문하기는 우리가 주제에 대해 더 깊이 이해할 수 있도록 돕는다는 것을 알았다. 우리는 주제에 대해 마음대로 이야기할 뿐만 아니라, 답할 수 있는 질문에 서로 답을 한다. 이는 우리가 주제를 깊이 있게 이해하도

록 도와주고, 내가 이 폭동에 관해 가졌던 질문에 대해 나도 몰랐던 답을 생각해내도록 했다. 우리는 단지 두 폭동을 학습하고 비교한 것이 아니다. 우리는 각 폭동이 어떻게 발생했고, 무슨 일이 일어났으며, 중요한 사람이 누구이고, 왜 발생했는지를 배웠다."

● 어떻게 그것을 배웠나요?

이 성찰 질문은 과정 자체에 초점을 맞추고, 학생들에게 다양한 단계에 대해 생각할 기회를 제공한다. 또한 학생들이 다른 친구들과 어떻게 협력했는지에 대해 생각하도록 돕는다.

- "우리는 질문을 다시 썼다."
- "우리는 또한 더 많은 정보를 얻기 위해 질문을 바꾸어야 했다. 또한 나는 우리가 질문을 받는 것이 아니라 질문을 하는 방식이 좋았다."
- "우리 모두는 함께 협력했다."
- "우리는 우리 질문과는 다른, 여러 친구들의 질문을 들었다. 이것 역시 우리가 새로운 질문을 생각하는 데 도움을 주었다."

2) 정서적 영향에 대한 성찰 질문

다음 질문들은 이 과정과 관련된 학생의 개인적인 반응에 대한 성찰을 끌어낼 수 있으며, 이는 성찰을 완전히 새로운 영역으로 이끈다.

● 당신은 지금 질문하기에 대해 어떻게 느끼나요?

이 질문은 학생들을 놀라게 할 수 있다. 링-스 피트의 9학년 여름학교 수업에서 일부 학생은 이 질문에 당황했다.

- "선생님, 저는 제가 어떻게 느끼는지 정말 모르겠어요."

다른 학생들은 다음과 같이 말했다.

- "내가 똑똑하다고 느낀다."
- "나는 내가 질문을 잘하게 되었다고 느낀다."

다른 수업의 학생들은 모둠으로 활동하는 것이 얼마나 좋았는지 또는 교사가 자신들에게 무엇을 생각할지 말해주는 것이 아니라 그들 스스로 생각할 수 있는 것이 얼마나 좋았는지에 대해 말한다.

- "나 스스로 이해할 수 있다고 느끼게 만들었다."

● 여러분이 수행한 활동의 어떤 점이 좋았나요?

이 질문은 질문형성기법의 정서적인 측면을 파악하게 한다. 이 질문은 학생들에게 이 과정을 사용할 때 무엇이 좋았고, 어떤 느낌이었는지를 생각하고 말할 기회를 제공한다. 다음과 같은 반응이 포함된다.

- "나는 이 활동이 특정 주제에 초점을 맞추게 한다는 점에서 좋다. 또한 개인적으로 전에는 절대 생각하지 못했던 질문들을 할 수 있었기 때문에, 이 활동이 프로젝트 아이디어를 구성하기 위한 좋은 방법이라고 생각한다. 또한 아무 질문이나 마음대로 할 수 있다는 점이 재미있다고 생각한다."
- "나는 이 과정이 어떠한 질문도 배제하지 않는다는 점이 좋았다. 그 결과 누구나 자신이 원하는 것을 무엇이든지 질문할 수 있었다. 이것은 흥미로운 과정이었다."

3) 가능한 행동적 변화에 대한 성찰 질문

질문의 세 번째 유형은 질문형성기법이 학생 행동에 어떻게 영향을 주었는지를 밝히는 데 초점을 둔다. 이 질문은 자신의 질문을 하는 방법을 배운 결과로 학생이 어떻게 다르게 행동할 것인지에 대해 묻는다.

● 질문하기에 대해 배운 것을 어떻게 사용할 수 있을까요?

역사와 우리 자신 직면하기(Facing History and Ourselves)*의 7학년 교육과정을 사용하는 수업에서 한 학생은 "나는 이 과정을 평생 동안, 그리고 다른 수업에서도 사용할 것이다"라고 말했다. 보스턴의 한 여름학교 학생은 "나는 진술을 질문으로 바꿀 수 있고, 이를 실제 생활에서 사용할 수 있다는 것을 배웠다"라고 답했다. 그리고 다른 학생은 "우리는 질문하기 기능을 이후의 삶에서 사용할 수 있다. 우리는 문제를 해결하는 방법을 안다"라고 반응했다.

헤일리 뒤퓌가 근무하는 중학교의 두 학생은 자신들이 배운 것을 어떻게 다른 과제와 수업에 적용할 수 있는지에 대해 고민했다.

- "나는 거의 모든 프로젝트에 대해 브레인스토밍을 할 때 이 과정을 다시 사용할 수 있다. 이 과정은 큰 주제를 보다 작고 구체적인 주제로 바꿀 방법을 떠올릴 때 가장 효과적일 수 있다."
- "나는 작문을 할 때 혼자서 이 과정을 사용할 수 있다. 나는 이야기의 구조와 등장인물에 대해 자신에게 질문을 던지고 줄거리를 결정할 수 있다."

지금까지 언급한 질문들은 당신이 학생들에게 제기할 수 있는 성찰 질문

....

* 1976년 설립된 미국의 비영리 단체. 미국과 유럽 사회의 편견과 불평등에 대한 교육 자료를 개발한다.

중 단지 몇 개의 예에 불과하다. 당신은 학생이 배운 것을 말하도록 돕기 위해, 그리고 이 과정을 마친 후 학생의 위치는 어디이고 이는 질문형성기법을 사용하기 전과 비교했을 때 어떻게 달라진 것인지에 대해 더 많은 정보를 얻기 위해, 다른 질문들을 개발하기를 원할 수도 있다. 이것은 학생이 수행한 모든 활동을 내면화하도록 돕는 매우 중요한 단계이다.

4 성찰 문제 해결하기

당신은 학생의 성찰을 돕는 과정에서 몇몇 어려움에 직면할 수 있다. 여기에서는 질문형성기법 과정의 이 부분에서 발생할 수 있는 문제들을 어떻게 해결할지에 대한 몇 가지 조언을 제시한다.

- ✓ 수업 시간 중 성찰을 할 시간이 없다: 성찰을 숙제로 내준다. 성찰을 다른 날 수행한다. 이 기능의 내면화를 위해 이 단계를 생략하지 않는 것이 매우 중요하다.
- ✓ 일부 학생이 배운 것이 아무것도 없다고 말한다: 이를 염려해서는 안 된다. 질문형성기법의 경험에 대해서는 다양한 반응이 있을 것이다. 학생들이 정직하게 반응하도록 허용하라. 당신은 학생들이 때로 질문형성기법의 가치를 즉각적으로 보지 못하더라도, 나중에 그들이 배웠던 것이 많은 상황에서 유용할 수 있다는 사실을 깨닫는 것을 발견하게 될 것이다. 학생들의 참여를 인정하라. 그들이 자신들이 경험한 단계를 기억하도록 격려하라.
- ✓ 조용한 학생이 성찰하고 의견을 공유하게 만들기: 의견 공유하기는 조용한 학생이 자신감을 갖도록 도울 것이다. 조용한 학생들을 돕기 위해

교사는 의견을 공유하기 전에 학생들이 개별적으로 생각하도록 요구할 수 있다. 예를 들어, 학생들이 성찰 질문에 대해 자신의 생각을 적게 하고, 이후 짝이나 모둠으로 의견을 공유하게 한다. 또한 학생들이 교대로 발표하거나 서로에게 발표하게 할 수도 있다. 학생들의 모든 참여를 반드시 동등하게 인정하라.

✓ **발표와 모둠 관계:** 학생들은 성찰의 발표 단계를 통해 서로에게 배울 수 있고, 어떻게 다른 관점에서 주제에 접근했는지를 볼 수 있다. 모든 학생이 의견을 공유하는 것이 중요하다. 학생들에게 자신들이 토의한 내용과 다른 모둠의 토의 내용 사이의 유사점과 차이점에 집중하도록 요구함으로써 다른 모둠의 발표에 귀를 기울이도록 돕는다. 이어서 교사는 학생들이 관찰한 유사점과 차이점에 대해 질문할 수 있다.

5 결론

학생들은 이제 질문형성기법의 전 과정을 마쳤다. 만약 교사가 이 과정을 처음으로 소개했다면, 학생들은 이 과정이 끝났을 즈음에는 지적으로 지쳐 있을 것이다. 그러나 학생들이 질문형성기법을 사용하면 할수록, 당신은 학생들이 이 과정을 빠르게 수행하고, 질문형성기법 사용에 편안함을 느끼며, 과정을 마쳤을 때 처음보다 더 많은 에너지를 얻는 것을 보게 될 것이다.

이 과정을 촉진하기 위해서는 당신이 여러 번 노력하는 것이 매우 중요하다. 일부 수업에서는 처음 사용할 때부터 학생들이 질문형성기법의 흐름에 빨려 들어가겠지만, 일부 수업에서는 몇 번의 기회가 더 필요할 것이다. 질문형성기법을 처음 사용할 때 당신은 당신의 첫 수업을 떠올릴 수도 있지만, 질문형성기법은 학습 곡선이 너무 빨라 세 번 사용할 즈음에는 당신도 전문가가 되어

있을 것이다. 다음 장에서는 질문형성기법 사용의 학습 곡선에 대한 한 교사의
견해를 소개할 것이다.

요점

- 성찰 단계를 생략해서는 안 된다.

- 성찰을 위해 최소 5~8분의 시간을 남겨둔다.

- 성찰 과정 동안 당신은 질문을 하는 역할로 돌아가고, 학생은 당신의
  질문에 반응하는 역할로 돌아간다.

- 학생들은 개별적으로, 모둠으로 또는 반 전체로 성찰할 수 있다.

- 학생들의 발표를 들을 때, 학생들을 동등하게 인정한다.

9 장

동료 교사들에게 보내는 메모

질문형성기법을 사용하면서 내가 배운 것

> ❝ 나는 질문하기가 교사의 질문만큼
> 중요할 수 있다는 것을 배웠다. ❞

여기에는 작지만 모든 차이를 만드는 한 가지 변화가 있다.
질문을 생각하고 학생에게 질문을 던지는 교사에서 학생이
자신의 질문을 생성하도록 하는 교사로의 변화이다.

아래 내용은 교사가 수업에서 질문형성기법을 사용하면서 맞닥뜨리는 난관과 도전 그리고 보상에 대한 내용을 다룬 메모이다. 이 메모는 한 교사의 목소리로 쓰였지만, 실제로는 질문형성기법의 사용이라는 그들의 새로운 전문 지식을 다양한 형식—동료 교사와의 일상적인 대화, 학생 활동에 대한 기록, 교사 토의, 교수 자료 및 아이디어의 공유, 학교에서 교사가 제공하는 전문성 계발 연수—으로 공유하고 있는 수많은 교사들의 조언을 모은 것이다.

받는 사람   동료 교사들

제   목   학생들에게 그들 자신의 질문을 생성하도록 가르치면서
        나타난 나의 교수상의 변화

여러분도 알고 있듯이 나는 학생들의 질문 형성 기능을 계발하기 위해 질문형성기법이라 불리는 간단한 전략을 수업에서 사용하기 시작했다. 이 기법을 사용하면서 내가 알게 된 핵심 내용은 다음과 같다.

• 어려워 보이지만 가능하다—학생들에게 그들 자신의 질문을 하도록 가

르치는 것.

- 간단해 보이지만 간단하지 않다—학생들에게 이 기능을 가르치기 위해 몇 가지 단계를 사용하는 것.
- 간단하지 않지만 실행 가능하다—그들 자신의 질문을 하는 기능을 계 발함으로써 학생들을 더 독립적인 학습자로 만드는 것.
- 이 기능은 내가 상상했던 것 이상으로 가르치는 일을 더 쉽게 만들었고, 학생들에게 도움을 주었다.
- 그리고 이 과정이 끝났을 때, 그만한 가치가 있다—내가 그럴 거라고 상상했던 것 이상으로.

이 '어려운' 것, 즉 학생이 자기 자신의 질문을 한다는 아이디어를 당신은 이미 알고 있다. 당신은 이미 나의 학생들이 생성한 질문과 그 질문을 가지고 우리가 수행한 활동을 보았고, 학생들이 이 활동을 얼마나 좋아했고 또 얼마나 배웠는지에 대해 그들이 하는 이야기를 들었다. 그리고 여러분 중 일부는 이제 당신의 수업에서 처음으로 질문을 던지고 있는 나의 학생들에 대해 내게 말해 주었다. 이를 듣는 것은 흥분되는 일이다.

1장 부록에서 소개한 한 장 분량의 'RQI 질문형성기법' 카드에는 질문형성 기법의 전 과정이 제시되어 있다. 이 카드는 기억해야 할 긴 사용법이나 검토해 야 할 새로운 내용이 없어 매우 간단해 보인다. 아마도 질문 초점이라는 용어가 유일하게 새로운 용어일 것이다. 그러나 이것도 실제로는 교육 용어인 '자극 제 시문'을 의미한다. 학생은 우리의 질문에 반응하는 존재가 아니라 질문을 생성 하는 주체라는 것을 우리와 우리의 학생들이 분명하게 인식하도록 하기 위해 다르게 진술되었을 뿐이다.

이것은 너무 명확해서 지나치게 단순해 보일지도 모른다. 그러나 그렇지 않다. 여기에는 작지만 모든 차이를 만드는 한 가지 변화가 있다. 질문을 생각하고 학생에게 질문을 던지는 교사에서 학생이 자신의 질문을 생성하도록 하는 교사로의 변화이다. 이것이 근본적으로 가장 중요한 핵심이다.

1 하나의 큰 변화: 학생, 질문을 하는 주체가 되다

학생이 자기 자신의 질문을 하는 것이 핵심이지만, 이것은 자연스럽게 일어나지 않는다.

나는 학생들이 교착 상태에 빠졌을 때 단 하나의 질문을 하는 것도 힘들어하는 것을 보았다. 그래서 그들이 빠져나오게 하기 위해 항상 질문을 사용했다. 나는 질문을 가지고 학생들을 자극할 때, 그들이 과정을 통과하고 더 나은 위치에 도달하도록 도울 수 있다는 사실을 발견했다. 그러나 또한 나는 학생들이 다른 주제나 과제로 넘어갈 때마다 유사한 과정을 교사가 이끌어주는 것에 너무 자주 의존한다는 사실도 발견했다. 어떤 질문이 학생들을 수렁에서 빠져나오도록 도울 수 있을까 고민할 때, 내가 그들을 위해 힘든 사고를 대신해주고 있었다는 사실을 이제 나는 알고 있다.

비록 학생들을 돕기 위한 것이었다 할지라도 나는 질문을 하지 않았어야 했다. 이것은 어려운 일이다. 내가 생각했던 것보다 더 어려운 일이다.

만약 당신이 주로 사용하는 손으로 펜을 잡고 글을 쓴다면, 그것에 대해 생각하기 위해 멈추지는 않는다. 물론 당신은 당신이 쓰고 있는 내용에 대해 생각하기 위해 멈출 수는—일반적으로 좋은 습관이다—있지만, 쓰기의 기술에 대해서는 생각하지 않는다. 펜을 엄지와 다른 손가락들 사이에 부드러우면서도 견고하게 위치시키는 것에 대해서는 생각하지 않는 것이다. 여기에는 분명 이상한 것이 없다. 이 과정은 인식하지 않고도 이루어진다.

그러나 당신이 주로 사용하는 손을 일시적으로 사용할 수 없게 된다면, 모든 것은 변한다. 손가락 하나가 부러지거나 손목이 삐었다―그러면 갑자기 자주 사용하지 않는 손으로 모든 것을 해야 한다. 이제 이 모든 것에 대해 생각할 수밖에 없다. 당신은 주로 쓰는 손의 상처 때문에 고통스러울 것이고, 그와 동시에 자주 쓰지 않는 손을 사용해 간단한 작업을 수행하는 것이 (완전히 다른 종류의 고통이긴 하지만) 고통스럽다는 사실을 발견하게 된다. 이 말이 마음에 들지 않겠지만, 바로 이것이 학생을 다른 방식으로 사고하도록 유도하면서 당신 자신의 질문 사용을 자제해야 할 때 당신이 느끼는 종류의 고통―적어도 불편함―이다.

학생들은 당신의 고통을 느낄 것이고, 그들 자신의 고통 또한 느낄 것이다. 당신이 그들에게 익숙하지 않은 것을 요구하고 있기 때문이다. 당신은 이 고통을 굳건하게 견뎌내야 하고, 학생들이 자신의 질문을 생성하도록 촉구하고 회유하며 요구해야 할 것이다. 그들이 자기 자신의 질문을 생각해내려고 애쓸 때, 그들의 머릿속에서는 무언가가 일어나고 있다. 이것은 마치 한 번도 사용한 적 없는 약한 '질문하기 근육'을 사용하려고 애쓰는 것과 같다. 그들에게 시간을 주고, 연습할 기회를 주어라. 그리고 이 근육이 성장하는 모습을 지켜보아라. 나는 연간 교육과정이나 토의를 이끌 핵심 질문을 개발할 때 많은 생각을 해야 했던 것을 분명하게 기억한다. 나는 강력하고 모든 것을 아우르는 질문을 생각해내는 과정을 경험했기 때문에 핵심 질문을 개발할 수 있었다. 그러나 이제 나는 '어떻게 하면 학생들이 이 능력을 계발할 수 있을까?'를 고민하고 있다. 이것은 학생들에게 질문에 대한 모든 지식을 가르치는 것이 아니라, 질문 형성 과정에 시동을 걸어 그들 스스로 이 근육을 사용하기 시작하는 방법을 가르치는 것이다. 학생들이 일단 이것을 할 수 있게 되면, 이를 토대로 다양한 방향으로 나아갈 수 있다.

자, 이것은 하나의 큰 변화에 수반되는 어려움일 뿐이며, 이야기는 여기에서 끝나지 않는다. 질문형성기법의 사용에는 눈에 보이는 것보다 더 많은 어려움들이 존재한다.

2 변화는 질문 초점에서 시작된다!

질문 초점의 설계를 예로 들어보자. 효과적인 질문 초점을 개발하는 방법을 배우는 데는 어느 정도의 연습이 필요하지만, 당신은 꽤 빨리 이를 습득할 것이다. 좋은 질문 초점에는 몇 가지 기준이 있으며(나는 이것을 당신과 공유할 수 있다), 당신은 자극 제시문을 파악하는 것처럼 이를 학습할 수 있다. 처음에는 질문 초점 진술 중 일부가 제대로 작동하지 않을 수 있지만, 시행착오를 통해 어떤 질문 초점이 가장 효과적인지 파악하게 될 것이다.

1) 예를 주어서는 안 된다!

나의 교수 방법에서 발생한 소소한 문제 하나를 소개하겠다. 나는 숙제를 설명하거나 명확하게 알려주기 위해 많은 예를 주는 데 익숙하다. 그리고 학생들은 항상 나에게 예를 요구한다. 학생들이 혼란스러워 보이는 순간 내가 자발적으로 예를 제시하지 않으면, 학생들은 "예를 하나 들어주시겠어요?"—학생들이 자주 하는 질문이다—라고 말할 것이다.

이제, 나는 예를 주지 말아야 한다는 것을 명심한다. 분명한 질문 생성 규칙이 있고, 이는 실제로 나의 학생들이 다양한 방식으로 사고하는 것을 가능하게 한다. 학생들은 내가 지금까지 한 번도 보지 못했던 수준의 확산적 사고를 하고 있다. 그러나 내가 그들에게 예를 제시하는 순간 게임은 끝이 나고, 그들은 "아, 선생님이 원하는 게 이거구나"라고 결론 내릴 것이다. 그리고 그들에게 이것은 그들이 생각하는 게임의 전부가 된다. 이것은 질문형성기법을 사용할 때 우리가 맞닥뜨리는 상황 중 하나이다.

이 과정을 처음 사용할 때 나는 내가 예를 주고 있다는 사실조차 몰랐다. 그러나 비록 질문의 형태이기는 했지만 나는 예를 주고 있었다. 모둠 발표를 듣고 있을 때 나는 이 사실을 깨달았다. 학생 중 한 명이 매우 흥분해서 손을 들고 말했다. "모든 모둠이 똑같은 질문으로 시작했다는 거 아세요?" 나는 조용하게 "아마도 너희 모둠이 도움을 요청했을 때 너희에게 제시하는 예를 들었기 때문이겠지"라고 말했다.

이 예는 학생들이 얼마나 교사의 안내를 기다리고 있는지를 보여준다. 그러므로 여기에서는 질문형성기법을 사용할 때 교사가 명심해야 할 사항 몇 가지를 소개한다.

- ✔ 학생들의 질문 생성 시작이 늦어질 때, 너무 빨리 도움을 주어서는 안 된다.
- ✔ 질문 자체를 제시해서는 안 된다.
- ✔ 당신이 생각하고 있는 것의 예를 주어서는 안 된다.

2) 관찰을 통해 모둠을 관리한다

그래서 내가 도움을 주지 않는다면, 모델을 제공하지 않는다면, 수업에서 좋은 질문을 던지지 않는다면, 예를 제시하지 않는다면, 즉 교사가 해야 하는 일이라고 여겨지는 모든 일을 하지 않는다면, 학생들이 모둠으로 활동하는 내내 나는 무엇을 해야 할까? 물론, 이메일을 확인하지는 않을 것이다. 모둠 관리를 위해 해야 할 일이 많다. 대부분의 시간은 모둠 활동을 관찰하고 모둠이 제대로 활동을 하고 있는지를 확인하는 데 사용된다. 이를 위해서는 문제를 발견했을 때 기본적으로 일종의 '근접 영역(zone of proximity)'을 유지하고 있어야 한다.[1] 즉, 나는 학생들에게 특정 단계에 대한 최초의 지시를 상기시킬 수 있다. 또한 모둠이 활동을 유지하도록 돕기 위해 학생들이 각 단계를 얼마의 시간 내에 완수해야 하는지도 알려주어야 할 것이다. 나는 때로 학생들이 주제에서 벗어나는 것을 목격하지만—학생들이 나눌 수 있는 대화의 범위가 얼마나 넓은

지는 당신도 익히 알 것이다―그것이 실제로 학생들의 과제 수행을 방해하는 것 같지는 않다. 만약 학생들이 주제에서 너무 오랫동안 벗어난다면 다시 해당 단계로 돌아오게 하겠지만, 잠깐 동안의 이탈은 때로 가만히 앉아 있지 못하는 학생들에게 도움이 된다. 그리고 다른 모둠에 발표해야 한다는 학생들의 인식은 책임감을 발동시키고, 나의 가벼운 언급만으로도 학생들을 다시 활동으로 복귀시킬 수 있다.

3 학생에게 규칙을 상기시켜라!

내가 가장 힘든 부분 중 하나는 학생들이 처음으로 자신의 질문을 생성할 때이다. 학생들에게 계속해서 질문 생성 규칙을 상기시켜야 하기 때문이다. 질문 생성 규칙은 간단하지만 학생에게 친숙한 모든 것―질문이 떠올랐을 때 질문에 대해 토의하기, 판단하기, 의견 말하기 등―을 제한한다. 이 규칙은 모둠 관리를 훨씬 용이하게 만든다. 학생이 질문을 하는 것 이외의 행동을 하기 위해 멈추면, 당신이 해야 할 유일한 일은 그들에게 규칙을 상기시키는 것이다. 이것은 그리 어려운 일은 아니지만 당신은 어느 모둠이 규칙을 위반하고 있는지에 신경 써야 하고 모둠의 토의에 휘말리지 않도록 주의해야 한다.

그러므로 당신이 자주 하게 될 일 중 하나는 학생들에게 규칙을 상기시키는 것이다. 이것은 또한 꽤 효과적인 수업 운영 기법인 것으로 드러났다. 이것이 본래 목적이 아니라는 것은 알지만, 이는 학생이 활동을 계속 유지하고 활동에 참여하며 스스로 통제하도록 돕는 데 효과적이다.

4 과정에 성찰하는 부분을 넣어라

다양한 시점에서 당신이 촉진해야 하는 것이 하나 더 있다. 학생이 자신의 사고에 대해 생각하고 그것에 대해 말하도록 하는 것이다. 학생들은 분명 이것에 익숙하지 않지만, 나는 학생들이 이것을 진정으로 즐기기 시작하는 것을 볼 수 있었다. 이 과정이 주는 모든 혜택을 온전히 누리기 위해서, 학생들은 그들이 무엇을 배우고 있는지 그리고 어떻게 그것을 배웠는지에 대해 실제로 생각해야 한다. 또한 학생들에게 무슨 일이 일어나고 있는지를 실제로 볼 수 있기 때문에 이 과정은 분명 내게도 행복감을 준다. 만약 내가 질문형성기법 과정의 일부인 이 성찰 질문을 학생들에게 요구하지 않는다면, 학생들이 얼마만큼 참여하고 있는지 또는 그들 자신의 질문을 하는 방법을 배우면서 그들이 어떤 느낌을 받았는지를 알지 못할 수도 있다. 그리고 무엇보다도, 학생들이 자신이 무엇을 배웠고 어떻게 그것을 배웠는지를 말할 때―그리고 그들 스스로 그것을 했다는 것을 목격할 때―우리는 학생의 자신감이 상승하는 것을 볼 수 있다. 내가 지금까지 한 활동 중 이와 가장 비슷한 활동은 한 단원의 마지막이나 아니면 아마도 그 해의 마지막에, 학생들에게 무엇을 배웠고 그 중 무엇이 가장 좋았는지에 대해 몇 가지 질문을 던진 것이다. 나는 또한 KWL과 같은 활동도 했지만, 여기에는 차이가 있다.[2] 나는 학생들이 성찰할 때, 이제 자신이 확산적 사고와 수렴적 사고 그리고 초인지적 사고를 하는 방법을 알고 있다고 말하는 것―물론, 그들 자신의 언어로 말이다―을 목격했다. 그리고 나는 이를 통해 우리가 정말 무언가를 성취했다고 느낄 수 있었다. 그러므로 학생들을 위해서만이 아니라, 당신이 성취한 것에 대한 기쁨을 당신 자신에게 주기 위해서도 반드시 성찰 질문을 던져라.

5 동등하게 인정하고, 판단하지 말라

내가 말하고 싶은 도전이 하나 더 있다. 이것은 실제로는 방식에 관한 문제이지만, 학생들에게 생소한 것—질문하기—을 하도록 만드는 것과 관련이 있다. 나는 수업 토의를 할 때 학생에게서 의견을 끌어내려고 노력한다. 나는 항상 학생들에게, 특히 평소에 거의 말을 하지 않는 학생들에게 긍정적인 피드백을 많이 제시한다. 그러나 질문형성기법 사용의 핵심은 학생이 자신이 던진 질문을 교사가 좋은 질문이라고 생각할지 아닐지에 대해 아무런 근심도 하지 않고 스스로 사고하도록 하는 데 있다. 그러므로 나는 여기에서 또 다른 어려운 지침을 제시한다. 학생이 질문을 발표하거나 성찰 활동에서 의견을 제시했을 때, 당신의 반응을 중립적으로 유지하려고 노력하라.

이것이 쉬운 일은 아니지만 어떤 특정 질문에 대해 "좋은 질문이야", "훌륭한 질문이야", "정말 좋아"와 같은 반응을 자제하려고 노력해야 한다. 심지어 전에 한 번도 의견을 내지 않았던 학생이 좋은 질문을 생각해냈더라도 말이다. 왜 이러한 학생에게조차 긍정적 강화를 주어서는 안 되는 걸까? 다른 학생들은 당신이 그들에게도 정확히 동일한 반응을 할지 걱정하기 시작할 것이고, 이는 그들이 더 많은 질문을 하는 것을 방해할 것이기 때문이다. 나는 이제 모든 학생의 의견을 인정할 때 중립적인 "수고했어요"라는 말을 사용한다. 처음에 학생들은 그것이 이상하다는 듯 나를 쳐다봤지만, 곧 그 표현이 정말로 마음에 든다고 말했다. 교사가 항상 자신에게 잘했다고 말해주기를 기다리다가 그렇지 않으면 기분이 나빠지기 때문이었다. 중립성을 유지하는 것은 질문형성기법이 학생에게 제공하는, 판단 받지 않고 스스로 생각할 공간을 강화하는 것처럼 보인다. 이는 이미 잘하고 있는 학생들을 포함하여 모든 학생에게 효과가 있다. 그러나 학생이 스스로 생각하고 그들 자신의 질문을 만들기 위해 질문형성기법이 제공하는 이러한 공간은 어려움을 겪는 학생들에게 특히 효과가 있다고 생각한다.

당신은 모든 학생의 노력을 인정하기를 원한다. 그러나 무심코 어떤 질문에 더 낮은 가치를 두고 다른 질문에 더 높은 가치를 둠으로써 당신의 선호를 보여줄 수 있고, 이는 자신의 의견을 개진하고 참여하고자 하는 학생의 욕구를 꺾을 수 있다. 내가 이 도전을 마지막으로 제시한 이유는 학생이 처음으로 자신의 의견을 개진했을 때 얼마나 연약해지는지를 우리 모두가 알기 때문이다. 나는 분명 추가적인 강화를 제공하는 경향이 있다. 그러나 질문형성기법의 사용에 있어서는, 이 과정 자체가 학생이 스스로 자신을 드러내는 공간을 창조한다는 사실을 깨달았다. 그래서 나는 학생들이 나에게 인정받을 필요를 줄이려고 노력한다.

6 시도하라!

내가 여기에서 언급한 어려움 때문에 질문형성기법을 사용하려는 시도를 포기하지 않기를 바란다. 질문형성기법은 실제로 매우 빠르게 제2의 본성이 될 수 있고, 이는 학생들에게도 마찬가지이다. 이제는 내가 학생들에게 숙제를 내거나, 무언가를 관찰하게 하거나, 기록을 하라고 하면, "그런데 우리가 질문을 해도 되나요?"라는 말이 곧 돌아온다. 이것은 큰 변화이다. 그리고 나는 이 활동이 어떻게 다른 영역에서도 도움이 되는지를 보았다. 학생들은 그들 스스로 작문 숙제를 시작할 수 있고, 특히 새로운 분야에 들어가기 전에 함께 질문형성기법을 사용할 때 내가 제시한 읽기 자료를 더 잘 이해한다.

나는 학생들에게 그들 자신의 질문을 하는 방법을 배울 기회를 주는 것이 그들에게 자기주도적인 학습자가 될 수 있는 강력한 도구를 주는 것임을 목격했다. 나는 당신이 이 과정에는 일부 어려움이 존재한다는 것을 충분히 인식하고 이를 시도하기를 적극 권장한다. 그리고 무슨 일이 일어나는지 내게 알려주기를 바란다. 나는 이 과정에 대해 의견을 공유하는 것을 좋아한다. 그리고 즐기시길. 나는 당신이 분명 즐길 것이라고 확신한다.

10 장

학생과 수업, 완전히 바뀌다

자기주도적인 학습자 공동체

> " 나는 추론하고 텍스트에 대해 질문하고
> 나 자신의 관점을 이해하는 데 있어
> 더 수준 높고 보다 광범위한 지식을 얻었다. "

> " 질문을 하지 않으면 우리는 배울 수 없다.
> 우리가 질문을 하지 않으면 우리가 무엇을 생각하는지
> 또는 무엇을 알기 원하는지 아무도 알지 못한다. "

질문형성기법은 모둠 및 동료 학습 과정에 학생들의 참여를
증대시키고, 수업 운영을 개선하며, 교육 불평등을 해결하기
위한 수업 활동을 강화한다.

17세기 영국의 정치인이자 과학자, 철학자이며 과학적 방법이라는 생각을 제기했던 프랜시스 베이컨(Francis Bacon)은 "가장 많이 질문하는 사람이 가장 많이 배우고, 가장 많이 기억한다"라고 말했다. 몇 세기가 지난 후, 이 장의 초반부에 인용된 학생 중 한 명은 이와 거의 동일한 의견을 내놓았다. "질문을 하지 않으면 우리는 배울 수 없다." 질문형성기법을 수업에서 사용했을 때 학생은 깊이 있는 학습이 이루어졌다고 말하고, 교사는 이에 대한 수많은 증거를 목격한다. 그러나 이는 또한 질문형성기법에 대한 경험 없이도 우리 모두가 인지할 수 있는 현상이다. 우리는 어떤 주제나 관심사에 대해 질문을 던졌을 때 우리에게 돌아오는 정보에 훨씬 더 잘 대응한다. 그러므로 우리는 그 정보를 기억할 가능성이 높다. 우리가 질문을 하지 않을 때 우리에게 단순히 전달되는 정보는 즉시 날아가 버릴 수 있다. 그리고 우리는 그 정보에 대해 단 한 순간도 생각하지 않는다.

학생이 처음으로 질문 초점을 접하고 30분, 3일 혹은 3주가 지난 후에 다시 최초의 질문 초점을 보았을 때, 그들은 이 질문 초점에 익숙할 것이다. 그러나 이번에는 완전히 다른 시각으로 이 질문 초점을 보게 된다. T. S. 엘리엇은 그의

시 〈네 개의 사중주(Four Quartets)〉*의 다음 구절에서 이러한 변화를 포착했다.

> 우리는 탐험을 멈추지 않으리라
>
> 그리고 우리의 모든 탐험의 끝은
>
> 우리가 시작했던 곳에 도착하는 것이 될 것이며
>
> 그때 우리는 처음으로 그 장소를 알게 되리라

학생들은 탐험을 시작했고, 그들 자신의 탐구 방향을 따라 여행했으며, 그들의 질문이 이끄는 대로 나아갔고, 그 질문들에 공을 들였다. 그들은 그들이 "시작했던" 그 장소로 정확히 되돌아왔지만, 이제는 그들이 시작했을 때 결코 상상하지 못했던 방식으로 "그 장소를 알게" 된다.

1 학생에게 일어나는 변화

질문형성기법의 사용이 가져오는 변화는 분명하다. 학생들은 그들 자신에게 일어난 변화를 다음 세 가지 범주로 말한다.

- ✓ 학생들은 내용을 더 잘 이해하게 되고, 더 많이 배우게 된다.
- ✓ 학생들은 자신감을 얻고, 자기주도적으로 되며, 더 많이 참여하고, 자신의 학습에 대해 주인의식을 갖게 된다.
- ✓ 학생들은 교육 기간과 그 이후에 사용할 수 있는 평생의 사고 기능을 계발하게 된다.

....

● T. S. 엘리엇의 대표작이자 노벨문학상을 수상한 작품으로, 4편으로 구성된 장시(長詩)이다.

1) 내용에 대한 이해 제고 및 학습 증진

학생들은 질문 과정이 "내가 많은 생각을 하도록 도왔고", 그 결과 "이제는 전보다 더 많이 이해한다"고 자주 말한다. 질문은 처음에는 (교사에 의해 전달되거나 그들 자신의 연구를 통해 얻을 수 있는) 정보에서 멀어지는 우회로로 보이지만, 종국에는 새로운 이해를 촉발시키는 지름길을 제공한다. 한 고등학교 수학 교사는 질문을 생성하는 것부터 질문의 우선순위를 정하는 것까지 모든 과정을 거친 학생들이 "해당 정보를 소유하기 때문에 정보를 더 잘 기억한다. 그리고 모든 교사는 학생들이 정보를 기억하도록 돕고자 한다. [학생들은] 자신의 질문을 알고 있는 상태에서 정보를 얻었을 때, 그 정보를 그들이 알기 원했던 정보로 인식하기 때문이다. 그들은 '맞아, 맞아, 이게 바로 내가 찾고 있던 거야'라고 말한다"라고 언급했다.

진급을 하지 못할 위기에 처해 있던 링-스 피트의 여름학교 학생들에게 그들 자신의 질문을 하는 방법을 배우는 것에 대해 어떻게 생각하는지 물었다(반응에 대한 분석은 [그림 10-1] 참조). 학생의 1/4은 질문 형성 과정이 중요하며, 그 이유는 자신의 질문을 하는 방법을 "아는 것이 중요"하기 때문이라고 답했다.

[그림 10-1] 9학년 여름학교 프로그램 종료 평가
: 학생들이 질문 형성 학습의 주요 성과에 대해 말하다

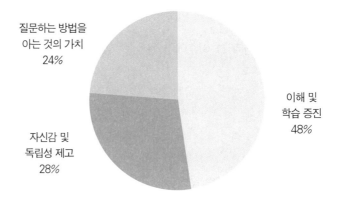

질문하는 방법을
아는 것의 가치
24%

이해 및
학습 증진
48%

자신감 및
독립성 제고
28%

이 수치의 거의 두 배인 48퍼센트의 학생들은 질문 형성의 전체 과정을 거치는 것이 읽기 과제에서 더 많은 내용을 배우고 수업을 더 잘 이해하는 데 특히 도움이 되었다고 답했다. 그들은 또한 다음과 같은 이유로 질문 형성 과정이 도움이 된다고 적었다.

- "방금 배운 정보를 이해하고, 그 정보에서 얻을 수 있는 모든 것을 추출할 수 있다."
- "우리가 자료를 이해하는 데 도움이 된다."
- "우리가 읽거나 말하고 있는 것을 이해하는 데 도움이 된다."
- "더 많은 질문을 던질수록 우리의 머릿속에는 더 많은 생각이 떠오르고, 이는 학습을 확장하도록 돕는다."
- "질문을 하는 것은 공부하는 내용을 나 자신의 관점에서 이해하도록 돕는다. 이것은 주제뿐만 아니라 나 자신에 대해 질문하게 만든다."

그리고 한 학생은 "우리가 질문을 할 때 이에 대한 답을 얻는다면 [이것은] 우리가 한 질문과 그 답을 기억하도록 도울 것이기 때문에"라고 말함으로써, 질문 과정이 어떻게 전통적인 학습 활동에 직접적으로 도움이 되는지를 보여주었다.

휴머니티즈 사립학교의 역사 수업에서 로리 고크랜의 목표는 학생들이 스스로 사고하는 기능을 계발하는 것이다. 그녀는 이 학생들이―그들 중 다수는 다른 학교에서 어려움을 겪었다―어려운 텍스트를 읽고, 많은 아이디어를 도출하고, 에세이를 준비하고 작성하는 것을 돕기 위해 질문형성기법을 자주 사용한다. 그들에게 질문형성기법의 가치에 대해 질문했을 때, 학생의 70퍼센트가 질문형성기법이 주제에 대한 사고와 학습 그리고 이해 증진에 도움을 주었다고 응답했다([그림 10-2] 참조). 그녀의 학생 중 한 명은 "질문하기는 우리가 주제에 대해 더 깊이 이해할 수 있도록 돕는다는 것을 알았다. 우리는 주제에

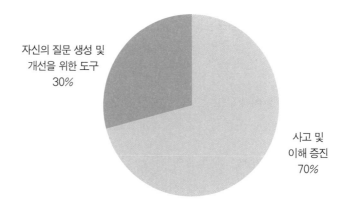

[**그림 10-2**] 도시 지역 고등학교 역사 수업
: 학생들이 질문형성기법의 주요 가치에 대해 말하다

자신의 질문 생성 및
개선을 위한 도구
30%

사고 및
이해 증진
70%

대해 마음대로 이야기할 뿐만 아니라, 답할 수 있는 질문에 서로 답을 한다. 이는 우리가 주제를 깊이 있게 이해하도록 도와준다"라고 적었다.

2) 자신의 학습에 대해 주인의식을 가지는 더욱 참여적인 학생

한 교사는 자신의 학생들이 질문 형성 과정을 "질문 폭풍(questionstorming)"이라고 묘사하면서 좋아하고, 이제는 새로운 단원이 시작될 때마다 이 과정을 하기를 원한다고 말한다. 아리엘라 로스스타인이 이끄는 이스트브루클린 커뮤니티 고등학교(East Brooklyn Community High School: EBCHS)의 수업에서 학생들은—이들은 처음 질문하기를 시도했을 때 힘들어했다—자신이 배운 새로운 기능을 모든 과제에 대한 접근법으로 사용하기 시작했다. '언론의 자유'를 보여주는 노먼 록웰(Norman Rockwell)*의 그림을 보고 관찰한 내용을 메모하라는 교사의 지시에, 몇몇 학생들은 과제를 시작한 지 몇 분도 지나지 않아

....

● 미국의 화가이며 삽화가. 『새터데이 이브닝 포스트(The Saturday Evening Post)』에 47년간 표지 그림을 그렸고, 『룩(Look)』지에 삽화를 기고하는 등 20세기 변화하는 미국 사회와 미국인들의 일상을 그림으로 표현했다. (출처: 두산백과)

"우리가 관찰한 것에 대해 질문해도 될까요?"라고 말하며 지시를 확장할 것을 요구했다.

학생들은 "자기 자신의 질문을 할 때 우리는 근본적으로 자신에게 도전하는 것이기 때문에" 이제 질문이 자신의 학습을 주도하는 수단이 되었다고 되풀이해서 말한다. 다른 학생은 학습에 대해 다음과 같은 격언을 내놓았다. "당신이 가진 지식을 뛰어넘어 학습하고자 한다면, 정신을 확장시키는 질문을 하라." 또 다른 학생은 질문하기가 어떻게 "나의 생각을 확장"시키는 데 도움이 되는지, 그리고 미래에 "나 자신의 질문을 만들고 내가 알고 싶은 것을 나 자신에게 가르치기 위해" 어떻게 이를 사용할 것인지에 대해 말하면서 위 학생의 의견에 동의했다.

질문을 하는 능력은 일단 계발되면 익숙해지고, 사용하면 할수록 더 강해지는 근육이다. 이는 "새로운 생각에 의해 일단 확장된 마음은 결코 원래의 크기로 되돌아갈 수 없다"는 올리버 웬들 홈스(Oliver Wendell Holmes)*의 의견과 유사하다. 학생들이—특히 어려움을 겪는 학생들이—새로운 유형의 사고를 시작하기 위해 질문 생성 규칙이 제공하는 공간을 사용할수록 이 새로운 근육은 확장되어 학생들의 자신감을 높여준다. 보스턴 주야간학교의 찰스 해리스는 "자신이 똑똑하다고 생각하지 않는 학생들은 일단 자신의 질문이 평가받거나 비판받지 않는다는 것을 알게 되면 더 좋은 질문을 한다"라고 말했다. 그녀의 동료 세라 패스도 "자신이 똑똑하다고 생각하는 아이들이 질문을 생각해내는 데 애를 먹고, 자신이 똑똑하다고 생각하지 않는 아이들이 멋진 질문을 생각해내는 것을 보면 정말 놀랍다"라고 말하며 이를 확인해주었다.

여름학교 프로그램이 끝날 때 한 학생이 링-스 피트에게 "나는 질문을 잘하게 되었다"라고 자랑스럽게 말한 바와 같이, 모든 학생들은 더 연습하면 할

<hr />

● 미국의 의학자, 시인, 수필가이자 평론가이다. 다양한 분야에서 활동하며 명성을 떨쳤다.

수록 더 많은 것을 느낀다. 이러한 사실을 깨닫고 그녀에게 이것을 말할 때 그의 얼굴에 번진 미소는 전염성이 있었다. 다른 학생들 또한 그들 자신에게서 발견한 변화의 증거에 대해 다음과 같이 말했다.

- "나는 빨라졌고 좋은 질문을 던졌다."
- "나는 질문을 다르게 말하거나 적을 수 있다."
- "나의 질문하기 능력은 질문을 절대 하지 않았던 때와 비교하면 매우 달라졌다."

그리고 물론 피트의 여름학교 수업의 학생이 말한 바와 같이, 질문을 하는 방법을 아는 것은 자신을 "똑똑하다고 느끼게" 만든다.

3) 교실을 초월하여 사용할 수 있는 평생의 사고 기능

팰로앨토 지역의 J. L. 스탠포드 중학교의 학생들은 질문을 하는 방법을 배우는 것의 가치에 빠르게 주목했다([그림 10-3] 참조). 또한 많은 학생들이 당면한 활동뿐만 아니라 미래의 프로젝트와 과제를 수행하는 데 있어 질문하기가

[그림 10-3] 교외 지역 중학교
: 학생들이 질문형성기법의 주요 가치에 대해 말하다

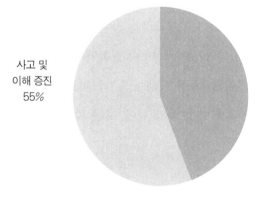

사고 및
이해 증진
55%

자신의 질문 생성 및
개선을 위한 도구
45%

가지는 가치에 대해 자발적으로 언급했다. 한 학생은 자신의 질문을 하는 과정이 "프로젝트 아이디어를 구성하기 위한 좋은 방법이다. 전에는 절대 생각하지 못했던 질문들을 할 수 있었다"라고 말했다. 그녀의 친구 중 한 명도 "거의 모든 프로젝트에 대해 브레인스토밍을 할 때 이 과정을 다시 사용할 수 있다. 이 과정은 큰 주제를 보다 작고 구체적인 주제로 바꿀 방법을 떠올릴 때 가장 효과적일 수 있다"라고 말하며 그녀의 발견을 재확인했다. 한 학생은 자신의 영어 수업에 대해 생각하면서 다음과 같이 말했다. "나는 작문을 할 때 혼자서 이 과정을 사용할 수 있다. 다를 수도 있겠지만, 나는 이야기의 구조와 등장인물에 대해 자신에게 질문을 던지고 줄거리를 결정할 수 있다."

많은 학생들은 질문을 하는 방법을 아는 것이 학교를 넘어 자신의 삶에 영향을 미친다는 사실을 빨리 알아챘다. 보스턴의 고등학교 학생들은 "어른들과 대화하기 위해" 그리고 "직업을 찾는 데 도움을 받기" 위해 자신이 배운 새로운 기능을 사용한다고 자주 언급했다.

학습 과정을 재창조하는 방법에 대한 지식은 많은 학생들이 이 기능을 사용할 수 있는 방법을 상상하도록 자극했다. 한 6학년 학생은 "나는 이 기능을 다윈의 후계자가 될 나의 미래에 사용할 것이다. 아마도 나는 몇 개의 훌륭한 이론을 생각해내야 할 것이기 때문이다"라고 적었다.

2 수업에서 일어나는 변화

학생들은 질문형성기법을 사용할 때 자신들에게 일어나는 변화를 인식한다. 그들은 교사와 학교가 인식하는, 그들의 학문적·사회적 행동에서 나타나는 중요한 변화에 대해서는 깨닫지 못할 수 있다. 다음은 수업 효과의 측면에서 발견되는 일반적인 변화의 세 가지 범주이다. 질문형성기법은,

✅ 모둠 및 동료 학습 과정에 참여를 증대시킨다.

✅ 수업 운영을 개선한다.

✅ 교육 불평등을 해결하기 위한 수업 활동을 강화한다.

1) 모둠 및 동료 학습 과정 참여의 개선

질문형성기법은 매우 구조화된 과정이지만, 동시에 학생들이 서로에게 배우는 것을 가능하게 하는 개방적인 과정을 제공한다. 이 과정은 균형을 잡아야하는 활동으로, 어느 시점에서는 오직 질문 생성만 허용하고 다른 시점에서는 다양한 질문의 상대적인 가치를 토의하면서 질문의 우선순위를 정하도록 한다. 이 과정에서 학생들은 모둠 활동에 주목하게 되고, 일부 학생은 "모둠으로 활동하는 것이 좋았다", 그리고 "우리는 정말 멋진 토의를 했다"라고 말한다. 한 학생은 다른 질문들을 듣는 것이 "나를 많이 생각하게 만들었다"라고 말하며 다음과 같이 덧붙였다. "나는 많은 아이디어들을 접할 수 있어서 이 과정이 좋았다. 나는 또한 나의 생각뿐 아니라 다른 사람들의 생각을 알 수 있었다. 우리 모둠은 좋은 주제를 가지고 있었고, 이 주제는 우리를 많은 정보로 이끌어주었다."

한 학생은 질문 생성 규칙의 사용이 더 개방적이고 허용적인 과정을 만든다는 측면에 특히 주목했다. 그는 "나는 어떠한 생각이라도 말할 수 있는 것이 좋았다. 이러한 방법에서는 이것이 '나쁜 생각'인지 아닌지에 대한 갈등이 존재하지 않는다. 또한 모둠은 약간 수정하는 것만으로 좋은 생각이 될 수 있는 아이디어를 놓치지 않을 수 있다"라고 언급했다.

이 과정을 통해 학생들은 서로를 도와주면서 가파른 학습 곡선을 상대적으로 빨리 오를 수 있다. 한 교사는 학생들의 이러한 의견을 더 큰 현상의 일부로 인식했다. "나는 모둠 환경에서 질문 형성 방법을 배우는 것이 협동, 듣기 및 의사소통 기능을 증대할 수 있다는 사실에 놀랐다."

2) 수업 운영의 개선

　질문형성기법이 이를 염두에 두고 설계된 것은 아니지만, 교사들은 질문형성기법이 수업 자체를 통제하는 데 효과적이라는 사실을 관찰했다. 교사들은 구조와 열린 공간 사이를, 즉 교사의 명료한 지시와 학생의 강한 발언권을 보장하는 공간 사이를 미묘하게 왔다 갔다 하는 것이 더 활기 넘치고 자기 절제적인 수업을 만든다는 사실에 종종 주목한다.

　질문 생성 규칙은 많은 도움이 되는데, 이는 특히 과정의 초반부에서 규칙을 소개하기 전에 왜 이 규칙들을 지키는 것이 어려울지에 대한 학생 토의가 선행되기 때문이다. 토의를 통해 학생들은 발생할 수 있는 문제에 대해 말하고, 문제가 실제로 발생했을 때 이를 인식하고, 이후 토의하거나 판단하거나 의견을 말하는 것을 막기 위해 다시 규칙을 참고함으로써 과정에 흥미를 느끼게 된다. 이 규칙들은 교사가 강요하는 규율에서 학생 자신이 스스로 행동을 통제하는 학생 주도의 과정으로 수업을 이동시킨다. 이 체계가 항상 완벽하게 작동하는 것은 아니지만, 이는 높은 기대와 학생의 더 큰 주인의식—성공적인 수업의 마법적인 두 요소—이라는 분위기를 창조한다.

　질문형성기법은 또한 특정한 결과물(질문 목록, 수정된 질문, 우선순위 질문)을 생산할 것이고, 학생들은 자신의 질문을 다른 모둠 앞에서 발표할 책임을 맡게 될 것이다. 이와 같은 특정 결과물에 시간제한이 더해질 때 학생들은 자신들이 무엇을 산출해야 하고, 언제 해야 하며, 누구에게 해야 하는지를 인식하게 된다. 이와 같이 질문형성기법은 결과에 대한 책임을 모둠의 학생들에게 부여한다. 물론 일부 학생은 이에 저항한다. 그들은 많은 학생들이 내면화한 메시지—그들의 유일한 책임은 자신이 호명되었을 때 반응하는 것이라는—를 강화하는 교사와 학생 간의 전통적인 질문과 응답 방식에 길들여져 있다. 다른 경우로는 학습 과정에 참여하지 않거나 다른 학생들을 방해하는 것이 허용된다고 혹은 그럴 자유가 있다고 느끼는 학생들이 있다. 질문형성기법의 구조, 다시 말해 친구들을 대상으로 한 발표와 부여된 과제를 완수할 것을 요청하는 교사의 독촉은 학생들에게 이러한 여지를 허용하지 않는다. 우리가 전 지역에서 목격하는 바와 같이 질문형성기법 과정의 중요성은 점점 커지고 있으며, 심지어 가장 다루기 힘든 일부 학생들까지도 과정으로 끌어들여 적극적인 참여자로 변화시킨다.

3) 위기에 빠진 학생을 참여시키고 협력하게 만드는 효과적인 전략

질문형성기법은 여러 특징들의 이례적인 조합을 제공하기 때문에 모든 수준의 학생들에게 효과가 있다. 질문형성기법은 성공적인 학생에게는 더 깊이 사고하도록 촉진하면서, 어려움을 겪는 학생에게는 새로운 사고를 하도록 이끌고 자극하는 매우 드문 접근법이다. 이 기법은 다음을 제공한다.

- ✔ 명확하고 통제된 구조
- ✔ 학생의 다양한 학습 및 말하기 방식을 위한 열린 공간
- ✔ 학생의 아이디어와 협동 능력에 대한 존중
- ✔ 학생이 매우 높은 수준으로 사고할 수 있다는 높은 기대

한 학년 뒤처질 위기에 처해 있던, 링-스 피트의 여름학교 9학년 학생들은 처음에는 이 과정을 무척 힘겨워했다. 일부 학생은 자리에 앉아 있거나 심지어 자기 모둠에 속해 있는 것조차 힘들어하며 다른 모둠 주위를 기웃거렸다. 딱히 다른 모둠의 질문을 살피기 위해서가 아니라, 단지 그 모둠 구성원 중 한 명의 관심을 끌기 위해서 말이다. 일부 학생은 자신이 무엇을 해야 하는지 이해하지 못했고—그들은 전에 한 번도 이 과정을 해 본 적이 없었다—활동에서 벗어나려고 노력했다.

그들이 질문형성기법 과정을 두 번째로 경험할 때, 그들의 행동과 활동에서 나타난 변화는 놀라웠다. 그들은 활동을 인식하고 있었고, 함께 생각할 수 있는 기회를 즐기는 것처럼 보였으며, 에미넴(Eminem)*이나 50센트(50Cent)**보다 어셔(Usher)***를 좋아하는 자신들의 기호에 대해서는 아주 가끔씩만 이야기했다. 그들은 친구와 교사에게 약간의 도움을 받았고, 결국 활동을 이탈하지 않았다. 5주간의 여름학교 프로그램이 끝났을 때, 학생의 87퍼센트가 여름 보충수업 동안 배운 가장 중요하고 유용한 것으로 질문하기 능력을 꼽았다. 이 학생들 중 50퍼센트는 분명하게 질문형성기법을 언급했으며, 나머지 37퍼센트는 일반적으로 '질문을 하는' 학습을 가장 중요한 것으로 묘사했다. 24명의 학생 중 오직 세 명(13퍼센트)만이 질문하기나 질문형성기법을 언급하지 않았다([그림 10-4] 참조).

[그림 10-4] 9학년 여름학교 수업의 프로그램 종료 평가: 학생들이 5주간의 여름학교 프로그램에 참여하면서 자신들이 배운 가장 중요한 교훈에 대해 생각하다

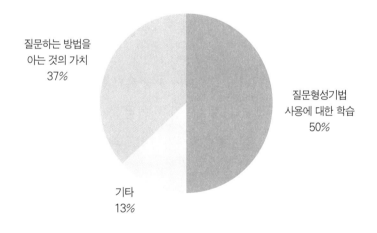

질문하는 방법을
아는 것의 가치
37%

질문형성기법
사용에 대한 학습
50%

기타
13%

....
* 미국의 래퍼, 레코드 프로듀서, 배우.
** 미국의 래퍼이자 배우.
*** 미국의 팝가수이자 R&B 가수.

이스트브루클린 커뮤니티 고등학교의 아리엘라 로스스타인의 수업에는 다른 학교에서 어려움을 겪다 전학 온 학생들과 수학 연령이 지난 학생들이 다수 포함되어 있다. 그녀는 2주간의 학습 단원 중간에 의도적으로 질문형성기법을 삽입했다. 학생들이 모의재판 훈련을 위해 준비하고 있을 때, 그녀는 2장에서 묘사된 질문 초점인 "미란다 권리는 항상 피고의 권리를 보호한다"를 설계했다.

그녀의 학생들은 정의, 평등, 개인적 책임과 공적 책임, 공공 기관, 모든 사람의 권리 등과 같은 주제를 다루면서 자신들이 직접 개발한 질문에 의해 고무되었다. 로스스타인의 질문형성기법 사용은 일부 동료 교사들에게는 '수업 운영' 도구로 인식되는데, 다른 교수 및 학습 활동을 할 때보다 질문형성기법을 사용할 때 학생들이 더 적극적으로 참여하기 때문이다. 로스스타인은 학생이 스스로 사고할 수 있는 능력을 가지고 있다는 것—학생이 학교 교육에서 많이 들어보지 못한 메시지—을 발견하도록 돕는 도구로써 질문형성기법의 가능성을 인식한다. 그녀의 활동의 결과, 학교는 '역사적 내용에 대해 질문하기'를 그녀의 강의에서 평가할 수 있는 특별한 성과로 결정했다. 이것은 학생 질문의 가치에 대한 공식적인 인정이며, 이를 통해 학생들은 자신의 질문하기 능력을 인정받을 수 있게 되었다.

이스트브루클린 커뮤니티 고등학교와 운영 목적 면에서 유사한 보스턴 주야간학교의 교사 야나 민첸코와 레이철 진-마리는 특정 환경에 놓인 학생들에게 매우 중요한 두 가지를 동시에 충족시키는 교육과정을 그들의 인문학 수업에서 설계할 수 있다는 것을 발견했다.

- 단순한 질문 초점인 '우리가 하는 선택들'은 학생들이 읽고 있는—또한 학생들 자신이 겪고 있는 어려움과 매우 연관성이 있는—단편 소설과 직접적으로 관련되어 있으며, 학교에 남는 것에 대한 그들의 선택에 영향을 줄 수 있다.

- 학생 생성 질문들은 학생들이 간단한 응답이나 에세이를 작성하는 방법을 학습할 때 쓰기 과정을 이끌 수 있다.

학생들이 어려움을 겪거나 중퇴 혹은 낙제(이는 중퇴로 향하는 길목에 있다) 위기에 처해 있는 환경에서 일하고 있는 교사들은, 학생에게 자기 자신을 위해 효과적으로 생각하고 행동할 수 있는 주체가 될 능력과 기능을 제공하기 위해 질문형성기법을 사용할 수 있다. 이를 통해 학교는 위험에 처한 학생들이 직면하는 어려움을 직접적으로 해결하는 데 크게 공헌할 수 있다.

링-스 피트는 자신의 여름학교 수업에서 질문형성기법을 사용하면서 얻은 것이 무엇인지 성찰하던 중, 이 과정이 지금까지 한번도 보지 못했던 수준으로 아프리카계와 라틴계 남학생들을 참여시키고 자극했다는 사실을 알게 되었다. 이 과정은 물론 수업에 참여한 여학생들에게도 모둠 내에서 다양한 주도적 역할을 수행할 기회를 제공함으로써 효과를 발휘했다. 그러나 그녀는 학습에 대해 책임을 부여하고 이를 위해 사용할 수 있는 분명한 과정을 제시했을 때 남학생들이 보여준 성장에 특히 감동을 받았다. 이 변화는 '질문형성기법 사용 능력에 대한 자신감의 상승, 폐쇄형 질문과 개방형 질문에 대한 이해의 심화, 그리고 (심지어 질문형성기법을 사용하지 않을 때에도) 수업에서 질문을 던지는 자발성의 증대'로 시작되었다.

피트의 학생 중 한 명은 이러한 모든 변화를 보여주었다. 여름학교의 첫 주 동안 그녀는 손을 들어 참여한 적이 한 번도 없었지만, 여름학교가 끝날 즈음에는 질문형성기법 모둠의 리더로서 개방형 질문과 폐쇄형 질문에 확신이 없는 친구들을 위해 이를 분류했고 자원해서 자신의 질문을 크게 낭독했다. 이 학생이 바로 질문하는 방법을 배우면서 자신이 "똑똑하다고 느낀다"고 말한 소녀이다.

전에는 보통 조용하고 활동에 참여하지 않던 다른 학생은 "여름학교의 첫 주 동안에는 반항적이고 버릇없이 굴었다." 그러나 질문형성기법에서 자신의 학습에 책임감을 느끼기 시작하자, 그는 변화했다. "그는 마지막 주 즈음에는 집중하고 주의를 기울였으며, 심지어 우리가 질문형성기법을 사용하고 있지 않을 때에도 손을 들고 질문했다."

이 두 학생의 사례를 보고 피트는 "소수 민족 남학생의 학업 성취 간극을 메우는 데 질문형성기법이 미치는 강력한 영향에 대해 생각"하게 되었다. 그녀는 "그들이 질문형성기법을 사용하면서 자신에게 권한이 있다고 생각하게 되었기 때문에 이러한 개선을 보여주었다"고 믿는다. 보스턴 주야간학교의 수학 교사 찰스 해리스는 질문형성기법을 사용하는 창의적인 방법—'근의 공식'을 질문 초점으로 제시하기—을 발견했다. 그녀는 학생들이 생성한 질문과 과정을 마친 후 학생들이 학습할 준비가 더 잘 되어 있는 것을 보고 매우 놀랐다. "수학 수업에서 학생들은 무엇을 할지에 대한 지시를 기다릴 뿐, 그들 스스로 생각할 것을 예상하지 않는다"라고 그녀는 말했다. 해리스는 이전의 대수 프로젝트(Algebra Project)에서 학생들이 성공적인 교육 성과에 이르는 길을 발견하는 데 도움을 주기를 원했다. 그러나 그녀는 "우리 지역의 많은 유색 인종 학생들은 학교와 학습에 대해 소극적인 저항감을 가지고 있다. 그 저항감이 어디에서 오는지는 이해하지만, 결국 그들을 돕지는 못했다. 질문형성기법은 그들이 스스로 학습 과정을 터득할 수 있는 방법을 제공한다. 혁신적이라고 할 수 있다"라고 말했다.

샤리프 무하마드(Sharif Muhammad)는 학생들이 진로 탐색과 관련된 독립적인 캡스톤(capstone) 프로젝트*를 수행하는 것을 도우면서 보스턴 주야간학교에서 7년 동안 가르쳤다. 그는 학생들이 질문을 생성하도록 격려했지만, 그

----

* 보통 중학교나 고등학교의 마지막 학년에 학생들에게 요구되는 프로젝트. 학생들에게 총체적이고 통합적인 학문적·지적 경험을 제공하는 다면적 과제이다.

것이 그들에게 얼마나 어려운 일인지를 보았다. 질문형성기법을 사용하기 시작했을 때 그는 "학생들이 폭넓고 깊이 있게, 그리고 이전보다 훨씬 빨리 질문을 생성하는" 모습을 보면서 충격을 받았다. 페드로라는 한 학생은 진로 선택으로 심리학을 조사했고, "이것은 안정적인 직업인가?"로 시작해 "이것은 보수가 좋은 직업인가?"로 끝나는 총 18개의 질문을 생성했다. 그는 또한 자신이 생성한 질문에서 다음과 같은 세 개의 우선순위 질문(7번째, 8번째 그리고 17번째 질문)을 선정했다.

- "심리학자가 되기 위한 요건과 어려움은 무엇인가요?"
- "뇌의 어느 부분이 사람들의 행동과 감정을 조절하나요?"
- "사람들은 히스패닉계 남성 심리학자에 대해 어떻게 느끼나요?"

이 과정의 마지막에 무하마드는 페드로에게 자신의 질문을 하는 방법을 배우는 것이 왜 학습에서 중요하다고 생각하는지 물었다. 페드로는 "질문하기는 학습을 위해 중요해요. 그 이유는 우리가 가진 모든 질문을 좁힐 수 있고, 그 질문들로부터 최대한의 정보를 끌어낼 수 있기 때문이죠"라고 답했다.

그는 질문들을 좁히는 작업이 얼마나 즐거웠는지에 대해 말했고, 미래에는 "모든 과제를 질문을 적는 것으로 시작"할 것이라고 말했다. 페드로는 질문을 좁히는 수렴적 사고로 넘어가기 전에 첫 번째 단계로 확산적 사고가 선행되어야 한다는 것을 이해하고 있었다. 그리고 자신이 무엇을 배웠는지, 그것을 어떻게 배웠는지, 자신이 배운 것을 어떻게 사용할 것인지를 분석하는 초인지적 사고를 할 준비가 완벽하게 되어 있었다. 만약 학생들이 자신이 배우고 있는 기능을 왜 그리고 어떻게 사용할 수 있는지에 대해 인식하지 못한다면, 새롭게 습득한 기능을 다른 과제로 전이시킬 가능성은 낮다고 강조한 인지심리학자 앤 브라운의 말을 그는 매우 간결하게 설명하고 있다.

페드로의 견해는 많은 학생들이 질문 형성 과정에 흥미를 느끼는 이유를 설명해준다. 질문 형성 과정은 학생들이 크고 압도적인 주제를 분해하고 행동을 계획하는 구체적인 단계를 밟아나가도록 돕는다. 그들은 이것을 할 수 있다는 것, 그리고 그들이 이러한 능력을 소유하고 있다는 것을 그들 자신과 교사들에게 보여주었다.

이러한 성취는 생각해볼 만한 가치가 있다. 학생들은 그들 자신을 이러한 방식으로 바라보고, 그들의 교사들 또한 이러한 변화를 인식한다. 숙련된 사고자 그리고 자기주도적이고 의욕적이고 독립적인 학습자로서의 학생은 질문형성기법 사용의 직접적인 결과이다.

질문과 교육, 질문과 민주주의

> 우리는 질문을 할 때 더 많이 배운다.
> 질문하기는 내가 똑똑하다고 느끼게 만든다.

> 이제 나는 질문을 해야 한다는 것을 안다.
> 그리고 이제 나는 그것을 할 수 있다.
> 나는 전에는 결코 질문을 하지 않았다.

우리는 모든 학생이 적극적이고 성공적인 학습자가 되기를 원한다. 비록 그러한 결과를 낳는 특효약은 없다는 사실을 알면서도 말이다. 손목을 가볍게 한 번 움직이는 것만으로 학생의 학습을 방해하는 교실 안팎의 모든 어려움들을 제거해주는 마술 지팡이는 없다.

특효약의 부재는 결과적으로 이러한 문제들을 우리 학교에서 어떻게 해결할 것인지에 대한 끊임없는 토의와 운영 구조·의사결정 권한·교사의 준비·교사 평가·학생 성취·시험 관행·시험 점수의 중요성에 대한 빈번한 토론을 초래한다. 이러한 논쟁의 와중에서도 우리가 잊어서는 안 될 사실이 있다. 그것은 이념적 스펙트럼의 어디에 서 있는지와 상관없이, 우리 모두는 우리의 학생들이 더 많이 배우고 자신의 학습에 대해 주인의식을 가지며 교실에 들어올 때보다 나갈 때 더 많이 알게 되기를 원한다는 것이다.

이 책은 학교, 교사, 학생들이 어떻게 이러한 결과로 나아갈 수 있는지에 대한 증거를 제시한다. 이전 장들에서 등장한 학생들과 교사들이 준 교훈을 통해 우리는 다음과 같은 세 가지 결론을 내릴 수 있다.

- 우리는 교육을 개선하기 위해 모든 학생에게 자기 자신의 질문을 하는 방법을 가르침으로써 어느 학교, 어느 교실에서도 지금 곧 행동에 나설 수 있다.
- 학생에게 자기 자신의 질문을 하는 방법을 가르치는 교사는 더 높은 만족감을 느끼고 더 나은 결과를 목격하게 될 것이다.
- 우리는 모든 학생에게 자기 자신의 질문을 하는 방법을 가르침으로써 더 식견이 높은 시민과 더 강하고 활기찬 민주적 사회를 만들 것이다.

하나의 간단하고 완전한 해결 방안은 없다는 사실과 학교가 직면하고 있는 문제들이 복잡하고 어렵다는 상황을 감안할 때, 우리는 최소한 오컴의 면도날(Occam's razor)* 해법을 진지하게 고려해야 한다. 즉, 대단하지 않은 단순한 접근법이 우리가 원하는 최상의 결과를 내는 데 도움이 될 수 있다. 질문형성기법은 스스로 가능하리라 생각했던 것 이상을 해내도록 각 개별 학생을 자극함과 동시에, 모든 학생에게 동등한 기회를 제공하는 도구이다. 질문형성기법의 가치는 숙제에 대한 지시를 읽는 것조차 할 수 없는 부모를 둔 학생들뿐 아니라 매일 밤 숙제를 도와주는 부모와 사는 학생들에 의해서도 증명되었다. 또한 아침 식사를 배불리 먹고 학교에 도착하는 학생들에게도, 그리고 하루의 유일한 한 끼를 해결하기 위해 학교에 오는 학생들에게도 그 효과가 입증되었다.

1 발견, 참여, 성취를 통한 교육 개선

어쩌면 질문형성기법이 심야의 TV 광고처럼 너무 좋아 보여 믿기 어렵다

- 14세기 영국의 논리학자이며 성직자였던 오컴의 윌리엄(William of Occam)의 이름을 딴 원리로, 어떤 현상을 설명할 때는 가장 단순한 가설로 시작해야 하며, 불필요한 가정을 하지 말라는 내용을 담고 있다.

고 생각할지도 모른다. 그러나 광고될 만큼 좋은 것이 사실이다. 질문형성기법의 가치에 대한 일차적인 증거는 당신이 이 책에서 만난 교사들과 학생들이다. 펠로엘토 지역의 한 중학생은 질문형성기법을 사용하면서 경험한 소중한 발견의 순간을 우리와 공유했다. "만약 우리가 프로젝트의 초점으로 맞추고 싶은 질문을 이미 안다고 생각할 때, 그 질문으로 바로 가고 싶겠지만 잠깐 시간을 내서 질문을 하는 거죠. 그러면 갑자기 우리가 '오, 우와, 이 질문이 훨씬 좋은걸. 그리고 이게 정말 우리가 생각해야 하는 질문이야'라고 깨닫죠." 보스턴의 한 고등학생은 그 어느 때보다 학업에 전념했다고 느꼈다. 그리고 "질문을 할 때 우리는 그에 대한 답을 얻는 것이 우리의 일이라고 느끼고 그 답을 알기를 원하죠"라고 말했다. 그리고 9학년 여름학교의 한 학생은 "질문을 할 때 수업에서 공부하고 있는 내용에 대해 더 많이 배우기" 때문에 전보다 지금 실제로 더 많이 이해하고 있다는 것을 깨달았다.

모든 학교의 모든 학생들은 이 세 명의 학생이 묘사한 것—즉 발견, 참여, 성취에 대한 깊은 감각—을 느낄 자격이 있다. 우리는 더 많은 학생들이 질문하기를 통해 촉발되는 에너지의 분출을 경험하기를 원한다. 그 결과 학생들은 새로운 연관성을 파악하고, 자신의 대답을 얻고자 하는 절박감을 더 크게 느끼며, 그들이 질문을 함으로써 주제를 더 깊이 이해하게 되었다는 만족감을 갖는다.

만약 우리가 학생들에게 자신만의 질문을 하는 방법을 가르치고자 한다면, 우리는 이 책에 나온 이들과 같은 교사들을 더 많이 필요로 할 것이다. 그리고 만약 우리가 교사들을 위해 보통 행해지지 않는 일, 즉 교사의 가르치는 일을 더 어렵게 만드는 것이 아니라 더 수월하게 만드는 일을 한다면, 더 많은 교사들이 이 일을 시작할 것이다.

2 학생 질문과 더 나은 교수

학생들에게 자신의 질문을 하는 방법을 가르친 교사들은 이 기술을 수행하는 자신들의 능력이 향상되었다고 말한다. 보스턴 주야간학교의 교장인 베아트리스 므코니에–사파테르(Beatriz McConnie-Zapater)는 학교의 교사들이 질문형성기법의 엄격한 단계적 과정을 사용하는 동안 "가르쳐야 할 핵심 사항에 대해 분명하게 초점을 맞추"고, "사고방식을 가르치는 데 있어 더 계획적으로" 되는 모습을 목격했다. 교사들은 질문형성기법을 사용하기 전과 비교했을 때 학생들이 "더 많은 질문을 하게" 되거나, "자신의 질문을 더 넓고 더 깊이 탐구하게" 되거나, "더 적극적이고 더 주인의식을 가지게" 되는 분명한 전후 효과를 인식한다. 한 교사가 말한 바와 같이, "학생들은 질문형성기법을 사용하면서 진정한 사고라는 힘든 작업을 교사인 내가 아니라 그들 자신이 수행해야 한다는 것을 배운다. 이로써 나는 더 나은 교사가 된다."

그녀의 견해는 수업에서 질문형성기법을 사용하는 많은 다른 교사들에 의해 확인된다. 그들은 학생들이 자신이 공부하고 있는 내용을 더 잘 이해하고, 더 많은 정보를 기억하고, 관련이 없는 자료를 버리고, 새로운 의미를 찾아내고, 놓친 연결고리를 발견하는 것을 목격한다. 그 결과 학생들은 더 많이 이해하고, 프로젝트를 더 잘 수행하고, 더 복잡한 실험을 수행하고, 더 나은 에세이를 작성하고, 복잡한 수학 문제에 대한 해결책을 내놓는다. 이것들은 매우 중요하고 흥미로운 교육 성과이다.

또한 질문하는 방법을 배우는 것은 학생이 성취기준을 충족하는 것을 도울 것이다. 마이크 로즈(Mike Rose)가 기록한 바와 같이, 성취기준이란 학생을 위해 설정된 정당하고 타당한 기대라 할 수 있다.[1] 그가 우리에게 경고한 바와 같이, 우리가 설정한 성취기준은 존 듀이(John Dewey)가 관찰한 교과 또는 학문과 학생의 정신 발달 간의 역동적 관계를 염두에 두어야 한다.[2] 성취기준을 정보의 기계적인 반복과 동일시할 필요는 없다. 실제로 학생에 대한 분명하고 높은 기대를 제시하는 성취기준을 설정하는 방법은 많다. 질문을 하는 능력은 이 책에 등장하는 학생들이 더 높은 기대를 충족하는 데 도움을 주었다.

데버러 마이어(Deborah Meier)는 "좋은 교수 기술은 학생들이 우리에게 진정으로 물으려고 하는 질문에 우리가 답할 수 있을 때 시작된다. 학생들이 그렇게 하는 방법을 안다면 좋을 것이다"(강조는 저자 추가)라고 주장했다.[3] 우리는 질문형성기법이 마이어가 묘사한 좋은 교수를 강화할 수 있다고 믿는다. 질문형성기법은 학생이 진정 그들 자신의 질문을 하는 방법을 배울 수 있다는 것을 입증하기 때문이다. 또한 마이어가 암시한 것처럼, 좋은 교수가 아직 형성되지 않은 질문을 학생들의 마음에서 찾아내어 추출하도록 요구하는 것이라면, 더 좋은 교수는 교사에게 의존하지 않고 학생들이 자신의 질문을 말하도록 보장하는 것이다. 학생들은 그들 스스로 그것을 할 수 있다.

학생이 그들 스스로 질문을 하고자 한다면, 그들이 질문하는 방법을 배우고자 한다면, 우리는 모든 교실에서 이 기능을 가르치는 것을 명백한 목적으로 설정해야 한다. 인지심리학자 로버트 스턴버그(Robert Sternberg)는 학생 성취 평가 방법을 넓히고 강화하는 데 선구적인 역할을 해왔다. 그는 대학 입학에 사용되는, 문제점이 많은 기준들에 대해 분석하면서 이를 정확하게 언급했다. 그는 학교가 학생들에게 질문하는 방법을 필히 가르쳐야 한다고 믿는다. "우리가 항상 학생들에게 질문을 제시하고 오직 그 질문에 답할 것만을 요구한다면, 우리는 그들에게 물을 가치가 있는 질문을 하도록 가르치는 것이 아니라 이미 만들어진 질문에 답하는 것을 가르치는 것"이기 때문이다.[4]

이에 대한 필요는 분명하고 목적도 숭고하지만, 학생들에게 자신의 질문을 하도록 가르치는 방향으로 전환하기 위해서는 작지만 중요한 실천상의 변화를 요구할 것이다. 처음 이 변화를 실천할 때, 교사와 학생은 모두 뚜렷한 역할의 전환을 경험하게 된다. 이 변화는 단순하지만 매우 심오해서 링-스 피트는 "학생 중심의 학습이 진정으로 어떤 모습인지"에 대해 새로운 방식으로 생각하지 않을 수 없었다. 그녀는 학생들이 적극적으로 질문 생성에 참여하고 자신이 생성한 질문을 사용하는 모습을 보면서, 학생들에게 자신의 학습을 주도할 책임을 부여했을 때 얼마나 많은 학습이 일어날 수 있는지를 알 수 있었다.

자신의 학습에 대해 새로운 책임감을 가진 학생들은 그들을 새로운 장소로 안내해줄 길에 들어서게 된다. 그곳은 바로 민주국가의 시민으로서의 책임감을 가지고 행동하는 장소이다.

3 질문하는 방법을 배운 학생은 민주주의의 실현을 도울 수 있다

교육과 민주주의를 잇는 철학 영역은 한 세기가 넘도록 존재했고, 식견을 갖춘 시민에 대한 필요성은 미국 역사의 초기부터 인식되었다. 철학과 염원은 제쳐두더라도 우리는 어떻게 민주주의를 위한 일상적인 교육 활동을 개선할 수 있을까?

이것은 간단한 문제가 아니다. 민주주의는 결국 위험 부담이 크고 복잡한 체제이다. 고대 그리스에서 아테네의 원로들은 민주주의의 권리를 전체 인구 중 상대적으로 수가 적은 남성에게만 부여해야 한다고 생각했다. 우리가 투표라는 하나의 측면에서만 민주주의를 생각하더라도, 선거권을 넓히기보다는 제한하기 위해 얼마나 많은 노력이 이루어졌는지를 볼 수 있다. 미국이 처음 세워졌을 때는 오직 재산을 소유한 남성만이 투표권을 가졌다. 여성은 한 세기 반이 지나서야 투표할 수 있었다. 아프리카계 미국 시민의 경우 모든 주(州)의 관료들이 이들의 투표권을 반대하기 위해 동원되었고, 이들은 20세기 후반이 되어서야 투표권을 행사할 수 있었다.

더 많은 목소리와 더 많은 참여는 실제로 문제를 복잡하게 만들 수 있다.

윈스턴 처칠(Winston Churchill)은 민주주의를 지금까지 시도된 모든 정부 체제를 제외하면 최악의 정부 형태라고 언급한 적도 있다. 그렇다면 우리는 왜 더 많은 사람들이 질문하기라는 민주적 실천을 연습하는 것을 시작하게 하는 것일까? 우리는 처칠이 언급한 대안을 원하지 않기 때문이다. 군주제나 독재는 사람들이 질문하고 스스로 생각하는 것을 어렵게 만듦으로써 수백 년 동안 지속될 수 있었다. 독재에 도움이 되는 것은 민주주의에 해가 되는 것으로 간주되어야 한다.

심지어 민주주의 사회에서도 우리는 스스로 생각하고 자신의 질문을 던지는 시민의 능력을 계발하는 데 많이 투자하지 않았다. 우리는 모든 시민이 스스로 생각하고, 증거를 따지고, 사실과 신화를 구분하고, 토의하고, 논쟁하고, 분석하고, 우선순위를 정하는 능력을 계발할 수 있도록 더 강하고 계획적인 노력을 할 필요가 있다. 20년 동안 다양한 지역에서 바른질문연구소와 함께 일하면서 우리는 자신에게 영향을 주는 의사 결정 과정에 단 한 번도 참여하지 않았던 사람들이 그들 자신의 질문을 던지고 민주적인 사고방식을 습득하기 시작했을 때 얼마나 많은 것을 이룰 수 있는지를 목격했다.

우리는 때로 고등 교육을 받은 사람들이 자신의 질문을 하는 방법을 가르치는 투자를 할 필요가 없다고 말하는 것을 듣는다. 그들은 바른질문연구소의 활동을 듣고, "분명히 모든 사람들은 그걸 하는 방법을 알고 있어요"라거나 "사람들에게 자신의 질문을 하는 방법을 가르치기 위해 계획적으로 시간을 투자하는 것은 실제로 그렇게 중요하지 않아요"라고 반응한다. 그들의 무관심한 반응은 모든 학생들을 위해 어떻게 교육을 개선할지에 대한 토의에서 흔히 보이는 가정이나 편견을 대변한다. 학생들에게 자기 자신의 질문을 하는 방법을 가르쳐야 한다는 생각은 교육 개혁이라는 레이더 화면에서 잠깐 깜박이는 신호로도 잡히지 않는다.

질문할 자유가 보장된 나라에서 평생을 산 사람들이 질문하기를 자연스러운 민주적 사고방식으로 여기듯이, 고등 교육을 받은 사람들 역시 질문하는 능력을 당연시할 수 있다. 그러나 민주주의의 부재로 고통을 겪어본 사람들은 질문을 하는 능력이 가지는 심대한 의미를 놓치지 않는다. 예를 들어, 나치 독일의 망명자였던 랍비이자 학자인 에이브러햄 조슈아 헤셀(Abraham Joshua Heschel)은 1960년 아동과 청년 문제에 관한 백악관 회의에서 민주주의 사회에서 우리는 질문에 답하는 학생의 능력보다 그들 자신의 질문을 하는 학생의 능력을 더 높이 평가해야 한다고 주장했다.[5] 교육자 파울루 프레이리(Paolo Freire)는 실제로 그의 조국 브라질의 독재자 정권에 도전하다가 감옥에 갇혔고, 이후 질문과 질문하기를 기본적인 민주적 행동으로 포용할 것을 전 세계의 국가들에게 요구하면서 평생을 보냈다.

미국을 방문하는 사람들은 민주적인 기능을 의도적으로 가르쳐야 할 필요가 있다는 사실에 놀랄 수 있다. 과거 소련연방에 속해 있다가 새롭게 민주주의를 받아들인 국가들의 비정부 기구 대표들이 10여 년 전에 미국을 방문했을 때, 바른질문연구소와 같은 단체가 필요하다는 사실을 발견하고 놀라워했다. 그들은 놀라 "시민들이 자신이 질문을 하고 의사 결정에 참여할 권리가 있다는 것을 알고 있지 않나요?"라고 물었다.

실제로 많은 학생들은 미국의 역사와 정부에 대해 공부하면서 자신에게 질문을 할 권리가 있다는 것을 학습한다. 그러나 이것만으로는 충분하지 않다. 우리는 의도적으로 학생의 질문하기 능력을 계발해야 한다. 만약 우리가 질문형성기법 방법론을 사용한다면 학생들은 다양한 민주적 방식을 계발하기 시작할 것이고, 이러한 방식을 통해 그들은 윗세대가 하지 못했던 것을 할 준비가 될 것이다. 그것은 바로 함께 협력하는 것이다.

베아트리스 므코니에-사파테르는 학생들이 모둠으로 자신의 질문을 생성할 때 이러한 부가적인 긍정적 결과가 나타나는 것에 주목했다. "우리는 마음이 만나는 것을 경험할 수 있다. 우리는 또한 주장하고 토의하고 논쟁하고 하나의 아이디어에 새로운 생각을 더할 수 있다." 질문형성기법이 제공하는 개방적이면서도 엄격한 구조는 학생들이 민주적인 방식을 계속적으로 연습하고 연마하는 것을 가능하게 한다. 학생들은 서로의 질문을 듣고, 서로에게 배우고, 토의하고, 논쟁하고, 필요한 정보의 다양한 유형을 고려하고, 그들이 필요로 하는 정보의 순서를 결정한다. 그리고 그들은 투표를 하든 합의를 하든 우선순위 질문을 선정하기 위해 서로 협력해야 한다.

질문형성기법을 사용할 때마다 학생들은 진지한 지적 노동을 하고, 이와 동시에 자신도 모르는 사이에 미시적 수준의 활발한 민주적 과정과 행동에 참여하게 된다. 피트 선생님의 수업에 참여한 한 학생이 정부의 행동에 대해 생각하며 관찰한 바와 같이, "우리는 질문을 할 때 이미 행해진 것뿐만 아니라 우리가 해야 하고 할 수 있는 것에 대해 생각하게 된다."

학생들은 질문형성기법을 자주 사용하면 할수록 민주적인 숙고의 방식을 더 연마하게 된다. 당신은 수업에서 당신이 선택한 시간에 학생들에게 이를 실천할 수 있으며, 이를 통해 학생들은 자신의 지적 노동의 학문적 목적을 인지하듯이 민주적인 함의 또한 인지하게 된다.

4 행동의 촉구

만약 시민들이 민주주의에 참여하기를 원한다면, 민주적인 사고방식을 계발하는 데 투자해야 한다. 정치 철학자이자 펜실베이니아대학교의 현 총장인 에이미 거트먼(Amy Gutmann)이 주장한 것처럼, 민주주의가 "그 도덕적 힘을 완전히 발휘할 수 있느냐의 여부는 민주주의 교육에 달려 있다."[6] 우리 모두는 학생들이 민주적인 사고방식과 행동방식에 더 익숙해지도록 도와야 한다. 그들은 전체 투표 가능 인구 중 60퍼센트 정도만이 실제로 투표에 참여하는 사회에 살고 있다—경쟁이 치열한 대통령 선거에서 투표율이 매우 높은 경우에도 열 명 중 거의 네 명의 시민이 투표하지 않는 것이다. 우리는 놀라서는 안 된다. 학생뿐 아니라 일반 시민들도 민주주의에 참여하기 위해 다른 장소로 이동할 것을 너무 자주 요구받는다. 사람들은 그들이 있는 장소, 그들의 일상적인 경험에서 민주적으로 행동하기 시작할 기회를 놓치고 있다. 우리는 개별 시민이, 자신에게 가장 가까운 수준에서, 자신에게 영향을 주는 의사 결정에 참여하는 방법을 배우는 것이 얼마나 중요한지를 강조하기 위해 **마이크로 민주주의**라는 새로운 개념을 개발했다.[7]

학생과 직접적으로 접촉하는 교사는 민주주의의 진정한 건설자가 될 수 있다. 상투적인 방식으로가 아니라, 기본적인 사고 기능이자 필수적인 민주주의의 기능인 자신의 질문을 하는 방법을 학생들에게 가르침으로써 말이다. 당신과 당신의 학생들은 수업에서 즉각적으로 이러한 혜택을 목격할 것이고, 학생들은 오랫동안 질문 생성 능력의 혜택을 누릴 것이다. 그리고 학생들이 더 적극적이고 식견이 높은 시민으로 성장하고, 그들이 질문을 하는 권리를 모든 시민에게 부여하는 민주적인 구조를 만들고 유지하는 일에 미국이나 다른 나라들에서 서로 협력한다면, 이 혜택은 우리 모두에게 돌아올 것이다.

그들 자신의 질문을 하는 방법을 배울 기회가 모든 학생에게 주어졌을 때 이것이 어떻게 학습을 확장하고 교수를 개선하고 민주주의를 강화할 수 있는지에 대한 다음 차례의 증거를 위해, 우리는 당신을 이 책에서 만난 교사들의 공동체에 초대한다.

미주

한국어판 서문

1 John Hattie, *Visible Learning: A Synthesis of Over 800 meta-Analyses Relating to Achievement* (London: Routledge, 2008), 193.

서문

1 이 책에서 사용된 학생들의 이름은 모두 가명이다. 모든 성인과 학년 및 학교 정보는 실제 이름을 사용했다.

2 질문형성기법의 기원에 대한 더 많은 정보를 원한다면 http://www.rightquestion.org/about/history를 참고하라.

3 소크라테스식 문답 수업이란 대화와 토의를 촉진하기 위해 학생들에게 안내 질문(guiding question)을 제시하는 방법이다.

4 바른질문연구소의 활동에 대한 더 많은 정보를 원한다면 www.rightquestion.org을 참고하라.

5 Margarita Alegría, PhD., et al., "Evaluation of a Patient Activation and Empowerment Intervention in Mental Health Care," *Medical Care* 46, no.3 (2008): 247-256; Darwin Deen, Wei-Hsin Lu, Dan Rothstein, Luz Santana, and Marthe R. Gold, "Asking Questions: The Effect of a Brief Intervention in Community Health Centers on Patient Activation," *Patient Education and Counseling*, August 25, 2010

(online publication ahead of print; http://www.pec-journal.com/article/S0738-3991(10)00427-1/abstract).

6 교사 수잔 버프(Susan Bupp)와 셜리 잭슨(Shirley Jackson)에 의해 공유된 이 의견들은 http://www.rightquestion.org/resources/videos의 '왜 이걸 학교에서 배우지 않았지?'라는 제목의 비디오에서 들을 수 있다.

7 Kathryn Parker Boudett, Elizabeth A. City, and Richard J. Murnane, eds., *Data Wise: A Step-by Step Guide to Using Assessment Results to Improve Teaching and Learning* (Cambridge, MA: Harvard Education Press, 2005).

8 Richard J. Murnane and Frank Levy, *Teaching the New Basic Skills: Principles for Educating Children in a Changing Economy* (New York: Basic Book, 1996)

1장

1 순서에 대한 메모: 바른질문연구소와 질문형성기법(QFT)은 미국 전 지역의 저소득층 지역에서 행해진 수년간의 직접적인 활동의 결과로 탄생했다. 질문형성기법은 유기적으로 발전한 교수 및 학습 방법론으로, 우리는 추후에 이것의 가치가 더 학문적인 용어로 '명명되어' 있다는 사실을 발견했다. 질문형성기법은 교육과정에 반영하기 위한 연구 프로젝트에 기반을 두고 있지 않다. 이 방법론이 완전히 개발되자 우리는 인지 과학, 심리학, 교육 및 교육학 이론의 광범위한 문헌들이 질문형성기법을 사용함으로써 사람들이 습득하게 되는 사고 능력의 유형을 분명하게 설명하고 있다는 것을 알게 되었다. 사람들이 어떻게 스스로 생각하는 법을 배우는가에 대한 연구는 여기에서 제시된 생각들을 더 깊이 탐구하고자 하는 사람에게 유용할 것이다. 우리는 출발점으로 미국 국립연구위원회(National Research Council)의 보고서 John D. Bransford, Ann L. Brown, and Rodney R. Cocking, eds., *How People Learn: Brain, Mind, Experience and School* (Washington, DC: National Academies Press, 2000)을 추천한다.

인지 기능 계발의 이론과 실제적 지식에 관한 좋은 자료를 찾는다면 Robert J. Sternberg and Louise Spear-Swerling, *Teaching for Thinking* (Washington, DC: American Psychological Association, 1996)과 앤 팰린사(Ann Palincsar)의 작업을 참고하라. 사고 및 인지 기능 교수의 다양한 접근법에 대한 광범위한 분석을 위해서는 Raymond S. Nickerson, David N. Perkins, and Edward E. Smith, *The Teaching of Thinking* (Hillsdale, NJ: Lawrence Erlbaum, 1985)을 참고하라. 아이들 스스로의 탐구와 질문 던지기의 중요성에 관한 자료로는 엘리너 덕위스(Eleanor Duckworth)의 *The Having of Wonderful Ideas and Other Essays on Teaching and Learning*,

3rd ed. (New York: Teachers College Press, 2006)을 참고하라. 제한된 교육을 받은 성인에게 스스로 생각하도록 지도하는 법에 대한 가치 있는 자료로는 Jane Vella, *Learning to Listen, Learning to Teach: The Power of Dialogue in Educating Adults* (San Francisco: Jossey-Bass, 1994)(제인 벨라 지음, 허진 옮김, 『효과적인 교육은 대화에서 시작된다』, 베이스캠프, 2006)를 참고하라.

2 확산적 사고의 정의에 대한 보다 자세한 설명을 위해서는, 예를 들어 Oh Nam Kwon, Jung Sook Park, and Jee Hyun Park, "Cultivating Divergent Thinking in Mathematics Through an Open-Ended Approach," *Asia Pacific Education Review* 7, no. 1 (2006): 51-61을 참고하라.

3 다양한 연령대 및 배경에서 나타나는 확산적 사고에 관한 연구로는 Mary Jo Puckett Cliatt, Jean M. Shaw, and Jeanne M. sherwood, "Effects of Training on the Divergent-Thinking Abilities of Kindergarten Children," *Child Development* 51, no. 4 (1980): 1061-1064를 참고하라. 또한 D. Souza Fleith, J. S. Renzulli, and K. L. Westberg, "Effects of a Creativity Training Program on Divergent Thinking Abilities and Self-Concept in Monolingual and Bilingual Classrooms," *Creativity Research Journal* 14, nos. 3-4 (2002): 373-386을 참고하라.

4 Christophe Mouchiroud and Todd Lubart, "Children's Original Thinking: an Empirical Examination of Alternative Measures Derived from Divergent Thinking Tasks," *Journal of Genetic Psychology* 162, no.4 (2001): 382-401; Mark A. Runco, "Flexibility and Originality in Children's Divergent Thinking," *Journal of Psychology* 120, no.4 (1986): 345-352.

5 Runco, "Flexibility and Originality in Children's Divergent Thinking."

6 Po Bronson and Ashley Merryman, "The Creativity Crisis," *Newsweek*, July 10, 2010.

7 A. Vincent Ciardiello, "Did You Ask a Good Question Today? Alternative Cognitive and Metacognitive Strategies," *Journal of Adolescent & Adult Literacy* 42, no.3 (1998): 210-219.

8 Bronson and Merryman, "The Creativity Crisis."

9 Ann L. Brown and Joseph C. Campione, "Guided Discovery in a Community of Learners," in *Classroom Lessons: Integrating Cognitive Theory and Classroom Practice*, ed. Kate McGilly (Cambridge, MA: MIT Press, 1994), 229-272.

10 Ann L. Brown, "Knowing When, Where and How to Remember: A Problem of

Metacognition," in *Advances In Instructional Psychology*, vol.1, ed. R. Glaser (Hillsdale, NJ: Erlbaum, 1978): 77-165.

11 Bransford, Brown, and Cocking, *How People Learn*. (미국 학습과학발전위원회 지음, 박종효·최지영·신종호 옮김,『학습 과학: 뇌, 마음, 경험 그리고 교육』, 학지사, 2007)

12 Linda Baker, "Metacognition," Gale Group, 2003, http://www.education.com/reference/article/metacognition/.

13 Milton Schwebel, Charles A. Maher, and Nancy S. Fagley, eds., *Promoting Gognitive Growth Over the Life Span* (Hillsdale, NJ: L. Erlbaum Association, 1990); Margaret Matlin, *Cognition*, 6th ed. (New York: J. Wiley & Sons, 2005)

14 Matlin, Cognition; James L. McClelland and Robert S. Siegler, eds., *Mechanisms of Cognitive Development: Behavioral and Neural Perspectives* (Mahwah, NJ: Lawrence Erlbaum, 2000).

15 Bransford, Brown, and Cocking, *How People Learn*. (미국 학습과학발전위원회 지음, 박종효·최지영·신종호 옮김,『학습 과학: 뇌, 마음, 경험 그리고 교육』, 학지사, 2007)

2장

1 "The Religious Dimensions of the Torture Debate," Pew poll, April 2009.
2 이 연설은 2004년 1월 15일 뉴욕의 비컨 극장(Beacon Theater)에서 행해졌다.

3장

1 Dongbin Lü, *The Secret of the Golden Flower: A Chinese Book of Life,* trans. Richard Wilhelm (London: Routlege, 1999). 간단한 무언가를 생산하는 것의 어려움에 관한 융의 의견은 또한 판단을 자제하면서 많은 아이디어를 생성하기 위한 질문 생성 규칙이 전통적인 브레인스토밍 과정과 어떻게 다른지와 관련이 있다. 질문 생성의 어려움을 극복하기 위해 일련의 특정한 규칙을 필요로 하는, 외견상으로 간단한 이 질문하기라는 행위에는 매우 다른 무언가가 있다.

2 Elliot Forbes, Lewis Lockwood, Donald Martino, and Bernard Rands, "Faculty of Arts and Sciences Memorial Minute: Earl Kim," *Harvard University Gazette,* May 25, 2000.

3 2010년 5월 5일 보스턴 주야간학교에서 열린 바른질문 교사연수 워크숍에서 레베카 스타이니츠가 한 진술.

6장

1 Sarah Spinks, "Teenage Brains Are a Work in Progress," http://www.pbs.org/wgbh/pages/frontline/shows/teenbrain/work/adolescent.html#ixzz1KCIHzta4.

2 독창적인 사고와 새로운 발견은 종종 잘못된 길 뒤에 나타난다. 아인슈타인(Einstein)의 후계자로 여겨지는, 고등연구소(Institute for Advanced Studies)의 물리학자 에드워드 위튼(Edward Witten)은 "만약 당신이 연구자라면 당신은 답이 무엇인지 뿐만 아니라 질문이 무엇인지 알아내려고 노력할 것이다. 당신은 당신이 답을 알아낼 수 있을 정도로 충분히 쉬우면서도 그 답이 흥미로울 정도로 충분히 어려운 질문을 발견하기를 원한다. 당신은 생각하면서 많은 시간을 보내고, 허둥대면서 많은 시간을 보낸다"라고 말했다(http://edition.cnn.com/2005/TECH/science/06/27/written.physics/index.html).

7장

1 모의재판이란 양측의 주장 분석과 같은 법적 기능을 연습하기 위해 학생들이 가상적인 쟁점에 대해 주장을 펼치는 교수 방법이다.

2 Clay Shirky, *Cognitive Surplus: Creativity and generosity in a Connected Age* (New York: Penguin Press, 2010) (클레이 셔키 지음, 이충호 옮김, 『많아지면 달라진다』, 갤리온, 2011)

3 David Johnston and John M. Broder, "F.B.I. Says Guards Killed 14 Iraqis Without Cause," *New York Times*, November 14, 2007.

9장

1 근접 영역이라는 용어는 발달 심리학자 레프 비고츠키(Lev Vygotsky)가 한 말로, "독립적인 문제 해결에 의해 결정되는 실제적 발달 수준과 성인의 안내나 더 능력 있는 또래와의 협력을 통해 달성될 수 있는 잠재적 발달 수준 간의 거리"로 정의된다. "Interaction Between Learning and Development" in *Mind and Society,* eds. Lev Semenovich and Michael Cole (Cambridge, MA: Harvard University Press, 1978), 79-91을 참조하라.

2 KWL은 학생의 사전 지식을 활성화하기 위해 설계된 기법이다. 이것은 "당신은 무엇을 알고 있는가(Know)?", "당신은 무엇을 알기를 원하는가(Want to know)?" 그리고 "당신은 무엇을 배웠는가(Learned)?"의 약자이다.

10장

1 대수 프로젝트는 인권 운동가 밥 모지스(Bob Moses)에 의해 시작되었다. 그는 소수 민족 학생들의 대수 공부는 인권 운동의 연장이며, 장기적으로 그들이 학교에서 성공하는 데 필수적이라고 주장했다.

2 Ann L. Brown, *Knowing When, Where, and How to Remember: A Problem of Metacognition,* Report No. 47, National Institute of Education Center for the Study of Reading (Champaign, IL: National Institute of Education, 1977), 69.

결론

1 Mike Rose, *Why School? Reclaiming Education for All of Us* (New York: The New Press, 2009), 114-115.

2 John Dewey, *Democracy and Education: An Introduction to the Philosophy of Education*(존 듀이 지음, 이홍우 옮김, 『민주주의와 교육』, 교육과학사, 1996)에서 인용함.

3 Deborah Meier, "Standardization Versus Standards," *Phi Delta Kappan* 84, no.3 (2002): 197.

4 Robert J. Sternberg, *College Admissions for the 21st Century* (Cambridge, MA: Harvard University Press, 2010), 147-148.

5 에이브러햄 조슈아 헤셸은 1960년 3월 28일 청년 문제에 관한 백악관 회의(White House Conference on Youth)에서 "아동과 청년(Children and Youth)"(published in A. J. Heschel, *The Insecurity of Freedom: Essays on Human Existence* [New York: Schocken Books, 1972], 46-47)이라는 글을 발표했다. 브라질의 교육자 파울루 프레이리는 그의 책 『페다고지(The Pedagogy of the Oppressed)』(New York: Herder and Herder, 1972)로 잘 알려져 있다. 파울루 프레이리와 마일스 호튼(Myles Horton)의 민주주의 사회에서의 교육의 목적에 대한 토론 전체를 보려면 *We Make the Road by Walking: Conversation on Education and Social Change* (Philadelphia: Temple University Press, 1990)를 참고하라.

6 Amy Gutmann, *Democratic Education* (Princeton, NJ: Princeton University Press, 1987), 289.

7 http://www.rightquestion.org/Microdemocracy.

저자 후기

많은 분야와 지역에서 활동 중인 소규모 비영리 단체의 활동을 유지하면서 이와 같은 책을 집필한다는 것은 간단한 일이 아니다. 우리는 이 책의 출판을 가능하게 해준 다양한 분야의 사람들에게 깊은 감사를 전한다. 여기에서 우리가 이름을 밝힌 사람들은 모두 우리에게 매우 소중한 정신적 지지와 격려를 보내주었고, 그것은 그들이 생각하는 것 이상으로 그리고 이 간략한 글을 통해 감사를 표하는 것이 불가능할 정도로 우리에게 큰 영향을 주었다. 우리는 그들이 이 짧은 글을 현재 우리가 그들에게 보내는 매우 개인적인 감사로, 또한 앞으로 이 책을 통해 많은 것을 배우게 될 많은 교사와 학생들이 미래에 그들에게 보낼 감사로 읽기를 소망한다.

이들의 지원은 많은 영역에서 다양한 방식으로 이루어졌다.

우리는 먼저 이 책의 중심인 교사와 학생에서 시작하겠다. 우리에게 가르침을 준 학생들은 우리에게 통찰과 경험, 성찰과 결과물을 제공했고, 이는 이 책의 내용을 매우 풍부하게 만들어주었다. 우리는 새로운 사고와 학습 방식을 수용하고, 그것에 재능이 있음을 보여준 이 학생들에게 감사를 전한다. 모든 교사들은 매일매일 제대로 인정받거나 인식되지 않는 막중한 책임을 맡는다. 우리는 그들의 고된 업무와 그들에게 부과된 많은 요구를 인정하고 싶다. 우리는 특히 자신이 맡은 학생들의 학습 경험을 풍부하게 하고 강화할 수 있는 기회에 열정적으로 반응하고 이를 훌륭하게 수행해준 교사들에게 큰 영감을 받았다. 에이미 알바레즈(Amy Alvarez), 헤일리 뒤퓌(Hayley Dupuy), 세라 패스(Sara Fass), 지미 프리키(Jimmy Frickey), 앤절라 개년(Angela Gannon), 로리 고크랜(Laurie Gaughran), 찰스 해리스(Charlese Harris), 메건 하벨(Megan Harvell), 레이철 진-마리(Rachel Jean-Marie), 페이지 나이트(Paige Knight), 제니퍼 밀스(Jennifer Mills), 야니나(야나) 민첸코(Yanina (Yana) Minchenko), 샤리프 무하마드(Sharif Muhammad), 리사 온썸(Lisa Onsum), 마시 오스트버그(Marcy Ostberg), 링-스 피트(Ling-Se Peet), 재닛 플랫(Janet Platt), 아리엘라 로스스타인(Ariela Rothstein), 케이티 슈람(Katie Schramm), 에런 스톤(Aaron Stone), 조애나 테일러(Joanna Taylor), 그리고 지난 10년간 핵심학교연합(Coalition of Essential Schools)의 가을 포럼 학회의 연수에 참여한 많은 교사들이 바로 그들이다. 우리는 또한 교장 선생님인 니콜 기튼스(Nicole Gittens), 패트릭 맥길리커디(Patrick McGillicuddy), 샤론 오펙(Sharon Ofek)의 후원에 감사를 전한다.

우리는 보스턴 주야간학교의 훌륭한 교사들과 깊이 있게 협력할 수 있는 매우 특별할 기회를 가졌다. 이것은 이 학교에 선견지명이 있는 교장인 베아트리스 므코니에-사파테르(Beatriz McConnie-Zapater)가 있었기에 가능한 일이었고, 교육과정 및 교수 책임자인 앨리슨 흐라미엑(Alison Hramiec)과 교감 에밀리스 페냐(Emilys Peña) 그리고 라이트보스턴(WriteBoston)의 레베카 스타이니츠(Rebecca Steinitz)의 지원이 있었기에 가능한 일이었다.

우리는 또한 우리의 작업을 훌륭한 교사 네트워크에 소개할 방법을 찾기 위해 역사와 우리 자신 직면하기(Facing History and Ourselves)에서 소중한 시간을 할애해준 마틴 슬리퍼(Martin Sleeper)와 마곳 스턴-스트롬(Margot Stern-Strom)의 노고에 특히 감사를 전한다. 또한 이상을 추구하는 직원들과 단체 회원들—바비 케슬링(Bobby Kessling), 폴 라일리(Paul Riley), 크리스토퍼 스타인캠프(Christopher Steinkamp) 등—에게 우리의 작업을 소개해준 시티 이어(City Year)의 맥스 클라우(Max Klau)와 우리를 연결해준 셀라 프로그램(Selah program)에 감사를 전한다. 이 책을 집필할 때 소중한 응원을 보내준 하버드대학교 니먼 언론 재단(Nieman Foundation for Journalism)의 전 이사 빌 코바치(Bill Kovach), 하버드 로스쿨 학장 마사 미노(Martha Minow), 공교육네트워크의 회장 웬디 퓨리포이(Wendy Puriefoy)에게도 감사를 전한다.

이 책의 표지에는 공동 저자 두 명의 이름만이 표기되어 있지만, 우리 단체의 모든 구성원들이 이 책의 많은 페이지에 도움을 주었고 기여했다. 바른질문연구소의 이사회는 이 책의 집필을 승인했고, 지속적으로 우리의 활동을 후원했다. 베테랑 이사인 애그니스 베인(Agnes Bain), 맥키 벅(Macky Buck), 데이빗 구버먼(David Guberman), 론 워커(Ron Walker), 릭 웨이스보드(Rick Weissbourd)는 오랫동안 우리와 함께 했다. 우리가 이 지점까지 이르는 데 도움을 준 이들에게 깊은 감사를 전한다. 애그니스 베인은 이 책에 제시된 바른질문전략을 개발하는 수년 동안 완벽하고 소중한 동반자였다. 새로운 이사인 라바다 버거(Lavada Berger), 다이앤 잉글랜더(Diane Englander), 프랭클린 피셔(Franklin Fisher), 스티븐 콰트라노(Stephen Quatrano), 메리 웬들(Mary Wendell)은 결정적인 시기에 합류하여 우리에게 큰 힘과 지지를 주었으며, 특히 다이앤, 메리, 다비트는 우리가 이 책을 집필하는 동안 진행 중인 활동을 지원하기 위해 작년에 많은 시간을 추가로 할애했다.

우리는 GED 및 ESOL 프로그램에서 성인 학습자에 대한 질문형성기법의 유용성에 대해 우리에게 매우 많은 가르침을 준 성인 교육 분야의 훌륭한 교육자들에게 깊은 감사를 전한다. 애리조나, 인디애나, 메인, 미주리, 뉴햄프셔, 뉴멕시코, 펜실베이니아, 버몬트 주의 성인 교육 책임자와 지도자들은, 제인 트러스트(Jane's Trust), 록펠러 기금(Rockefeller Brothers Fund), 카네기 재단(Carnegie Corporation)의 후원과 더불어 우리에게 그들의 교사들과 함께 일하고 그들의 성인 학습자에게 배울 수 있는 풍부한 기회를 제공했다. 아트 엘리슨(Art Ellison), 제니퍼 페리그노(Jennifer Ferrigno), 나타샤 프리더스(Natasha Frei-dus), 아미 매지소스(Ami Magisos), 알렉산드라 피네로-쉴즈(Alexandra Pinero-Shields), 얼딘 톨버트(Earldine Tolbert)는 이 모든 것을 가능하게 하는 데 주요한 역할을 했고, 우리 여정의 다양한 시점에서 협력했다. 퍼트리샤 넬슨(Patri-cia Nelson)은 우리와 긴밀하게 협력했고, 이 작업의 수업 활동 적용을 준비하는 데 있어 핵심적인 역할을 수행하면서 매우 많은 도움을 주었다. 우리는 또한 모든 사람이 배우고 성장하는 것을 가능하게 하는 교육 방법을 설계하기 위해 자신의 일생을 바침으로써 우리에게 귀감이 되어준 제인 벨라(Jane Vella)에게 감사를 전한다.

스티븐 콰트라노는 동료, 조언자 그리고 친구로서 우리 교육 전략의 가능성을 완전하게 발휘할 수 있도록 우리를 꾸준히 격려해주었다. 이에 깊은 감사의 마음을 전한다. 하버드교육대학원의 리처드 머네인(Richard Murnane)은 자신의 전문 지식을 미국 전역의 최전방 학교에서 일하고 있는 현직 교사들과 아낌없이 공유했고, 모든 아이들을 위한 학교 교육 개선이라는 더 큰 목표에 일조하기 위해 우리의 생각과 활동을 실현할 방법을 찾으면서 지속적으로 함께 노력했다. 우리는 이 책이 그 목표를 실현하는 데 도움이 되기를 소망한다.

이 책을 처음 시작했을 때 우리에게 중요한 도움을 준 브라이언 덕데일(Brian Dugdale)과 메건 파월(Megan Powell)에게, 그리고 이후에 과정이 진행되면서 우리에게 추가적으로 도움을 준 길 베네덱(Gill Benedek)과 프란체스카 프로머(Francesca Pfrommer)에게도 감사를 전한다. 피터 본나노(Peter Bon-nano)는 시기적절하면서도 귀중한 연구 지원을 제공했다. 우리는 또한 이 책을 집필하는 과정에서 우리에게 도움을 준 인턴들의 노고에 감사를 전한다. 바로 베키 아이들먼(Becky Eidelman), 댄 킴(Dan Kim), 칭 리(Qing Li), 로빈 모튼

(Robin Moten), 첼시 페누치(Chelsea Pennucci), 우샤 라오(Usha Rao), 토니아 스미스(Tonia Smith)이다. 나디아 닙스(Nadia Nibbs)는 특히 사려 깊은 수업 관찰과 뛰어난 기록으로 우리에게 큰 도움을 주었고, 이는 우리의 학습을 확장했다. 지난 몇 달간 데니즈 애미시알(Denise Amisial), 크리스티나 케이(Christina Kay), 발레리 스탠실(Valerie Stancil)은 초반과 주요 마감 시간에 참여하여 자료를 꼼꼼히 검토함으로써 우리를 구해주었고, 우리가 이 일을 마치는 것을 가능하게 했다. 또한 질문형성기법을 히브리어로 번역함으로써 우리가 질문 초점이라는 용어를 보다 분명하게 정의하고 명명하도록 하는 데 도움을 준 옴리 칸(Omri Kahn)에게 감사를 전한다.

또한 우리는 프로젝트 초반에 출판 세계가 움직이는 방식을 이해하는 데 도움을 준 피터 위소커(Peter Wissoker)의 현명한 조언을 통해 헤아릴 수 없을 만큼 큰 도움을 받았다. 우리가 민츠 레빈(Mintz Levin)의 제리 하이트(Geri Haight)에게 훌륭한 조언을 무료로 받을 수 있었던 것은 매우 행운이었다. 그는 우리가 무엇을 물어야 할지 알지 못할 때 물어야 하는 바른 질문을 정확히 알고 있었다.

아이디어를 현실로 바꿔줄 재정적 지원이 없었다면 이 책은 존재하지 않았을 것이다. 우리는 자선 재단에서 일하는 사람들과 협력할 기회를 가졌다. 그들은 이 분야의 좋은 활동을 어떻게 후원해야 할지를 찾는 것에서 시작하여, 자신들의 후원금으로 만들 수 있는 변화를 극대화하고, 이후에 우리가 이 일을 완수하도록 어떻게 가장 잘 도울 수 있는지를 파악하기 위해 우리와 긴밀하게 협력했다. 도움을 받은 시간 순으로, 우리는 정신과 행동의 모든 측면에서 우리의 동반자가 되어 준 이들에게 깊은 감사를 전한다. 이들은 록펠러 기금의 스티븐 헤인츠(Stephen Heintz)와 벤 슈트(Ben Shute), 게일 풀러(Gail Fuller)와 휘트먼 협회(The Whitman Institute)의 존 에스테를(John Esterle), 그리고 저마나코스 재단(Germanacos Foundation)의 앤 저마나코스(Anne Germanacos)이다.

또한 우리에게 결정적인 후원을 제공해준 주요 기부자들과 일할 수 있었던 것은 대단한 행운이었다. 이 책을 집필하는 동시에 바른질문연구소의 활동을 유지하기 위한 재원을 마련할 방법이 보이지 않았을 때, 다이앤 잉글랜더와 마크 언더버그(Mark Underberg), 플랭클린 피셔와 엘런 피셔(Ellen Fisher), 맥러드 블루스카이 재단(McLeod Blue Sky Foundation, Inc.), 메리 웬들과 테드 웬들(Ted Wendell)은 우리의 도움 요청에 신속하고도 매우 너그럽게 응해주었다. 또한 지난해 우리에게 매우 많은 도움을 준 존 Y. 캠벨(John Y. Campbell)과 수잔나 페이턴(Susanna Peyton), 마크 배런버그(Mark Barenberg), 로라 체이신(Laura Chasin)과 리처드 체이신(Richard Chasin), 수전 코헨(Susan Cohen)과 마이클 클라인(Michael Klein), 에번 아이젠버그(Evan Eisenberg), 에밀리 에런펠드(Emily Ehrenfeld)와 게리 발라스코빅(Gary Valaskovic), 밥 러스먼 핼퍼린(Bob Russman Halperin), 존 헤론(John Herron)과 줄리아 무어(Julia Moore), 고인이 된 넬슨 크라베츠(Nelson Kravetz), 버니 혼(Bernie Horn)과 로렌 혼(Lorraine Horn), 도린 캐롤(Doreen Karroll)과 스티븐 콰트라노, 캐플런 재단(Kaplun foundation), 보니 올린(Bonnie Orlin), 앤 페레츠(Anne Peretz), 버니 퍼커(Bernie Pucker)와 수 퍼커(Sue Pucker), 이니드 셔피로(Enid Shapiro), 케이 슐로즈만(Kay Schlozman)과 스탠리 슐로즈만(Stanley Schlozman), 데버러 시네이(Deborah Sinay)와 찰스 크라베츠(Charles Kravetz), 로슬린 위너 박사(Dr. Roslyn Weiner), 그리고 마이크 워딩턴(Mike Worthington)과 루스 워딩턴(Ruth Worthington)의 강한 정신적 및 재정적 지원에 감사를 전한다. 데이빗 구버먼과 제인 구버먼(Jayne Guberman) 역시 같은 도움을 주었으며, 처음부터 우리 곁을 지켜준 창립 멤버의 자격이 충분하다.

이 교사들과 학생들, 협력자들과 인턴들, 그리고 자금 지원자들과 기부자들은 모두 우리가 이 책을 마치는 데 일정한 역할을 했다. 우리는 이 책이 처음 시작되고 진행 과정에서 개선되고 현명한 감수를 통해 마무리되기까지의 모든 과정이 하버드교육출판사(Harvard Education Press)의 캐럴라인 촌시(Caroline Chauncey)가 있었기에 가능했다는 것을 그들이 알았으면 한다(모든 오류는 우리로 인한 것이다!). 우리는 훌륭한 편집자로서의 뛰어난 능력을 발휘하여 학생과 교사를 위해 헌신한 그녀의 모든 노고에 깊은 감사를 전한다.

이 책의 모든 판매 수익금은 학생과 교사를 위한 바른질문연구소의 활동을 지원하는 데 사용될 것이라는 것을 밝혀둔다.

댄 로스스타인: (고인이 된) 나의 아버지 벤지온 로스스타인(Benzion Rothstein)과 나의 어머니 세라 로스스타인(Sara Rothstein)이 내게 보여준 평생의 소중한 지혜와 지도 그리고 격려에 대해 감사드리고 싶다. 그리고 지속적이고 애정 어린 지지를 보내준 나의 누이 루스(Ruth)와 주디스(Judith)에게 감사를 전한다. 나는 카츠머(Karchmer) 가족에게, 특히 이 책을 쓰는 긴 여정 동안 놀라울 정도의 지지를 보내준 인척 사무엘 카츠머(Samuel Karchmer)와 수잔나 카츠머(Susana Karchmer)에게 깊은 감사를 전한다. 나는 또한 나의 가족 구성원 중 교사로 일하고 있는 여러 세대의 교사들에게 많은 배움을 얻었다. 아이라 칸(Ira Kahn)과 나하라 칸(Nahara Kahn), 조셉 로스스타인(Joseph Rothstein)과 필리스 로스스타인(Phyllis Rothstein) 그리고 가장 최근에 이 작업에 합류한 아리엘라 로스스타인이 그들이다. 나의 직계 가족들은 각자 특별한 방식으로 도움을 주었다. 나의 아내 애나 카츠머(Ana Karchmer)는 시작부터 독창적인 아이디어와 제안을 통해 우리가 작업의 틀을 잡는 데 도움을 주었고, 나의 아들 네이선(Nathan)은 기업가로서의 전문성을 발휘하여 우리가 다음 단계에서 무엇을 해야 할지 생각하도록 도왔고, 나의 딸 아리엘라는 작은 그림과 큰 그림을 연결 짓는 능력으로 우리가 항상 이 두 가지를 잊지 않도록 했으며, 나의 딸 탈리아(Talia)는 언어에 대한 섬세한 이해와 소중한 통찰로 우리에게 교실 내부로부터의 생생한 학생 관점을 제공했다. 그들은 모두 사랑과 격려 그리고 현명하

면서도 건설적인 비판을 아낌없이 해주었으며, 이는 우리 작업에 여러 방식으로 영향을 주었다. 그들에게 배운 것을 제대로 보여주기 위해서는 또 다른 책이 필요할 것이다.

루스 산타나: 로렌스에서 시작한 이후로 줄곧 우리에게 통찰과 가르침을 준 그레시아 앨러매니(Grecia Alemany)와 많은 사람들에게 감사를 전하고 싶다. 나의 아이들 이나(Ina)와 알렉스(Alex)에게 그들이 가르쳐준 모든 것에 대해 감사를 전하고 싶다. 나의 친구들 애나 로드리게스(Ana Rodriguez)와 로즈 파스트라나(Roz Pastrana), 에미 하우(Emmy Howe), 수 크랜즈(Sue Kranz) 그리고 나의 손녀 제니크(Jennieke)에게 그들이 보내준 모든 지지에 대해 감사를 전한다. 또한 이 전략을 단순화하는 데 도움을 준 애나 카츠머의 모든 노고와 아이디어에, 모든 훈련 활동과 수업 활동을 내게 소개해준 팻 넬슨(Pat Nelson)에게, 그리고 기술을 통해 보급할 수 있도록 질문형성기법 전략을 수정해준 스티븐 콰트라노에게 특히 감사를 전한다. 그리고 마지막으로 나를 위해 항상 문을 열어준 이들, 나를 담당했던 로렌스 복지부의 사회복지사* 폴 옵시에카(Paul Opcieka), 로렌스 청소년위원회의 퍼트리샤 칼(Patricia Karl) 그리고 MIT 커뮤니티 장학 프로그램(Community Fellows Program)**의 멜 킹(Mel King) 등이 없었다면 나는 결코 이 책을 쓸 위치에 있지 못했을 것이다.

우리가 오랜 시간 동안 서로와 함께 그리고 애그니스 베인과 함께 일할 수 있었던 것은 큰 행운이었다. 우리는 바른질문연구소의 임무를 수행하면서 직면한 많은 어려움들을 함께 견뎌낼 수 있었다. 우리는 지속적으로 서로에게 배

---

* 특정 개인이나 가정을 돕는 사회복지사.
** MIT에서 제공하는 장학 제도로, 일 년 동안 MIT에서 숙련된 연구자들의 도움을 받으며 연구할 수 있도록 지원한다.

웠고, 우리와 함께 일한 사람들에게서 얻은 통찰과 지혜라는 선물을 어떻게 흡수하고 어떻게 더 많은 사람들과 공유할 수 있을지에 대해 함께 고민하면서 또한 많은 것을 배웠다. 우리는 고인이 된 낸시 로드리게스(Nancy Rodriguez)와 수년 전 그녀와 함께 일했던 매사추세츠주 로렌스에 계시는 그녀의 부모님께 깊은 감사를 전한다. 우리가 막 공동 작업을 시작할 즈음의 어느 날 저녁, 낸시는 한 학교위원회의 모임에서 앞에 서 있었고 우리를 보며 이렇게 말했다. "우리는 질문을 할 수 있는 사람이 더 필요해요." 낸시, 우리가 그 일을 하고 있어요. 우리는 기대되지 않거나 종종 간과되는 지혜의 원천으로부터 모든 사람을 위한 교육을 개선할 수 있는 중요한 아이디어가 나올 수 있다는 그녀의 통찰과 개념이 이 책을 통해 조금이나마 제대로 평가받을 수 있기를 소망한다.

찾아보기

저자 소개

댄 로스스타인과 루스 산타나는 바른질문연구소의 공동 책임자이다. 바른질문연구소는 모든 사람이 교육이나 문식성 수준에 상관없이, 자기 자신을 변호하는 것과 민주사회의 모든 수준에서 발생하며 자신에게 영향을 미치는 의사 결정에 참여하는 것을 가능하게 하는 전략을 전파하는 비영리 단체이다.

댄 로스스타인(Dan Rothstein)은 함께 일한 사람들에게 배우면서 수년간을 보냈고, 거기에서 깨달은 교훈을 더 효과적인 자기변호 및 시민 참여 증진을 위한 전략을 설계하는 데 적용했다. 바른질문연구소와 활동하기 전에는 매사추세츠주 켄터키와 이스라엘에서 지역사회 교육자, 조직자 및 도시 설계자로서 교육 프로그램을 개발하고 시행했다. 그는 매사추세츠주 로렌스시의 도시 계획 책임자로 일했고, 풀브라이트* 장학생(Fulbright Scholar) 및 국립교육원(National Academy of Education)의 스펜서 연구원(Spencer Fellow)**이었다. 그는 하버드대학교를 졸업하고 하버드교육대학원의 교육 및 사회 정책 분야에서 박사 학위를 받았으며, 『하버드교육리뷰(Harvard Educational Review)』의 편집장으로 일했다.

루스 산타나(Luz Santana)는 바른질문연구소가 달성하고자 하는 많은 것을 자신의 삶에서 구현했다. 그녀는 복지에 의존해 자신의 가족을 부양했고, 공장의 작업 현장

---

* 풀브라이트 프로그램. 미국의 학자, 교육자, 대학원생, 연구원 및 각종 전문가를 대상으로 한 국제 교환 프로그램 및 장학금 제도의 총칭으로, 세계에서 가장 권위 있는 장학 제도 중 하나이다.
** 미국 국립교육원에서 제공하는 장학 제도의 혜택을 받은 사람. 교육 분야의 뛰어난 연구자들에게 장학금과 연구비를 지원한다.

에서 일하다 학교로 돌아왔으며, 이후 자신이 배운 새로운 기능을 다른 사람들과 공유하고 있다. 바른질문연구소에서 활동하기 전에는 주거 서비스 상담자 및 부모 조력자로 일했다. 그녀는 미국 전역의 저소득층 지역에서 바른질문전략을 설계하고 적용하며 수행하는 데 폭넓은 경험을 가지고 있으며, 이 전략은 그녀가 설계하고 촉진한 참여 훈련과 연수로 인해 전국적으로 인정을 받았다. 그녀는 매사추세츠공과대학(MIT)의 커뮤니티 연구원(Community Fellow)*이었다. 그녀는 스프링필드대학교의 사회복지대학(Springfield College School of Human Services)에서 석사 및 박사 학위를 받았다.

---

* MIT대학에서 제공하는 장학 제도의 혜택을 받은 사람. 일 년 동안 MIT에서 숙련된 연구자들의 도움을 받으며 연구할 수 있다.